文化诘问

冯骥才 ~ 著

文化艺术出版社
Culture and Art Publishing House

问谁？

（自序）

在整理近年来写的关于文化思辨的种种文章时，发现不少文章所用题目竟都是问话，题目后边也都是问号，而且是咄咄逼人的问号。奇怪，我何以问话为题？所问者谁？这便不得不把文章重读一遍，自然想起写这些文章时所面临的情境。

当时写作时，我的笔像是一件武器，我在挥刀抢枪，然而对手全都无比的强势和巨大，我却孤单寡助。记得一次曾为江南六镇的保护做出重要贡献的勇士阮仪三教授用短信发给我一首他新填的词，字句中透出许多无奈。我有感而发，以手机为具，和他的韵，回赠一首，曰：

> 年来忧心又忡忡，村村欲变容，你我嘴硬有何用，人当耳边风；文人单，弱如蚁，骨软更无力，只缘我辈心不死，相助又相惜。

故而我说我们很像堂·吉诃德，单枪匹马，不自量力，去和巨大的风车作战，难免要丢盔弃甲。

想想这近二十年，从保卫天津老城、抢救估衣街，到呼吁保护一座座城市的历史街区、古建名居，到为一处处濒危将亡的"非遗"求救，再到近期的画乡镇南三十六村和北总布胡同的梁林故居，我不是一个彻头彻尾、一败涂地的失败者吗？

于是，这些文章"问话"便成了一种责难、质问、申诉和檄书，不管它们是成是败，反正要发出声音。

我矛头之所向有时看似是一些相关的管理者——其实这哪里只

是一两个管理者的事，这是一种时代性的无知，或是金钱至上的时风和时弊所致与必然。

我是在用反问的语气，呼唤人们关切这些正被熟视无睹的荒谬与隐性的灾难。

以我多年写作的感受，写作的受益者往往首先是自己。在这些思想的较量中，必然先要推敲和校正自己的观念；审视自己的立场偏颇与否，信心持久与否，勇气足够与否。因为自己处于弱势，弱者只能从自己身上寻找力量，所以这发问也是对着自己。

老实说，重读这些文章时，我对自己并不满意。或是觉悟得太晚，或者力度不够，或者是不够纯粹。我需要不留情面地反思自己。因为，我现在还没有放弃自己的选择和所志愿的工作，我渴望今后做得比以前好。谁也不想留下遗憾给自己——那就必须事先弄明白自己。这离不开他者的批评。

近二十年，我将这类文化思辨的文章先后整理出三本书。第一本是关于城市文化保护的文集《手下留情》，第二本是关于民间文化抢救的文集《紧急呼救》，第三本是关于文化思辨的文集《灵魂不能下跪》。本书是第四本。这一本的特点是收入我在政协和参事室的口头或文字的"进言"。这也是思辨，也是文章，但不同的是这些文章有了收效。我还将出一本演讲集《舌战》。多年来，我这些文章与演讲一直伴随我的行动。我十分崇尚王阳明"知行合一"之说，所以我的双脚没离开过田野。我的思想是我行动的头脑，我的行动是我思想的肢体。只有思想才能使我们的行动不成为盲动，只有行动才使我们看见自己的思想。

话说至此，已尽心尽意，亦可为此书之序言也。

目录

问谁？（自序） 001

第一章

从大水冲了龙王庙说起 003
梁林故居拆了，问责于谁和谁来问责？ 007
名人故居的进退两难 010
请不要：遗址公园化 012
请不要糟蹋我们的文化 015
请不要"再现历史辉煌"了 018
涂了漆的苗寨 020
文化空巢及其对策 023
城市可以重来吗？ 028
文化可以打造吗？ 031
谁来操办节日？ 034
乾隆能上房吗？ 037
我为慈城担忧 040
城市个性的消失 043
古民居放在哪里才"适得其所"？ 045
谁的画价高？ 049
"非遗后"时代我们做什么？ 052
为什么仍担忧"非遗"？ 055

第二章

谁掏空了古村落？　061

请不要用"旧村改造"这个词　064

关于规划新农村建设要提前注重文化保护问题的提案　067

关于建议重要的古村镇抓紧建立小型博物馆的提案　070

为紧急保护古村落进言　072

关于中国古村落保护的几点建议　075

传统村落的困境与出路——兼谈传统村落是另一类文化遗产　078

理清中华文化的根　088

一个古村落的原生态记录　091

第三章

文化怎么自觉　095

国家的文化观　099

"文化遗产日"的意义　101

过好"文化遗产日"　118

要请人文知识分子参与城市构建　121

关于加紧抢救少数民族濒危文化的提案　123

要想到建立汶川地震博物馆　126

建议国家确立文化建设立体的战略结构　128

关于春节假期应向前挪一天的提案　130

关于文化遗产的产业开发要通过专家审定的提案　133

关于建议国家"非遗"名录制定黄牌警告与红牌除名条例的提案　135

第四章

年画艺人的口头记忆　139

背上的一块石头落下来　142

我们为中华文化做了一件事而尤感欣慰　146

为未来记录历史——中国木版年画普查总结 | 155

中国木版年画新论 | 162

以画过年 | 173

天津年画史述略 | 175

闯关东年画 | 185

东丰台年画 | 189

大地拾花 | 193

为义成永画店立档的意义 | 197

临终抢救 | 200

第五章

我们的观念与方式 | 207

理论要支持田野 | 210

发现《亚鲁王》 | 215

活着的遗产——关于民间文化传承人的调查与认定 | 220

为大地之花建档 | 225

我们共同的日子 | 230

藏族唐卡普查的必要性 | 233

沉默的脊梁 | 239

"非遗"博士生的学术利器 | 241

我们的母亲六百岁——为天津建城六百周年而作 | 244

沽上的年味 | 247

城市的传家宝 | 250

今又贺岁书 | 253

龙年贺岁书 | 255

古今能人拜年来 | 257

一代人脑袋里的老天津 | 259

胡同，城市人文的根须 | 261

城市的童年照 | 264

一座名城的文化家底 | 267

见证近代中国的一座名城 | 271

她为皇会立传 | 273

执意的打捞 | 275

孝义皮影的家底 | 279

东北文化遗产的忠实守望者 | 281

妈祖研究的独特视角 | 283

为了让阳泉更灿烂 | 286

私家藏天下 | 288

叩问一种灵魂 | 291

一次成果硕大的研究 | 293

为乡野天才立像 | 295

文化诘问·第一章

从大水冲了龙王庙说起

我想，七月里北京东城区北总布胡同24号梁林（梁思成和林徽因）故居所遭遇的风波，大概可以成为今年文化界的十大事件之一。我的理由在下边的文章里。

初听这消息真的吓了一跳，心想北京怎么了，城市改造的大水冲了龙王庙，连北京城保护神的老宅子也不要了？梁思成已是举国公认的文化遗产保护的象征。想一想，用撒野的铲车和推土机把这高贵的象征干掉，说明着什么？

前两天，在中国美术馆举行的活动结束之后，即与一位友人去到北总布胡同看看究竟。据友人说，由于梁林故居拆迁一事社会反响强烈，拆除工作已被叫停，相关部门明确地将其列为"保护对象"了。然而，站在这深深的老巷里，还是能看到这幢失不再来的名居险些被毁的惨状，真像战争后的废墟！倒座门楼已经狼牙狗啃，顶子被掀去，惊见云天；然而，一些老房子还在，一株树干有胳膊粗的石榴树和高大的绒花树枝繁叶茂，这株石榴树至少六七十年了，竟然还有几颗开始熟红的石榴沉甸甸地垂下来。它是林徽因亲手栽的吗？这个院落、这些房间就是他们为许多华夏遗存的命运所焦虑和操心之处吗？

这里需要思辨的是，名人故居是否只是名人离世之后留下的房产？它的价值能够仅以建筑史和建筑学的价值来衡量吗？

一个为历史做过重要贡献的人去了，他的生命气质、他的往事、他独有的个人生活，乃至他的精神，除去留在他做过的事情或相关的文字里，还无声地存在于他的故居中。故居的主角是人。他留在故居的大量的生活细节，有待我们去发现、感知与思考。唯有徜徉于屠格涅夫笔下卢布尔耶那庄园的森林与原野，才能感知《猎人笔记》的灵感是从哪里来的；也只有坐在克林的柴科夫斯基那间小小的六边形的摇曳着光和影的玻璃厅里，才能体味到作曲家心灵中特有的气息；屋中的画、家具、窗帘和桌上小小的物品，无不告诉你主人的审美的格调与天性的敏感；只有看见凤凰城中沈从文先生屋里那台陈旧的手摇唱机，才知道他的写作必须有音乐做伴。我们体验过他文字中声音的元素吗？

这些故居虽然不是建筑的经典，却是依然活着的伟大的空间。巴黎郊区奥维和镇上那间梵·高住过的又小又破又昏暗的房子，唤起我们的是对这位艺术大师无上的敬意。故居因其主人而有意义和价值，建筑好坏毫不重要。所以说，故居的本质不是物质性的，而是精神性的。

创造了一个城市的是一代又一代人，而每一代人都有其精英与代表，他们是这个城市或地域的灵魂。故居正是这种城市灵魂的象征与确凿存在。它是一个城市或地域十分重要的精神遗产，从文明角度来说，它是神圣不可侵犯的。

当然，文明是一个认识过程，这个过程有幸从梁林故居风波的演进中被我们看到了。从开始遭遇破坏，到富有文化责任感的各界人士发表意见；从有关部门推诿责任到站出来承担保护；更重要的是，愈来愈多的普通群众对之关切——我在梁林故居门前只待了一会儿，就见到有母女二人来到现场，关切此事。母亲年轻，孩子是中学生。经问方知，她们是海淀区人。女儿很崇拜梁思成先生，因此十分关心梁林故居的存亡。我听了很感动。北京民众的文化意识确实令人钦佩。而且上述的一切不都在表明社会文明的自觉与进步？

现在，梁林故居的保护应不再是问题，但如果把梁林故居风波看成一个"现象"，问题就仍然存在。

思考着

　　北京作为我国的政治首都和文化古都，历史文化积淀深厚，各种重要的文化遗存包括名人故居藏龙卧虎，深在市廛之中。由于我们还没有从传统的文物观转化为现代的遗产观，所以对建筑类的遗存依然侧重物质性，忽视精神性；故居属于民居，向来没有清晰的认定标准，因而在近三十年大规模的城市改造中，许多重要而珍贵的名人故居灰飞烟灭，消逝于无。这也是城市历史文化的分量日渐稀薄的原因之一。这使我想起曾住在巴黎时，常见一些老街的街口竖一块铁质的牌子，黑底红字，标题一律是"巴黎的故事"，牌子上写着这条街上居住过哪些重要的人物。其中有些人物可谓大名鼎鼎，令人心生敬意，远远胜过仰着脑袋去瞧那些谁也会盖的摩天大楼。我们不是总叫喊着把城市的文化"做大做强"吗？把文化做精做细才是真正做"强"，而非花大把钱折腾几个大吵大闹、过后影儿也找不着的文化节。

因而，我想北京的有关部门是否该对城中的名人故居来一遍认真的地毯式普查了？名人故居在城市精神遗产中应属专门一项，过去从未做过。由于涉及各个领域，辄必邀请各方专家协助认定，然后制定专门的保护条例与措施，这桩事才算真正做实做好。

我突发奇想，如果这事完成，是否可以绘制一张北京的名人故居地图，也叫中外游人来客见识一下北京文化的"深不见底"，也让北京人由此生出文化的自豪感来！

希望遇难呈祥的梁林故居能够使我们更看出城市的文化。

梁林故居拆了，问责于谁和谁来问责？

位于北总布胡同的梁林（梁思成、林徽因）故居终于被从北京的版图上抹去，这是新的一年文化上不该发生的第一个悲剧！

我想起2009年8月与一些好友在东城区那个光影幢幢的深巷里，考察这座当时被社会各界关切而存亡未卜的历史名宅。在那棵弯弯的石榴树和挺拔的绒花树簇拥的苍老的门楼与房舍中，深切感受到两位令人敬仰的文化先辈与我很近——这是一种唯在故居里才能得到的感动。记得当时还遇到来自海淀区的母女二人，她们是普普通通的北京百姓，由于关切梁林故居的命运而到这儿里里外外地流连。我更感到梁思成、林徽因与京城百姓精神与情感的关系。

人民热爱自己的土地与文化，他们是文化的主人，但谁保护他们的文化权利？当然是当地政府。政府是文化遗产的保护人。后来，总算有了好的结果，地方政府的相关部门认定这是理应保护的文化遗产。梁林故居逃过一劫，我们松了一口气。

然而，正像很多地方的文化遗产一样，今天认头保护的，明天为了什么好处又会去一举铲除。到底这种"认定"是真心认识到了文化的价值与它的神圣性，还是一种不得已的口头应付，一种为了躲避公众舆论与批评的权宜之计？今天，梁林故居已化为一片平地，便是最好的答案了。

既然两年前已经认定为北京城的历史遗产，为什么一直放在那里没有保护方案、措施与行动，更没人守护？是相关部门的失职还是不作为？

记得当时我还写过一篇文章题目是《从大水冲了龙王庙说起》刊发在《北京青年报》上，我说：北京怎么了，城市改造的大水冲了龙王庙，怎么连北京城保护神的老宅子也不要了？令人尤为惊讶的是，在我们都高调宣称要"文化自觉"的今天，对一生珍爱与守护中华文化的两位文化巨人的故居还能去撒野地动手废除，还谈得上什么文化自觉吗？

当代文化只有自豪地站在自己雄厚的文化根基上，才能创造繁荣。使用反文明的手段对待文明，特别是这样对待一个文明精神的象征，怎么可能真正地建设与繁荣文化？

那么这件事应当问责于谁？不言自明，应该是对这一行动的当事人和负有相关责任的部门问责。可是，至今没听到谁出来承担和认错。不是不认头，就是摇脑袋说不知道；而且一边说不知道，一边为肇事者开脱，说是为了维修。听说过故宫维修之前先把故宫拆了吗？这种无知的话居然也能出自文化部门；再进一步说，文物维修是开发商还是文物部门的事？

拆毁文物的责任是一定要追问个水落石出的，为了文化的尊严！否则这样践踏文化的事一定还要发生。写到这里我忽想，现在的关键不止于"问责于谁"，而是"谁来问责"，怎么该问责的还没有出来说话呢？

← 2012年3月在北京的康有为故居前

名人故居的进退两难

说到当前名人故居的话题，马上想到一个词：进退两难。

一边是历史巨人的故居被推土机一个个夷平，城市失去了自己这种灵魂性确凿的存在，泯灭掉一份份珍贵的遗存，城市因之一点点减少它历史积淀的厚重；一边却是一个个名人故居被作为旅游景点与招牌"开发"出来，亮闪闪推到人们面前。可是，待走进到这些重新"打造"的名人故居里，不过是一些老照片，陈年的家具什物，墙上挂着临时搞来的、往往与这些故居主人并无关系的老字画，再加上一些传记性和功劳簿式的文字简介，空洞乏味，没感觉。然而，这样的故居正在各地争先恐后地"打造"着，特别是旅游资源匮乏的地区。

造成这两种极端性问题的是没有认识到名人故居的真正价值，或者都是从实用和经济价值看待与对待名人故居。当认为名人故居没有什么实用价值时，想也没想就一挥而去；当看到名人故居可以招引游人、赚得钱财时，便急急忙忙一通涂脂抹粉地推将出来。这两种极端看似相反，立脚点却都是功利主义地决断文化。

文化的价值主要是精神价值，名人故居亦然。它的价值不是物质性的，而是精神性的。有人会说故居建筑不是物质的吗？但单看物质恐怕并不珍贵，它们大多普普通通，看似平常，甚至狭小简陋，可是当我们得知一种曾经影响世人的精神或时代审美诞生其中，它就变得异样神奇，散发出夺目的光彩了。就像我们在巴黎近郊奥维镇上那间不足七平方米的斜顶而昏暗的梵·高故居感受到的——那真是一种震撼！由此我们更坚定地认为：名人故居的真正意义是，在历史巨人这个特定的生命场中，将他们的精神影响后人。

所以说，名人故居的工作是致力体现一个个非凡个性的精神与品质。

如果从精神层面上去建设名人故居，一定会着重名人的"人"；如果只想打赚钱的主意，一定只想用他的"名"。

可是没有"人"的"名"，魅力有限，因此各地新开发的名人故居到头来大半是门可罗雀。

由于过去对名人故居认识有限，许多故居得不到保护而不复存在；偶有存留，时过境迁，故居主人留下的大量实物和细节也渐渐消失。一旦动手复建，却不知如何来做；再加上对历史文化知之有限，难免把它们当做那种古村落的财主们的宅院热热闹闹地布置一下，就推到旅游市场里了。

关键是要聘请专家。其实凡重要的历史名人，大都有学者专事研究其生平传记、性情习惯和事业历程。唯专家能细心挖掘史料，察觉埋藏在看似平常的故居中尚存的珍贵细节，设法再现故居主人独特的文化氛围与生命氛围。文化上的事，离开专家、离开文化的性质和规律就难免错误百出。当然，更关键的还是我们的"名人故居观"：到底是想以故居建设来增强一个城市或地方的精神文化，还是只想用它牟利赚钱。

请不要：遗址公园化

近年来，一种有害于文化遗存的做法正在相效成风，这就是：遗址公园化。

说到遗址，便会想起那年从埃及考察归来，一位朋友问我最强烈的感受是什么？我说，埃及大地到处是公元前数千年的历史遗址，给人一种极强烈的文明初始感、源头感。

从开罗的金字塔到卢克索的国王谷——这些法老墓葬的遗址中，无处不是巨大的石雕碎块和灼热的荒沙。谁也说不清它们的历史，连这些坚硬的石雕究竟毁于何时，也无从得知，时间在这里仿佛失去了长度。当历史走去时，没有留下任何寻找它的线索，只有问号。这些问号弥漫在残垣断壁碎石流沙之间。于是空茫、荒芜、寂寞和寥落，雾一样浓重地笼罩在遗址上，然而这才是远去的历史遗留在大地上特有的生命感——也是遗址独具的气质与魅力！

为此，世界上所有遗址的保护者都是知道遗址必须保留全貌，保留它的历史感。由古希腊、两河流域、古波斯、印度直到南美的玛雅那些遗址，一概都是原封不动。遗址是一种特殊的遗存。尽管它只是残剩的一些兀立的残垣和石柱，甚至是草坑与土堆，但它是历史生命仅存的最后的实体，是唯一可以触摸到的历史真实。如果遗址没了，历史便完全消失。你说它有多重要？然而，在我们这里却被改变了。

且不说许多遗址正在被粗暴的施工所破坏，从河南的殷墟、西安华清池到京西的圆明园遗址，到处在动土动工，修筑围墙，植树种花，竖立雕塑，点缀小品，更有甚者则添油加醋地增添各种"景观"于其间，努力把历史遗址"打造"成一座座公园。

做这种事的人完全不懂得遗址的价值就是它的"原生态"吗？不懂得文化和历史也有尊严，也是神圣不能侵犯的吗？

在罗马，许多重要的历史文化遗址往往并不在城外或者更远的地方，而是在城中，与人们"生活"在一起，但从没人把这些草木丛生的大片大片残垣断壁视作垃圾，去动手清理。相反，把它们作为凝固的历史，有形的岁月，真正的城市文物，不敢去碰它，更甭说动它。罗马人懂得一根柱子倒了是不能扶起来的，因为这是时间老人和历史巨人的行为。如果扶起来，修补好，历史时间随即消失。谁敢去改动历史？它残缺，却正好把另一半交给你去想象。这同时也是一种残缺美，残缺美也是一种历史美。因此，遗址保护就是严格地保护原状。只准大自然改变它，比如风吹日晒对它的消损——人能做的只是去加固它，延缓它的寿命，但决不准人为地去改变它。

不可否认，我们一些将遗址公园化的人可能对遗址的价值及必须恪守的保护原则不懂，但不懂得历史文化的人怎么能去管理文化遗产呢？

进而说，又绝非仅仅是不懂；如果不懂，为什么要破费大笔钱财为遗址围墙造景、植树栽花呢？其目的无人不知，便是开发旅游，招引游客，图谋赚得更多银子。

一旦文化服从了经济，以经济为目的，势必按照商业规律来改造自己。与此同一潮流的，便是各地兴致勃勃大干特干的历史街区景点化，"非遗"产业化，名人故里抢夺战，以及各种文化名目的"打造"热。这样一来，便形成了对历史文化遗存新一轮的破坏。

或许有人反驳，文化遗产所在地不能旅游吗？

历史遗产当然具有旅游价值，但是它不只有旅游价值，还有见证价值、研究价值、教育价值、欣赏价值，等等，不能为了一种价值而去破坏和牺牲其他价值。其实，即便是遗产的旅游价值，也体现在它的原真性上。如果昭君墓不再是"独留青冢向黄昏"，而只是公园中间一个不大不小的土堆，连游人也会兴味索然，从哪里去感受历史呢？一个普普通通、没有历史感的土堆魅力所在地？可是那些遗址的管理者却认定一大片废墟是没有卖点的，只有乔装打扮，添花加叶，披金戴银，整旧如新，才能招徕游人。于是一种急功近利的浮躁混同着低俗的审美，正在把一个个遗址变成俗不可耐的公园。这样下去，一定要闹着在遗址上"恢复重建"来再现昔日皇城昔日王宫昔日威风了。因为从市场的角度看，重建会更有商业吸引力，现在有的遗址不是已经做起重建的文章来了吗？

就这样，遗址正在一个个变成公园，变成赚钱的机器；历史被我们变成消费品了。

我们不是有一种很流行的观念，认为不能生财的文化无用，只有进行开发才是文化的"出路"？我们真的要把所有文化都变成GDP、变成现金，才心满意足，才认为自己有能耐，才视作"文化繁荣"吗？

我们真的不怕没有了遗址的历史？不怕没有了令人敬畏与尊崇的精神性的文化而带来的浅薄与苍白——不怕那种腰缠万贯的浅薄和富得流油的苍白吗？

请不要糟蹋我们的文化

我们必须正视：一种文化上自我糟蹋的潮流正在所向披靡。

我们悠久历史养育和积淀下来的文化精华，尤其那些最驰名、最响亮、最惹眼、最具影响的——从名城、名镇、名街、名人、名著，到名人死后的墓室和名著里出名的主人公，乃至列入国家名录的各类各种文化遗产等等，都在被浓妆艳抹，重新包装，甚至拆卸重组，再描龙画凤，披金戴银，挤眉弄眼，招摇于市。

那些在"城改"中残剩无多的历史街区，忽然被聪明地发现，它们竟是一种天赐的旅游资源。已经拆掉的无法复原，没拆的虽然不再拆了，但也难逃厄运——全被开发成商业风情街——实际上是风情商业街。更糟糕的是被世人称做"最后的精神家园"的古村古镇，正在被"腾笼换鸟"，迁走原住民，然后大举招商，一个个被改造成各类商铺、旅店、农家乐、茶社和咖啡屋混成一团的"游客的天堂"。在这天堂里连一间见证历史的"博物馆"也没有，导游讲的故事传说不少是为吸引游人而编造的伪民间故事。至于各种名人故居，大都是找来一些与其主人毫不相干的红木家具、老瓶老壶、文房四宝、三流字画，不伦不类地摆一摆，好歹布置个模样；没人拿名人的人当回事，只拿名人的名当回事。还有那种原本安慰心灵的寺庙，无一例外全成了世俗的闹市。至于种种文化遗产，更是这种热热闹闹重新"打造"的对象。其中的历史的内涵、文化的意蕴、本土气质和个中独特的精神跑到哪儿去了？没人管也没人问。

有人说旅游原本就是走马观花的快餐文化，用不着太认真。那么，就再看看我们影视中的历史文化吧。

我们的历史名人只要跑到银幕和荧屏上，不论明君重臣，还是才子佳人，大都多了一身好功夫，动不动大打出手，甚至背剑上房。他们好像都活在时光隧道里，虽然身着古装，发型和佩带却像时尚名模；没有确切的朝代与地域，一切衣食住行的道具、物品和礼俗全是胡编乱造；有个老样子就行，或者愈怪愈好，历史在这里只是借用一下的名义，一个空袋子，任什么乱七八糟、炫人耳目的东西都往里边塞。

一边是真实的历史被抽空内涵，只留下躯壳，再滥加改造；一边是荒诞不经和无中生有的伪造——这便是当今国人眼中的历史文化。

经过这样的粗鄙化的打造，在人们眼里，古村古镇无非是些年久失修的老房子，名人故居不过是名人在世时住过的几间屋子，庙宇都是烧香叩头却不知灵验不灵验的地方，历史上的人物全有几招花拳绣腿，全离不开男欢女爱，全不正经；没有庄重感、神圣感、厚重感，甚至美感。我们不是把中华文化博大精深挂在嘴边吗？如今国人从哪里能够感知这种博大精深？只能去一座城市才有一个的博物馆吗？

文化不精不深，怎样可能"做大做强"？真正强大的文化一定又精又深。比如唐诗宋词、维也纳的音乐、俄罗斯文学和美国电影。只有在精深的文化中，才会有大作品和大家的出现，社会文明才能整体地提高。

问题是当下这种鄙俗化的潮流，这种放肆的粗制滥造，这种充满谬误、以假乱真的伪文化，正在使我们的文化变得粗浅、轻薄、空洞、可笑、庸俗，甚至徒有虚名，一边有害公众的文化情怀和历史观，一边伤及中华文化的纯正及其传承。我相信，在这样文化环境中成长起来的一代，很难对自己的文化心怀挚爱与虔敬。如果我们不再深爱和敬重自己的文化，再伟大的文化不也要名存实亡？到底什么动机与力量使这种潮流正在变本加厉？我想应当用一句话戳穿，即以文化谋利。

为了赚钱发财,为了GDP。GDP是衡量政绩的尺度——这也是问题的关键与症结之一。

任何事物进入市场就不免受到市场规律的制约,不免依照消费需求和商业利益调整自己,但调整是科学调整,不能扭曲甚至破坏自己去换取经济利益,就像自然资源的开发不能破坏生态。文化更具特殊性。因为文化的最重要的社会功能是精神功能,它直接影响着社会文明与全民素质。不能为了畅销、热销、票房、上座率和收视率成倍增长,为了市场人气攀升,为了利润的最大化和"疯狂的GDP",而放弃文化固有的精神准则,即文明的、知识的、道德的、真善美的准则。这准则也是文化的尊严,这尊严一旦被践踏、被玷污,文化也就失去它存在的意义。因为被糟蹋的文化反过来一定还会糟蹋人的精神。

由此说,问题真正的要害——不是拿文化赚钱,而是糟蹋文化来赚钱。还有比这样赚钱更无知、更野蛮的吗?

当社会文明素质上升时,愈美好的东西愈有市场;当社会文明素质低下时,愈鄙俗的东西愈有市场。难道我们为赢得市场和收视率就去迁就低俗,甚至不惜糟蹋我们的文化?!

我们是否听到我们的文化正在呼叫:不要糟蹋自己的文化了!

任何有文化良心的人都不能回避这个声音。

请不要"再现历史辉煌"了

一股风起来了。

花大钱,干大事,不惜成本,要建文化强省强市。这中间免不了的要动用大型重型的建筑机械,机声隆隆,大兴土木,像打响一场战役。不久就从这施工的沙尘中冒出一张张花花绿绿的古装面孔,艳丽五彩,金碧辉煌,古色古香,这便是当下一些地方最时髦、最具豪气的口号——再现历史辉煌。

可是静下来一想,就颇值得深思了。

首先,什么是历史辉煌?

是这一地区历史上最辉煌的景象,还是历史盛世的强势、富裕和自信?

既然是历史,一定是特定的历史时期,这时期特定的经济水平、科技能力、人文气质。所谓辉煌,一定是在这特定的历史局限中达到的一种极致。它是你盖几座看看热闹的仿古建筑所能"再现"的吗?再说怎么"再现"?没有图纸,也没有确切依据,仅凭古籍上一些简略和美化的描述,想当然地,甚至半年一年就把历史"再现"了。再现历史居然比建一片厂房还容易?

再有,为什么非要再现历史辉煌?

历史的辉煌是历史和先人的创造。当历史离去,留到今天的一定不是完整的，而且愈古老的愈稀少。唯其如此，我们才要保护历史的遗存，因为历史遗存才是历史生命的本身。历史的真实保存在历史的残骸中。这些"残骸"引发我们去联想的历史空白，也是历史的魅力之一。历史不仅无法再现，也不需要再现。意大利去再现过古罗马的辉煌吗？希腊人去再现过古希腊的辉煌吗？

那么，到底是谁要再现历史的辉煌？

城市居民吗？专家学者们？当然都不是。那么旅客游人吗？游客当然想看到辉煌的历史，但决不是假造的"历史"。也许一般游人走马观花，不去认真，这样——为了赚钱，也为了经济政绩，才去再现历史辉煌。

我们的城市大多没有多少历史遗存。作为重要的文化类的旅游资源极其匮乏，这恐怕是许多城市都去造假历史的大背景。

可怕的是这种造假有的甚至根本不去管历史是什么模样，新造的"古建"个个体魄雄伟，比原本的建筑高上几倍。

涂了漆的苗寨

2002年12月时，我在南宁的文化遗产抢救论坛讲了一句话"许多遗产在我们尚未抢救时就已经消失了"。我所表达的是近些年常常碰到的一种令人焦急的状况与感受。会后一个当地的记者追着要我对上边的话具体说明。我说："还要我举例吗？你下去跑一跑就知道了。"

从他的脸上看，显然还不明白我这话的意思。但紧接着的事情，就可以拿来回答他。

从南宁出来，一路北上，去到桂北的山里考察少数民族的村寨。如今经济发达地区，比如江浙的沿海地区，再比如山东，古村落已寥若晨星。我知道，只有在这片黔桂湘三省交界这样的大山的皱褶里，还会隐伏着一些古老的山寨。然而这些古寨的现状如何，还有多少完好的历史杰作？我特意邀请当地的几位文化学者做向导，他们知道我想看什么。

然而，亲眼目睹到的却如挨了当头一棒。

依计划先到融水苗族自治县去看山上的一座有名的苗寨。据说这山寨的历史至少在五百年以上。从一位做向导的当地学者的描述听得出，这座苗寨外貌优美，内涵深厚，宛如宝寨。然而驱车攀山三四个小时之后，停车钻出来抬头一看，令所有人——包括做向导的学者也大惊失色。遍布山野一片刺目的艳丽五彩。原来这古寨竟刷了油漆！木楼的墙板涂成雪白，再勾上湖蓝色的花边，吊脚楼长长短短的木柱一律刷上翠绿色，看上去像堆在天地之间一大堆粗鄙的、恶俗的、荒唐可笑的大礼盒。当地的一位学者不禁说："怎么会成这样？前几个月来还好好的呢！"

后来才知道这里要建设新农村，一些人认为这样做是为了表现"新"——焕然一新。这叫我想起二十年前写过的一篇小说《意大利小提琴》。一位落魄的艺术家在旧物店里发现一把意大利小提琴，如获至宝，但手里的钱不够，他回去四方借款，待把钱凑齐再去买琴时，出现了同样荒唐的一幕——店主为了使这把老琴更招人喜爱，用白漆把琴亮光光重油一遍，好像医院用的便壶。

能说店主不是出于好意吗？但无知也会"犯罪"。一座古寨就这样被报废了。

接下来我去访问龙堆山顶上另一座历史悠久的侗寨时，所见景象更加糟糕。为了开发旅游，吸引人们去看著名的龙脊梯田，这座山寨快成旅店区了。改建的改建，涂漆的涂漆，然后再用彩漆在墙板写上各种店名。与我同来的本地学者哑口无言了。是啊，刚才被他描述得神乎其神的那座侗寨呢？

看吧，这些古寨和古村落不就是在我们还没看到时就消失了吗？我很想打电话叫南宁那位记者来亲眼看一看，可惜我没有他的名片。

珍贵的文化遗产就是这样被毁掉的。一半是片面地为了GDP，为了政绩，为了换取眼前一些小利；一半是出于无知。

文化遗产就是以这样的速度消失了的。几个月前还在，几个月后就完了，永远消失不见了。

我想起两个月前到浙南考察廊桥时，在陈万里先生居住过的龙泉县大窑见到一座古庙。这座庙立在村头的高坡上，老树簇拥，下临深涧，很是优美。此刻，当地为了开发旅游，正忙着翻旧为新，换砖换瓦，油漆粉刷。待爬上去一看，这座庙竟是一座明代遗存。不仅建筑是明代的，连木柱上原先的油漆所采用的"披麻挂灰"也原汁原味是明代的。我还发现大殿两侧木板墙上画着"四值功曹",风格当属清代中期。所用颜色朱砂石绿都是矿物色,历久弥新,沉静古雅。然而眼下民工们正在用白色的油漆往上刷呢!四位天神已被盖上一位,还用彩漆依照原样"照猫画虎"重新画上,花花绿绿,丑陋不堪。我忙找来村里的负责人,对他说:"你知道你干的是什么事吗?这可是你们村里的宝贝!快快停下来,千万别这么干了!"

遗产的抢救不仍是第一位的吗?但抢救不是呼吁,而是行动。要到田野,到山间,到广大民间去发现和认定遗产,还要和当地人讨论怎样保护好这些遗产,而不是舒舒服服地坐在屋里高谈阔论,坐而论道。

此次在桂北三江的澄阳八寨,徜徉于那种精美的鼓楼和风雨桥之时,真为侗族人民的创造而折服。经人介绍,与当地的一位侗寨的保护者结识。据说这八座侗寨就是他保护下来的,遂对他表示敬意。谈话中他说,当初有关领导部门也曾来人,要他们把这些美丽的风雨桥全漆成大红色,要和天安门一样。被他们坚决拒绝。如果没有那次拒绝,就没有今天迷人的澄阳八寨了。后来知道,此人是一位侗族学者,现在就住在澄阳八寨,天天守在这里,为保护和弘扬侗族文化而致力工作。

一种遗产如果有一位钟爱它的学者,这遗产就有了安全保证。但我们中华民族的遗产实在博大而缤纷,多数遗产的所在地实际上是没有学者的,没有明白的人。如果没有文化上的见识,这些遗产必然置身在危机之中,毁灭时时可能发生。

抢救是必须在田野第一线的。第一线需要学者,而且需要学者中的志愿者。问君愿意在中华大地上千千万万濒危的遗产中认领一样悉心呵护吗?

文化空巢及其对策

在我们为那些不知不觉就会被推土机推去的古村落与城市的历史街区心怀忧患之时，是否知道它们已经出现了可怕的"文化空巢"？这些历史形态犹存的村落与街区，远远看去，似是不错，古建筑一幢幢优美地立在那里；可是如果穿门入户就会发现，历史只是在它的躯壳上，并不在其中。里边的家具什物早都面目全非，看不到任何地域特色和文化细节，历史内涵已然不存。

前两年，天津的一条历时七百年的老街——宫前大街实行彻底改造，落地重建，原住居民大举搬迁。当地的民俗博物馆打算抓住时机，收集一批民间文物。但在目睹着整整一条街的居民翻箱倒柜时，竟没有发现一件有价值的历史证物或文化遗存。这条对于天津城具有源头意义、年深日久的老街缘何没有任何积淀，竟然如此空洞？然而这种空洞是普遍存在的。近年来，我在许多古村落考察时都遇到这种失落与茫然。有人将其归结为国人缺乏历史情怀与文化眼光，有人则将其归咎为岁月漫长的穷困和一次次对于历史文化人为的粗暴的扬弃。我同意这些说法，但还有一个不为注意的十分致命的原因，便是近二十年古董市场开放以来，古董贩子们大量的"淘宝"。

市场的规律是当一种物品渐渐受到青睐，有了卖相，随即便有大批这样的物品蜂拥而至。可悲的是，我们对自己的历史文化遗存，一

开始没有认识到它的文化的价值,反倒是先认识到商品的价值。一股古董热迅速地席卷神州,致使被金钱驱动的古董贩子们干劲十足,他们先于文化保护者,跋山涉水,足迹踏遍所有偏僻的水村山庄。从20世纪80年代中期至今已经过了二十年,对古董贩子们这种破坏性的"淘宝"仍然是没有任何"法规"限制,亦无行政禁令。他们所向披靡,几乎是拉网式地对大地的遗存施行灭绝性的搜刮,然后搬到遍布全国各地大大小小城市的古董市场上。

在20世纪80年代末,古董市场的热销货是古代珍玩、书画陶器、金神玉佛、明清家具,等到这些世代家传的细软卖得差不多了,及至90年代末,就渐渐变成老照片、房契、当票、信札和各类具有文化特色与历史感的生活物品,连脸盆架、油灯、衣帽、梳妆匣、烟袋、车辆与农具,也一样不剩地全折腾出来。老百姓不明白这些东西的价值,只把它们当做过时的废物,换些现钱;古董商贩也不全懂得这些东西的价值,只要是旧的老的古的,拿到市场能卖个好价钱就好。当地政府更没人把这些老东西当回事,洋人买去带出海关又不算文物不算走私,因为我们至今没有《民间文化遗产保护法》。如今古董市场上已经货源匮乏,多半是仿古的冒牌货,连老窗扇和门磴都是造假的了,这表明古村镇和城市的历史街区近乎被掏空了。最近我们在贵州省进行美术遗产普查时发现,许多苗族侗族村寨中已经看不到那种古老而迷人的服饰了,因为古董商贩和外国人已经在这里"淘宝"淘了二十年!再比如老家具,在山西的村落无法再找到像样的"山西货",在山东大地上也很难碰到那种淳朴的"山东货"了。青藏铁路一开通,曾经很难见到旅行者的阿里与墨脱,如今常常可以看见古董贩子出没的身影。西藏文物保护专家叶星生对我说:"才这么短的时间,连西藏边远地区的人家里,古老的东西也已经寥若晨星,都给古董贩子弄去了。"

这些来自各地的大量的历史遗存进入市场后,再没人知道这些东西确定的出处,它所承载的地域的以及特定的文化和风俗的信息便立即消失,仅仅剩下一个物质性的历史形态。另一方面,那些古村落和

← 又一座一百年前的历史建筑被拆

历史街区千百年来积淀的文化内涵被掏空了。失去了见证物的历史会变得虚无缥缈。建筑残存的古村落大部分已徒具美丽的容颜，像一本书，只有书皮与书名，没有内页和内容。

这恐怕是古村落和历史街区保护最致命的问题。你可以下决心保住一片古建筑，但怎样保持它内在的气质与内涵不流散？

欧洲人的办法是建博物馆。比如维也纳有二十三个区，每个区一个博物馆，都不大。居民们把自己不再需要却有历史价值的东西送到本区的博物馆，或捐或卖。这些区级博物馆的收藏全都十分丰厚，生动而充分地见证着这块城市土地上一代代人的生活与情感。这样的博物馆在欧洲各国，无论是城市还是村庄，都随处可见。

古村落的博物馆应是小型的，不要奢华，因地制宜。开始时只需要几间屋子，关键是要将仅存无多的历史文化细节尽快地抢救性地收集起来，同时当地政府应阻止古董贩子再入村淘宝。

各地的博物馆都要强调自己独有的文化特征，不要搞一般化的千篇一律的村史展览和民俗展览。像宁波的"麻将博物馆"、上海新天地"三十年代生活博物馆"、天津的"老城博物馆"、苏州的"丝绸博物馆"等都很有特色。这种小型的博物馆也可以是当地特有的某一种非物质文化遗产的博物馆，无论是皮影、剪纸、布缝、泥塑，还是舞蹈、技艺和乡俗，还可以是一种独具风情的生活博物馆。从策划到展示，都要请专家参与，使其具有文化价值与深度。

博物馆可以是民办公助，也可以是公办民助，即捐赠性博物馆，还可以是私人兴办，各界支持。博物馆无须很多经费，却可以在旅游中发挥持久的作用。在文化上，它应是农村新文化建设的根基，是一方水土历史创造的归宿，也是一种地域精神的聚集与弘扬。

小型博物馆应是我们面对"文化空巢"现象的积极对策。它最直接的意义是，把那些容易流失却失不再来的历史遗存留在自己的土地上。因为历史不能没有见证者，不能变成一个个干瘪的躯壳和空巢。

← 晋中泽州县的古村谢家大院已荒无人居

城市可以重来吗？

前不久，某地房地产业召开一个"高峰论坛"，主题词气吞山河，曰：有多少城市可以重来？

其实这口号并不新鲜，早在20世纪中期，我们就这么气壮山河地高吼过——什么改天换地呀，大地换新装呀，山河一新呀等等，好像非此不能体现我们这一代人的丰功伟绩。然而，这些看似壮丽的口号又是可怕的。多少大自然的生态和不能再生的历史文化遗存，就在这口号下被大肆涤荡，破旧立新，推倒重来，所剩无几。

今天，站在现代文明的立场看，这些口号是不文明的，甚至是野蛮的。

还得承认，开始对外经济开放和现代化的时候，我们并没有站在现代文明的立场去审视过去和面对今天。脑袋里热烘烘，依旧是"破旧立新"和"旧貌换新颜"那一套，再加上这一次的力度之大前所未有，所以直接的负面后果是六百多个城市的历史生命被一扫而光，性格形象消失了，年龄感没了，个性记忆被删除得干干净净，我们已经无法感知认识自己城市的文化性格和精神历程。从这个意义上来说，城市是不能重来的！城市不是一个巨大的功能性的设施齐备的工作机器与生活机器。城市首先是一个生命，有命运，有历史，有记忆，有性格。它是一方水土的独特创造——是人们集体的个性创造与审美创造。如果从精神与文化层面上去认识城市，城市是有尊严的，应当对它心存敬畏；可是如果仅仅把它当做一种使用对象，必然会对它随心所欲地宰割。

这些年跑过的地方不少，每到之处都会向当地主人提出看看历史街区。这种在欧洲会被当做很尊重他们的要求，却常常使当地的主人陷入尴尬。一次去往德州这座我心仪已久的古城，转了半天只看到一座古墓，此外就什么也看不到了。这样的徒有虚名的古城，我能开出一个很大的名单，保准人人会吃惊。古城变成新城——这大概就是"重来"的结果。江浙一些沿海现代化的城镇甚至已经"重来"几次了！

世界上有没有重来的城市？有，我看过两座。但我对这两座重来的城市是没有非议的。其中一座是在"二战"时被战火荡平的德国的杜塞尔多夫，一座是被大地震颠覆的唐山，它们几乎是完全重建的。但这是很痛苦的事。然而唐山人很有眼光，还是刻意保留了几座令人触目惊心的地震废墟，作为城市生活难以抹去的痛苦记忆。

珍惜城市精神文化的人，一定会精心地保存自己城市的历史，因为城市的灵魂在它的历史里。这使我想起曾经邀请我去柏林演讲的一个专事修复前东德城市遗存的组织，这组织的名称很独特，像口号，它叫做"小心翼翼地修复城市"。一听这名称，我就对他们心生敬意。

我们是不是真的不懂得城市的文化意义与精神价值？我想是，但也不是。

为什么说"也不是"？实说了吧，有时表面装不懂，实际是为了钱，为了经营城市及其土地。在这些人眼里，每一座建筑下边的土地都可以变成大量钱财。只有把这些建筑拆掉，土地才有了再使用的价值，即经济价值。于是，城市的历史文化便成了他们"盘活土地"的障碍。所以，他们要千方百计拆去这些历史建筑——这大概就是对城市呼喊"重来"的最真实的动机了。

城市要发展，要更新设施，增添功能，一定要被更改。为此，历史文化遗存也一定要付出代价，但这个代价要经过审慎思考和严格论证，它与"重来"是两码事。重来者无视城市的历史存在与文化存在，对于城市的历史生命是一种断送，对文化积累是一种彻底的铲除，对城市个性是一种摒弃。

不要把这个城市的"重来"之说仅仅当做一个不恰当的口号，它是那种由来已久的无知与野蛮的城市观在市场经济时代的恶性发作。尤其是在一些历史街区一息尚存的城市里，这种口号将催化城市历史的终结式的消亡。

文化可以打造吗？

一个气势豪迈的词儿正在流行起来，这个词儿叫做"打造文化"。常常从媒体上得知，某某地方要打造某某文化了。这文化并非子虚乌有，多指当地有特色的文化。这自然叫人奇怪了，已经有的文化还需要打造吗？前不久，听说西部某地居然要打造"大唐文化"。听了一惊，口气大得没边儿。人家"大唐文化"早在一千年前就辉煌于世界了，用得着你来打造？你打造得了吗？

毋庸讳言，这些口号多是一些政府部门喊出来的。这种打造是政府行为，其本意往往还是好的，为了弘扬和振兴当地的文化。应该说，使用某些行政手段是可以营造一些文化氛围、取得某些文化效应的，但这种"打造"还是造不出文化来。"打造"这个词儿的本意是"制造"。优良的工业产品和商品，通过努力是可以打造出来的。文化却不能，因为文化从来不是人为地打造出来的。温文尔雅的吴越文化是打造出来的吗？美国人阳刚十足的牛仔文化是打造出来的吗？巴黎和维也纳的城市文化是打造出来的吗？苗族女子灿烂的服饰文化是打造出来的吗？谁打造的？

文化是时间和心灵酿造出来的，是一代代人共同的精神创造的成果，是自然积淀而成的。你可以奋战一年打造出一座五星级酒店，甚至打造出一个豪华的剧场，却无法打造一种文化。正像我们说的，使一个人富起来是容易的，使一个人有文化——哪怕是有点文化气质可就难了。换句话说，物质的东西可以打造，精神文化的东西——是不能用"打造"这个词儿的。难道可以用搞工业的方式来进行文化建设？那么为什么还要大喊打造文化，仅仅是对文化的一种误解吗？

坦率地说，"打造文化"叫得这么响，其中有一个明显的经济目的——发展旅游，因为人们已经愈来愈清楚文化才是最直接和最重要的旅游资源。一切文化都是个性化的，文化的独特性愈强，旅游价值就愈高。文化是老祖宗不经意之间留给后人的一个永远的"经济增长点"。那么在各地大打旅游牌的市场竞争中，怎样使自己的文化更响亮、抢眼、冒尖、夺人？一句话，看来就得靠"打造"了。

很清楚了，这里所谓的"打造文化"，其本质是对原有文化的一种资源整合，一种商业包装，一种市场化改造。当今有句话不是说得更明白吗——要把某某文化打造成一种品牌。"品牌"是商业称谓，文化是没有品牌的。中国文化史从来没有把鲁迅或齐白石当做过"品牌"，鲁迅和齐白石也不是打造出来的。当下的打造文化者也并不想再打造出一个鲁迅或齐白石，却想把鲁迅和齐白石当做一种旅游品牌"做大做强"。所以伴随着这种商业化的"文化打造"，总是要大办一场大哄大嗡的文化节来进行市场推广。这种打造和真正的文化建设完全是两码事。

进而说，如果用市场的要求来打造历史文化，一定要对历史文化大动商业手术。凡是具有趣味性和刺激性、吸引与诱惑人的、可以大做文章的，便拉到前台，用不上的则搁置一旁。在市场霸权的时代，一切原有的文化都注定地要被市场重新选择。市场拒绝深层的文化，只要外表光怪陆离的一层。文化的浅薄化是市场化的必然。此外，市场还要根据自己的需要，还要对原有文化进行再造，涂脂抹粉，添油加醋，插科打诨，必不可少。这也是各个旅游景点充斥着胡编乱造的"伪民间故事"的真正缘故；与此同时，便是无数宝贵的口头文学遗产消失不存。再有就是假造的景点和重建的"古迹"。这儿添加一个花里胡哨的牌坊，那儿立起来一个钢筋水泥的"老庙"，再造出一条由于老街拆光了而拿来充当古董的仿古"明清街",街两边的房子像穿上款式一样的戏装那样呆头呆脑地龙套似的站着——文化便被打造成了。

这里边有文化吗?真实的历史文化在哪儿呢?打造出来的到底是什么"文化"?伪文化?非文化?谁来鉴别和认定?反正前来"一日游"的游客们只要看出点新鲜再吃点特色小吃就行,没人认真。也许那些对当地文化一无所知的洋人们会举着大拇指连声称好,凑巧被在场的记者拍张照片登在转天报纸的头版上,再写上一句"图片说明":"东方文化醉倒西方客。"

打造文化,一个多么糊涂的说法和粗鄙的做法!

节日谁来操办？

本文的题目是很荒唐的，节日原本是一种民间的文化传统，是大众约定俗成的生活庆典，年年逢到这种日子，人们就自发地庆祝——自娱自乐，合家欢乐，普天同庆，古来如是，还要谁来操办？

可是由于时代转型，生活骤变，加上曾经很长一段时间视传统为封建为落后，人们的节日情怀变得淡薄，不少节日渐渐远去与生疏，甚至名存实亡了。然而，随着全球化的加剧，不知不觉之间一种文化寻根的意识又生发出来，于是每每过年过节，便要请一些民俗学者坐在电视里讲年俗节俗。难道节日也要启蒙和普及吗？一代代过了上千年的年节，如今反要请人来讲解与传授，岂不可笑？节日是人们一种自发的共同的文化情感与文化习惯。如果没有这种情感，还能由衷地过节吗？这是不是一种文明中断的迹象？想到这里，感到有点可怕。

在这样的情境中，节日确实需要有人来倡导和操办了。那么谁来担当这个角色呢？

记得多年之前，机关单位过春节时，门口扎彩挂灯，大企业还要热热闹闹办一个有唱有跳有笑的晚会，这些年没人操办了，给每个人发点年货便早早落闸放假，各自回家。还有先前每到清明前后，学校便组织孩子们到郊外春游，现在都忙着赚钱，哪还有这份闲心？于是，在市场经济时代，这个节日操办者的差事就落到了商家的身上。文化上的事一落到商家身上就要变味儿。

商家会怎么操办节日呢？首先，把长假的节日称作"黄金周"，想方设法把节日这些天变为购物日、旅游日、消费日、花钱日。

再有，节日原来都有内容的，到了商家手里，自然是什么好卖就卖什么。我们曾经埋怨如今的节日都变成饮食节了——端午节吃粽子，中秋节吃月饼，灯节吃元宵，春节吃饺子加年糕。其实这正是商家一手操办的结果。近年来，逢到过年，商家不是又在极力号召人们到饭店里吃"年夜饭"吗？

别以为我在这里责怪商家，毕竟商家对于节日是不必负文化责任的。商家要的是商品价值，而非文化价值。哪儿有卖点，就在哪儿使劲。卖艾草能赚钱吗？赏月能成为卖点吗？如今大小城市夜里都要亮起来，抬头向上看，恐怕连月亮也找不到。中秋节里最大的卖点也就剩下月饼了，还能埋怨商家们的月饼大战吗？倘若全是三块钱一个的月饼能赚到几个钱？进入了市场的节日只能顺从市场的规律，这叫做"市场霸权"。

这样，今年的七夕也开始市场化了，其原因是七夕热闹起来了。近年来，洋节（情人节等）愈演愈烈，文化界一些人士便呼吁国人拿出自己的以爱情为主题的七夕节来抵抗洋节的"入侵"。在刚刚度过的"文化遗产日"里，七夕节又被列入国家非物质文化遗产。在商家眼里，这个几乎被我们忘掉的节日就生出一些商业价值。还有一个原因是今年的农历七月适逢闰月，出现两个"七夕"，这是三四十年才会出现一次的巧合。从市场角度看，凡是能够引起人们兴趣的都是能够生财的卖点，于是商家便动手操办七夕了。

其实七夕原本有两个主题。一是赞美女儿们的心灵手巧，聪明颖慧。所以七夕节又称"乞巧节"。记得我小时候每到此节，清晨时分，家中的女子要聚在一起，往一盆水——这盆水要晾一夜——轻轻地平放上做活的针，比比看谁放的针能够浮在水面上，不沉入盆中。这些民俗游戏都与"女儿的心灵手巧"有关。七夕节的另一个主题是通过牛郎织女的传说，颂扬对爱情的忠贞不渝，两情相许，信守一生，白头偕老。牛郎织女是婚后夫妻，不是婚前恋人，牛郎是用扁担挑着两个孩子千里迢迢去与织女一年一度地相会的。记得那一天只要下雨，大人便说这是牛郎织女在落泪，在抱头痛哭。这与西方表达情人相恋的情人节是完全不同的。

然而，商家是不管这一套的。精明的商家从一些用七夕节抵御洋人的情人节的舆论里看出商机，看出七夕节也可以被改造为一个"黄金日"，那就是干脆把七夕节当做中国的情人节，将洋人情人节的酒倒进中国七夕节的瓶子。于是今年各地商家都张起"中国情人节"和"东方情人节"的大旗，并依照西方情人节那样，推销情人礼物（情侣手机、情人饮料等），倾销红玫瑰——当然是高价红玫瑰。比起舶来的情人节，中断已久而十分空洞的七夕节正好可以更好地发挥商家的创造力。于是，"千对情人大派对"、"拉郎配"、"新郎新娘来相会"蜂拥而起，每个城市都出现了这种商家组织的"爱情超市"。

七夕就这样复苏了吗？那些关于女儿们的内涵呢？中国人的爱情观呢？没人提它，也没人想它。其实，七夕只是被市场经营罢了，我们离着那个传说一般优美的节日气氛依旧很远。我们还能找回那份文化感觉吗？它在哪里？

再说今年商家之所以尝到七夕的甜头，是因为沾了今年"双七夕"的光。明年不再是"双七夕"，商家要是从中看不到商机，撒手不管怎么办？七夕该由谁操办？

我想，真正的节日重建并非易事，它需要从对孩子的教育开始，需要文化上的启迪和与传统的衔接，需要各界的倡导与参与。但是如果人们没有真正的节日期待与情怀，这些节日最终只是市场中一年一度的商业由头；一种西餐中吃、不伦不类的文化闹剧。

乾隆能上房吗？

前些年，一部电视连续剧《戏说乾隆》红极一时，大清乾隆皇帝摇身一变，成了英俊的武生；背刀仗剑，抬腿上房，飞檐走壁，横扫群恶，一边还和各样美女胡搂乱吻，纠缠不休。一时，对这部大大离谱、纯属虚构的电视剧褒贬皆有。褒者说，通俗作品不必认真，不就为了找个乐吗？贬者说，编造总要有"度"，要对历史负责，对知识负责。这样会使年轻人误以为乾隆原是个浪荡公子。争论从来不会有结果。再说，人家剧名上明明写着"戏说"嘛。就这么一部"戏说"，还会闹出乱子？

没料到，如今已是"戏说"的天下了。

耍刀舞棒的远非乾隆一个，历代君主，东西洋人，老僧老道，村女渔姑，骚人墨客等——连唐伯虎和纪晓岚也身怀绝技，动辄一掀桌子，杀得你死我活，天昏地暗，飞沙走石。正史全成野史，正剧全成闹剧，真人全成戏人儿。

同时，这"戏说"一蹿，跑出了电视剧，甚至跑出荧屏。从商家广告到名家讲坛，谁想怎么说就怎么说；从民俗事物到文学经典，谁想怎么搞笑谁就怎么干，张口就来，到处现挂，如果搞笑还"抓"不住人，还嫌不过瘾，干脆就恶搞。戏说对象本身的真实已经没人去关心。戏说者所关心的只是他的过程是否有吸引力。吸引力是戏说的目的。

这正是商业文化的特征。

看看如今的古装武侠题材的影视吧！不论长篇连续剧，还是大片巨片，绝大部分没有确定的历史朝代，没有确定的地域，自然也就没有特定的地域文化。只有一个抽象的粗鄙化的"历史"空间，然后就信手胡来了。一群男男女女，本领大得没边，身穿的古装像时装，发型像朋克或披头士，说话全是现代人的口气。在刻意捏造的极其蹩脚的戏剧冲突中（仇杀、争权或三角恋爱等），打打杀杀，从头到尾。有趣的是，当这些影视片被一些年轻人恶作剧地恶搞一番之后，影视制作人还真的动起火来。这可真怪了，你把庄重的历史都"恶搞"了，还在乎人家来恶搞你？

进而说，为什么戏说可以随意颠倒历史、糟蹋文化经典，既没人反对，也无力反对？回答应该很清楚：市场霸权。

如今所有文化都在努力市场化。市场是钱说了算，市场需要戏说，谁能说不？

为什么市场需要戏说呢？这很简单，为了新奇，为了搞笑，为了卖点——有了卖点还可以继而制造流行，这就是商业文化。商业文化是娱乐性的、消遣性的、快餐性的。快餐才销得快，娱乐才好消费。有人谴责商业文化太浅薄，这种指责没道理。商业文化是不追求深刻的，更不能"发人深思"。"发人深思"会造成消费障碍。还有人谴责商业文化不能持久，留不下来。这话很对呀！人家商业文化从来就不追求传世，只求红极一时，因为红的时候可以大把捞钱。传世是让后人赚钱，红了可以自己捞钱。

一次，几位女学生对我直言："我们就是想做超女。"

我问她们："你们知道超女是一种流行性的文化商品吗？知道商品的市场规律吗？"

这几位可爱又天真的学生不明白我要说什么。我告诉她们："一般流行商品的规律都是先热销。热销的原因是市场炒作得好，炒作得成功。最成功的炒作可以使商品红遍天下，无人不知。但流行的东西不会总流行。当它被另一种炒作起来的商品取而代之时，便会冷落下来，渐渐陷入低谷，成为滞销。滞销的结果是被市场甩掉，那就该被'清仓'了。"我还说:"你们可以选择这种商品文化，但必须知道它是怎么回事，对'滞销'和'清仓'要先有心理准备。"

流行文化是一过性的，因此它们一定是好接受的、好消化的、肤浅的，又是新奇的、刺激的、眼花缭乱的。我们不该责怪这种文化，商品经济的时代一定要产生商品文化。但一个社会不能全是这种文化，就像生活不能天天是嘉年华，不能全是胡编乱造的历史和错乱的时空，全是搞笑与戏说，全是揭秘与猜秘。不能一切全是儿戏。数千年升华出来的文明经典、民族英雄、精神偶像不能任我们随意亵渎糟蹋，而只为了一时的取乐。

有人对我说，我们有五千年文化，历史长，人物多，总不会都被戏说了。

我摇摇头告诉他，前些天一位南方的业余作者对我说，他们县里已经花钱把能写东西的人请去，叫他们根据县里的各个旅游景点——有古代的，也有新造的，编一些离奇好玩的"民间故事"，供县里吸引游客，发展旅游，好把"旅游经济推上一个新台阶"。

连我们大地上的文化记忆也被戏说了，而且早被旅游市场戏说和胡说了。这不可怕吗？想一想，我们的文化在20世纪曾经被扫荡、被腰斩，今天再被戏说、被伪造，还能"博大精深"吗？我说的"博大精深"不是在博物馆里，而是在公众自我的文化感觉中。

我为慈城担忧

　　昨天，忽见媒体上报道浙江宁波慈城一位官员说出的惊世骇俗的一句话："现在看来，靠常规武器行不通了，而'凤凰古城旅游开发模式'，就是政府给慈城投下的一颗'原子弹'。"

　　先甭说什么"凤凰古城旅游开发模式"，就这一句就够得上一颗重磅炸弹。炸得我，也炸得远在上海的阮仪三教授魂飞魄散，急得阮仪三教授焦虑万分地打电话给我。

　　记得2002年，应宁波慈城之邀，我与阮仪三教授在宁波网上做视频交谈，内容是探讨慈城的古城保护与利用。那时宁波的城市保护与建设的确做得很好。宁波市刚刚完成月湖及周边的整理与修缮，慈城正待起步。我和阮教授都对宁波人做事的精致、认真、踏实表示由衷赞赏，并对深知并深爱自己的文化的宁波人心怀敬意。记得阮教授——这位古城镇保护大家曾对慈城的开发提了许多极好的建议。此后几年，我与慈城相关人士多有接触，常常听到他们振兴古城的各种想法，难道最终的结局竟是引来一枚"原子弹"，还要与风马牛不相及的凤凰古城"联姻"，疯了？

　　一个是湘西文化，一个是浙东文化；一个是苗族土家族的山水聚落，一个是典型的江南平原上汉族的古县城；两地的历史、地理、民族，以及民间的信仰、民俗、建筑、生活习惯，还有人的性格、气质、审美，都迥然不同，怎么联姻？慈城相中人家什么了？说白了，不就是580万游客19亿收入吗？而慈城已经公开说出自己的"初步计划"："'出嫁'后的新慈城三年内要实现接待国内外游客60万人／年，五年内达80万人／年，八年内达到120万人／年。"这话说得多直白！一切目的只为赚钱和发财而已，与古城的文化保护无关。

慈城是我国现存无多的江南古县城。历史街区完好，格局井然有序，古迹古建密集，最关键的是这里保持着美好的民俗民情和深厚的历史记忆。由于我的祖辈生活在慈城，我读过许多有关这里的书。我知道慈城地区历代的进士就达到五百多位，这是多么雄厚的文化积淀，何况还有许多非物质文化遗产！这一切全美好地保存在不到三公里见方小小的城区里，倘若每年上百万旅客蜂拥而至，还不把这一切全都冲散和吞没？

何况"凤凰古城的模式"并不成功。如今的凤凰城更像一座五光十色的娱乐城，一个土特产品的露天超市，入夜后沿江酒店迪斯科的打击乐声震得山响。如果那位新西兰作家艾黎再来，还能称它为"中国最美的小城"吗？有多少游人从中神会到沈从文、陈宝箴世家和真正的苗家人文的精髓？

我们不反对古城的旅游，世界所有古城都是游人旅客观光之地。但应该说，当今古城和古村落的旅游已经构成一种对其文化的破坏。因为很少有人去想如何传播它的文化与精神，只想拿文化赚钱。过去我们用"砸烂旧文化"表示自己革命，现在胡乱地改造文化为了赚钱。我们还有多少家底经得起这样的折腾？

现在的古城和古村落开发已成套路：

首先是先风风火火去找有资本的开发商，然后不经过专家论证，也不向当地百姓公示，完全按照商业盈利的需要制定方案，把古迹当景点，把遗产当卖点，把无法当做景点和卖点的文化遗产甩到一边；然后是"腾笼换鸟"，迁走甚至迁空原住民，使古城失去活的记忆和生命；沿街全改成店铺，招引商贩，于是所有旅游景区营销的工艺品全都像从一个仓库里批发出来的。然后是在街头屋角挂红灯笼，插彩旗；

为了客人翻番，收入翻番，随心所欲地增加景点，甚至动手造假，这就是当下最时髦的一个词儿——打造。

套路化的旅游带来的一定是粗鄙化的旅游，同时使各地古城和古村落的文化遭到了彻底的破坏。我说"彻底"，是指原有的文化生命被瓦解，固有的文化魅力荡然无存，只有布景般的模样，没有真正的个性与气质。这到底是缘自对文化的无知，还是只要金银不要其他。

一个地区经济兴衰总是三十年河东，三十年河西。唯文化才是永远攥在手中的不变的王牌，是永恒的资源。这资源既是经济的，更是精神的。如果拿它换眼前几个小钱，失去的却是一个地区最重要的东西——精神。地域精神、人文传统、乡土情感与亲和力，这些东西一旦失去，是多少钱也买不回来的。世界上有比金钱重要的东西，凡是用钱买不到的东西都比钱重要。

科学的发展观其中重要的一条是按照事物的规律办事。按事物的规律办就是科学的，反之就是反科学的。文化的事要按照文化的规律办，不能只按照经济的规律和经济目的办。古城古村落是个综合体，其中精神传统与文化财富占重大成分。不能牺牲文化去换取一时的经济利益。何况世界古城旅游的经验是，保护得愈好，才愈有旅游价值。

为此，我为"嫁"出去的慈城担忧。

难道一个人文如此深厚、典雅、优美的古城只有一条"出嫁"的绝路吗？

谁帮一下慈城？

城市个性的消失

城市是一种生命。生命最重要的个体价值就是个性。城市的个性就像人的个性一样，既是与生俱来的，是一种天性，又是漫长历史中形成的，是一种命运的塑造呈现。

它与生俱来的一面，与所处大自然的环境密切相关。诸如山川、地势、风物与气候，在城市生成的过程中不断地与这些大自然的精灵神交，无不带着这一方水土独有的气质。至于它历史形成的一面，便是它各自的经历使然。吉凶祸福都是它个性的成因。故此，一个城市，一种命运，一种个性，绝不相同。

从文化学看，这种个性就是文化。城市的最重要和最有价值的文化，在深层，它表现在这个城市独自的生活方式、习俗、方言、艺术，乃至集体性格中；在表层，一望而知，就在城市的形态——格局与建筑中。由于人们建城与建屋时，必然把自己的审美加进去，所以每个城市都有独自的城市美。它是城市个性最明显的部分。如果你的城市与我的城市一样，自然毫无魅力可言。可惜，现在说这些话为时已迟，中国千姿百态的城市，看上去已经没有个性美了。

造成这种状况，不单单是对象征着城市个性的历史遗存的灭绝性的破坏，还有一半的原因是新建筑的失败。

如今堆积在城市的建筑，大多平庸单调，没有想象力和创造性，没有内涵,而且全都似曾相识,彼此雷同。城市间雷同的本身,就表明它们的个性都已经丧失。

应该说,当代中国城市革命性的突变是根本缘故。城市的发展原是线性的,不断地积累与完善。但当今中国城市是从文化大革命一步跨入改革,从封闭跳进开放,从百年不改一砖一瓦纵入翻天覆地的"城市改造"。一个城市一年间要盖百万平方米以上的新楼新屋,这是世界城市史都绝无仅有的奇迹。在这个突变中最大的失误是没有人去思考怎样把握住城市的个性,损失的自然也是城市的个性。

建筑师们的工作是应急式的,来不及去寻找创造性的灵感以及细心推敲。最快捷又妥帖的方式是"拿来主义"。从其他国家或其他城市选择现成的楼型,搬过来,最多在电脑上做些加工……这样,城市间的面孔自然就愈来愈相像了。

比上述根由更深刻的来自于城市的商业化,这也是全球化和市场化所要做到的。城市的土地和建筑都转化为商品。在商家眼中,建筑的形态是"卖相"如何。作为商品的建筑必须符合市场规律。凡是能吸引买主的就是最好的,于是被各种诱惑的字眼包装起来的舶来品都成为城市的建筑市场亮点。诸如罗马花园、美国小镇、德国庄园,以及英国郡、意大利堡、北欧村庄,等等。哪个新鲜、时髦、闻如未闻、吊得起买主的胃口,哪个就能进入售房排行榜。商业成功的要诀是出奇制胜。这样,中国城市的文化不仅失去个性与文脉,而且已然乱作一团。我在山东一座古城看到,几乎近两年临街的建筑全是巴洛克式的,并且是简易的、粗陋的、照猫画虎的。一方面这些开发商的文化水平相当有限,但他们是甲方,建筑的样式由他们的好恶决定;一方面是建筑师们投其所好,而且如此东搬西挪,省事省力,又好赚到银子。被铲除和抹掉了历史记忆与文化个性的城市,便被这样杂乱而低俗的建筑商品替代了。我想,最多十年,城市已经没有空余的土地,也没有可拆除的历史街区,这样大同小异的在霓虹闪烁中的水泥森林,至少要在城市中存活半个世纪。等到我们的后代醒悟过来,怎样才能找回自己的个性?

最可怕的是,我们至今没有觉悟,没有把城市的个性当做城市生命的根本,还在随心所欲地改造城市。

古民居放在哪里才"适得其所"？

近日从《文汇报》读了两篇观点相悖的文章，都是关于瑞典人欲买安徽古民居"翠屏居"而被相关文物部门紧急叫停一事。这件事引起一个小又不小的争论，使我想起当年西方殖民者大量掠夺中华宝物——也曾引起过备受国人漠视的中华文化遗存放在哪里才好之争，也曾有过放在洋人那里才是"适得其所"的貌似高明的论调。看来，中华文物只有漂洋过海才能过上好日子。如若这样，到底是中国人的幸事还是悲哀？这种事为什么没发生在法国人身上呢？就现今而论，人家的古民居比我们只多不少。

洋人弄走中国的古物，真的只是为了热爱中华文明吗？为了表达"爱心"吗？

记得前几年访法时，曾与邀请我的法国朋友有过一次关于所谓"法藏敦煌遗书"的争辩。1900年，伯希和通过王道士弄走大量的敦煌文献的事世人皆知。但这位法国朋友却说："如果不是伯希和搬到我们法国去，这些东西经历各种战乱，尤其是'文化大革命'，也许早都没有了。"看来这种观点中外皆有。我笑了笑说："那就谢谢你们了。不过现在我们的条件好了，也不会再搞'文化大革命'。你们是不是应该还给我们了？"法国朋友耸耸肩，表示他不知该怎么办。显然他们从来没想过这类问题。

在江西流坑考察

其实这个问题还可以换个角度说：难道放在国外就真的安全——如上天堂了吗？德国探险家范莱考克从新疆伯孜克里克石窟割取下来放在柏林的精美绝伦的二十八幅壁画，不是在"二战"中全部毁于一场轰炸了吗？

能说早知巴米扬大佛被炸毁就不如搬到大都会博物馆去吗？那里的温度和湿度不是调得极好，还有红外线监控吗？

任何遗存的首要价值都是见证的价值。它不是孤立的，它是那块土地的文化生命与历史的物证。如果它具有那块土地的代表与象征的意义——比如"翠屏居"这样的"典型的皖南古民居"，更是不可移动的。1997年9月，安徽省人大通过的《安徽省皖南古民居保护条例》中就有明文规定。世界上有哪个文明古国用出卖自己的文明的方式来保护文明？如果有，一定是还没有文明的自觉，一定还看不到这些遗存的文化内含与文化价值，才会拿它们当做物产一样去换取保障生存的金钱。从19世纪至20世纪初，西方的殖民者正是在这个现代文明的落差上，从一些古老而蒙昧的土地上，搬走他们祖先留下的长久湮埋在荒芜中的遗存。

在柏林，我走进那座一百多年前德国人从西亚整体搬迁去的巴比伦古城。站在那些来来往往张大眼睛和嘴巴对这座壮丽的西亚古城赞叹不已的游客中间，百感交集。心想，我们的古城可别搬到这里来。因为在柏林看这座古城，除去惊羡巴比伦人的想象力、气魄与创造力之外，还会强烈地感受到一种文明对另一种文明的掠夺，以及殖民者的霸气。

当然，在各国和各种文明之间，文物是可以交流的。但在现代文明社会，文物交流必须有法可依，必须经过专家的严格鉴定和国家文物部门批准。在目前，我们的文化遗存正遭受巨大冲击而危在旦夕，这种十分盲目的出卖古民居之风一旦开端，一定带来可怕的大拆大卖"出口老房子"的热潮。这也是一直守卫着古民居而倾尽心血的阮仪三先生为什么大呼大叫"好东西要坚决保"的缘故。阮仪三的担忧切实地附合中国的现实与真实。

再说这幢差点被外卖到北欧的古民居，卖价只有区区的两万五千元，和王道士从斯坦因与和伯希和手里拿到的钱差不多。在这个等同于"廉价处理"的价钱中，我们没有感受到一种文化的屈辱和自己的愚昧吗？

我国历史悠远，民族众多，地域多样，各地民居极具个性。而这些物质性的古民居遗存又是极其丰富的非物质文化遗存的载体。倘若物质载体不存，非物质遗产"毛将焉附"？然而在剧烈的社会变化中，城市的历史民居大多已经荡然殆尽，乡村古民居又面临新农村建设的冲击。正在我们为乡村古民居何去何从焦灼地思谋出路之时，像"翠屏居"这种负面的自我轻薄文化事件冒出来，自然就必须紧急刹车，亮出红牌。

"翠屏居"事件很像一百年前敦煌的藏经洞事件。它说明我们虽然有悠久的文明，也有久远的蒙昧。

这张红牌是一个文明自觉的信号。我为叫停此事的这些部门这些人叫好。

然而，接下来必须思考的是被挂上"文保单位"而禁止出售的"翠屏居"谁来管？类似的古民居都做过普查和认定吗？

我们在"翠屏居"事件的跟踪调查中得知，这座古宅由于这个事件而出了名，现在被一家经营茶叶的公司以每年6000元租用了。据说这家公司有意把这里办成皖南茶文化馆，倘能如是，当为幸事。但更多的遍及中华大地的"翠屏居"们呢？它们绝不会有翠屏居这样的好运。如今各地的古民居大多未经普查与定性，在保护责任方面没有归属，绝大多数房主对其居住的古屋古宅是没有保护意识的。即使有人知道应当保护，也是既无办法，又无财力。连北京已经定为保护范围的四合院都扔在那里，没人过问。难道它真像主张外卖的人所说：宁肯让它烂掉也不放手？问题不是又回到这一话题所争论的原点上？

在国人尚未有普遍的文化保护的自觉之时，该怎么办？此刻我又是想起了阮仪三先生。如果没有他切实的努力，江南六镇今何在？可是一个或几个阮仪三，救得了成百上千个奄奄一息的古村落吗？由此想到曾经在一次文化界的会议上说：我们在伏案研究民间口头文学，可是口头民间文学早已经没人再说了，马上就要从人间不知不觉地蒸发掉了。我说：请诸位先离开我们的书斋到田野里去吧，先去把那些残存在记忆中的"最后的口头文学"记录下来吧！我们没时间清谈妙论，侃侃而谈，我们应该去到文化遗产的重灾区里，切切实实做自己力所能及的事。

谁的画价高？

偶而作画，时入画界，我愈来愈多地听到一个热门话题：谁的画价高？比如谁的画一平方尺已经两万三万，谁的画今年一平方尺又涨到三万五万等等，听起来很吓人。但细心地去看，这些画作本身并没有任何变化和进步，因何涨价呢？想了想方才明白，原来画价遵循的不是艺术规律，而是市场规律。市场的规律是有人买就有市场，就涨价；没人买就没市场，就猫着价。进而才明白，为什么当今画界总是热衷于使用各种招数炒画，如同房地产开发商爆炒楼盘，其实都是为了卖价，为了多多赚钱。

我这么说，并没有指责的意思。想发财也不错，但这是市场的事，是市场行为，而非艺术上的事。市场有自身的规律，并不与艺术的规律同步。比方说大画家的画价要高要贵，理应有此，市场的原则是按质论价嘛，质（艺术）应该是第一位的。可是如果把这道理倒过来呢？便成了谁的画价高谁就是大画家。这就麻烦了。因为这一倒，"价"就跑到前边去，成了第一位的，成了衡量画家的尺度，于是都往画价上使劲。别看提高画作水平很难，拔高画价却很容易，想个高招儿，炒一炒，就上去了。房价不就这么炒上去的？这一来，谁画价高，谁名气大，神气十足；谁画价低，不好卖，谁在画坛上也就灰头灰脑没面子。不知不觉间，拍卖行的价目表（一说销售指数）就给画坛排座次了。这就导致前几年一位极有才气的青年画家，迫于在市场上一时找不到财路，压力太大而自寻短见。记得我听到这消息时气愤得大喊大叫，一时却又说不清谁是"杀手"。

还有一件事印象也很深。也是前几年，从媒体上得知当世画家的一件作品——而且是一件很平常之作，竟卖了一千多万。我当时就想，多伟大的艺术品卖这么高的价钱，相当一座工厂！如果拿山区的老农的收入来衡量，一个老农干活一年收入五千元就蛮不错，可是拿这幅一千万元的画一折算就不可思议了。这位画家一挥而就之作，得要一个老农干上两千多年，从西汉一天不歇一直干到今天！

我们的艺术市场合理吗？

或许有人反驳我，艺术品不是生产，不是重复劳动，精神产品的价格不能与物质产品的价格相比。可是用什么标准衡量精神文化产品，总不能听凭市场的炒作吧。炒作是一种商业魔术，是可以"化腐朽为神奇"的。炒作的结果一定是那些在拍卖场上拍出天价的画儿，全都带着一大团五光十色的商业泡沫。

可是时候一过，缩了水就剩不下什么。比方那位卖出一千多万的画家，每幅画还能卖一千多万，哪怕是一百万、十几万、几万？

有人把书画市场的无序归咎于并不真正懂画的收藏者群体，待到整个社会的文化素质提高了，市场秩序就会渐渐井然。也有人认为当前的"书画热"的关键是因为这些东西可以作为"软黄金"，成为重礼或用来洗钱的美妙的工具。据说有人拿画送礼时还附上拍卖公司出版的印有这幅画五位数六位数价码的样本。这些破烂的事先不说了。还有另外一种说法，颇引起我的思考，便是我们现今的书画市场缺乏真正的艺术经纪人。真正的艺术经纪人应该既懂得艺术，又懂得市场。他们不是一心赚钱的画贩子，他们有向社会推介优秀艺术品的责任，就像奥地利大画家马克斯·魏勒的夫人。魏勒夫人是一位欧洲著名的艺术经纪人，她结识魏勒时，魏勒名气还不大。她立志要让世人认识这位杰出的抽象主义画家。而如今这位享誉全球的大画家就是给这个极具眼光的女经纪人通过市场手段推介出来的。真正的艺术经纪人是艺术家与市场中间可靠的桥梁。不像我们现今的画界，画贩子不可靠，常常只好由画家本人亲自出马，亲自策划、推广和营销自己。

艺术家一旦充当自己经纪人的角色，他就会被市场异化。时时察看市场的眼色，不知不觉顺从市场的口味。有一位在市场上卖出高价的画家，风格和内容始终不变。一次，我问他因何总也不变，他的回答让我吃惊。他说，他的画一变，就会被人当做假画了。他已经完全向市场投降。艺术服从市场而不再服从心灵和艺术本身，他的艺术自然也就止步不前。

艺术生命的本质是自由，是因为艺术家的心灵是自由的。然而市场会用金钱收买你的自由。你伸手拿到钱的同时，小心自由被收缴了。弄不好只能乖乖地——或者媚俗，或者一个劲儿地重复自己。我们期待一种健康的、良性的秩序在市场中建立，期待市场的规律与艺术的规律合二为一，期待着价格与价值同步，但这只是一种理想。即使艺术市场已经很成熟的欧美和日本，真正的艺术家还是需要清醒地面对艺术和背对市场。如果天天张望别人，又揪心自己的画价，天天"功夫在诗外"，可能在市场上会取得一些"成功"和实惠，但付出的代价一定是对艺术理想的彻底放弃。

"非遗后"时代我们做什么？

我想讲讲此次展览与活动的初衷。

这次既是对十年木版年画普查与抢救的总结，又是一个新时期工作的肇始。为什么是一个新时期呢？

十年前在朱仙镇，也是一次国际性年画的研讨会上，我们中国民协把木版年画普查作为龙头项目，开启了历史上空前的对中国民间文化的地毯式普查。那也是个寒冷的初冬，在中原腹地我们燃起了一代文化人对自己的文明炽烈的激情。

由是而下，整整十年。

这十年，不仅我们完成了木版年画这一项中国重大文化与艺术遗产的全面的普查、记录与整理，而且全国各地的学者专家还协助政府将散布在中华大地上的文化遗存，一项项整理好，送入《国家级非物质文化遗产名录》。现在，进入文化部国家级"非遗"名录的有一千二百多项。如果再加上各省市和县级名录，至少有四五千项。现在可以说，绝大多数"非遗"都进入了政府保护的视野。

那么在基本完成了"非遗"工作之后，我们就大功告成了，不再管它何去何从了吗？

当然不是。应该说，我们进入了"非遗后"的时代，即完成了"非遗"认定之后的时代。在这个时代，政府方面的责任是很明确的。凡是认定"非遗"的都是国家财富，都在政府保护职责范围之内。政府保护的依据是今年全国人大颁布的《非遗法》。

那么专家学者知识界做什么呢？我提出四个方面的工作，供大家思考。一、科学保护；二、广泛传播；三、利用弘扬；四、学术研究。

一、科学保护。政府虽是遗产保护的责任人，但政府怎么知道保护什么和怎么保护呢？这便需要我们提供具体的保护范围、标准和方法。没有具体的保护范围、标准和方法，保护工作就会陷入茫然乃至落空。这便是"科学保护"根本意义之所在，我们要帮助政府做好这些事。

二、广泛传播。遗产的最高价值是中华文明的优秀传统，这个传统也是我们民族的精神生命。在社会转型期，如何使这些重要而美丽的遗产得到广泛的共识并共享，乃是我们的重要工作。

三、利用弘扬。再有，便是利用与弘扬。这个工作就是怎样将遗产中的精华与当代生活和文化融合起来。延续历史脉络，充实当代文化。历史文明是一个文化大国之本，也是一个国家的文化自信之本。我们利用与弘扬的终极目的主要是精神性和文化性的。

四、学术研究。最后是回到我们自己的专业上来，就是学术研究。

必须强调"非遗"是个时代性的新概念。在这个领域里，理论大大落后于实践，落后于田野。比如，我们所说的"非遗"，并不等同于"民间文化"。再比如年画调查，过去的调查基本是"艺术调查"，但作为"非遗"就远远不是"艺术调查"了，而是"文化调查"，甚至还要包括历史学与人类学调查。理论与学术的建设是逼到我们面前的工作，没有理论便会陷入盲目或乱无头绪。

民间文化其本质是生活文化，它的创造具有原始性、本源性，并有感而发，一任自然。在社会转型中，对民间文化的传承既要原真地记录，又要选择地传承。我的理念是"生活创造，文化剖析；民间创造，精英挑选。"这些想法提供给大家在论坛中思考。

上述这些话都在表明一个新的时代——"非遗后"时代的到来。

我们是从"非遗前"时代走进"非遗后"时代的。我们要带着往日的责任与激情，在新的时期努力使传统中华文明发出更大的魅力与光彩。

为什么仍担忧"非遗"?

近几年,"非遗"二字热得烫手。"非遗"甚至成了一种时尚,一种明星,由国家舞台到"非遗一条街",直到花花绿绿的商品广告,"非遗"已经随处可见。这并非不对,至少让人们意识到它的存在以及重要。

从社会转型期"非遗"面临消亡而必须保护的角度看,我们似乎已经建立起一个貌似完整的保护体系。人大通过了《非遗法》;国家、省、市、县四级"非遗名录"数量高达七千项,各级政府都有了"非遗"家底;不少科研单位和大学设立了"非遗"研究项目,并能获得来自多方面的科研基金的支持;重要的"非遗"项目和代表性的"非遗"传承人可以得到国家的专项补贴;不少地方还修建了"非遗"博物馆,甚至有的"非遗"项目进入了当地的中小学课堂。"非遗"何患之有?

但是,如果我们真正深入到民间到"非遗"之中,以冷静的科学的文化的眼光审视,从它历史文化的原真,现在时的真实境况,再放眼它的今后与未来,问题并非小小,而是大大。

其原因有五。

一是来自"非遗"载体的大量瓦解。我国历史上是农耕社会,历史的源头在村落,"非遗"多半在村落;少数民族的"非遗"几乎全部在村落(寨)。在当前迅猛异常的城镇化和新农村建设的热潮中,随着大地山川无所不在的拆村并村，原生的村落正在急速消减；近十年，我国村落（自然村）以每年九万个速度消失，以村落为载体的"非遗"随之灰飞烟灭。去年春节，我们在杨柳青南乡三十六村抢救那些马上被推土机推平的画乡时，亲历到那些古老而丰厚的文化积淀转瞬间化为乌有。

二是村落的解体还来自原有生活方式的改变与瓦解。大批农民入城务工致使村落空巢化。入城农民受到耳目一新城市文化的冲击与影响，带来的负面是对自己固有的生活文化乃至村落的放弃。文化的主人一旦放弃自己的文化，这是谁也没办法的。

三是传承人的老化。目前国家级代表性"非遗"传承人大多在七十岁以上，甚至更老。他们是农耕时代最后一代保持历史原真的传承者，但他们多数孤老无助，后继乏人；人亡歌息，时有出现。最近三个月，同乐高跷老会就去世两位技艺高超的老者，他们身后留下的空白无以填补。"非遗"的本质是生命性的，即活态的；一旦失去活态，便不再是"非遗"。

关于传承人令人担忧的另一个情况是，众多传承人为了生计与财路，大多带着技艺背井离乡，去到市场活跃的城市与旅游景点卖艺谋生。这样一来，他们就与自己原有的文化土壤分开。他们身怀的技艺与文化，在异地的旅游景点里只能叫人看个新奇，却没有心灵的认同。文化一旦失去了原有的根基，地域的文化一旦离开自己的地域——"非遗"就像断了线的风筝，其命运的不确定性便愈来愈强。

四是"非遗"缺乏科学保护。绝大部分"非遗"只有一份当年申遗使用的材料，并没有详备的文化档案。特别是"非遗"积淀在传承者（无论是个人、家族，还是村民集体）心灵的记忆和身体的技艺中，这些重要的活着的无形的遗产需要充分的口述与音像的存录，但这些工作各地基本没有做，也就是说"非遗"是缺乏档案的。

"非遗"原是人们一种代代相传的生活文化。在社会突然转型时，人们不大可能从历史高度认识到它的遗产意义。传承者也不大可能认识到自己的跳舞、唱歌、画画，具有宝贵的历史、民俗、地域、审美等

在山西祁县木雕艺人家中

价值。时代需要专家学者站到"非遗"的第一线认识它们、研究它们，助其传承。在日本、韩国这些在国际上被认可为"非遗"保护较好的国家，每项"非遗"都有不少专家进行精心的跟踪性的研究，一对一地想方设法使其保存并传衍。但我们大多数"非遗"项目周围是看不见专家的。

作为文化遗产第一保护人——政府，应当邀请和组织专家参与"非遗"的保护与传承。我国现今不少大学都建立了遗产研究所与中心，有志在这方面工作的年轻学子愈来愈多，但政府部门很少从大学聘用这方面的人才，反倒是从事遗产学研究的学生毕业后求职困难；一边是人才匮乏，一边是没有用武之地，大学的人才培养与"非遗"实际的需要中间缺乏桥梁。其缘故是政府部门对"非遗"的认识和重视有限。非遗保护具有很高的科学性与专业性，倘若单凭政府非专业的行政处置，势必有悖文化规律；执行力愈大，负作用反而愈大。

五是不容回避的是，当初申遗的动机往往与政绩挂钩。本来在列入遗产名录——确定为历史文化财富之后，保护工作应该真正地开始,但实际情况是,"申遗"成功,政绩完成,放在一边很少再管;往往只是在张扬文化保护成果时,搬出来热热闹闹表演一番,"非遗"成了一种"表演秀"。应该承认,"非遗"是很少科学管理与监督的,因而在频频发生的各种"非遗"遭到破坏的事件中,《非遗法》很少被派上用场,我真担心当年花了那么大成本、费了那么多心血制定的《非遗法》最后成了一纸空文。《非遗法》到底谁应用、谁执行?

同时,被列入国家和地方名录的非遗,很自然地被视为生利发财的资源。于是,对非遗项目的开发远远热过对它的保护,商业关注远远过于全社会的关注。

"开发"这个概念是绝对不能使用在文化遗产上的。国际上对文化遗产使用的概念是"保护"和"利用"。利用是能够获得一定的经济利益,但利用的主要目的是发挥遗产良性的文化作用和精神影响。而开发是粗鄙的态度和做法,目的是用遗产赚大钱,单一地作为生财的工具,文化遗产一旦进入开发,即要遵循经济——利润最大化的规律,从而被扭曲、改造,甚至被"动手术",使其面目全非或形存实亡。这是"非遗"当前面临最大的破坏。

所以说,尽管我们的"非遗"保护体系看似日趋完善,但其"非遗"项目濒危与消亡的速度并未放缓。

政府行为是必不可少的,如法律和名录,然而更需要的是科学的管理、保护、执行与监督。所谓"科学",就是按照事物本身的性质与规律行事。那就要政府依靠与采用各方面的优势与力量,使保护体系更科学化,否则政府行为最后落空为一种形式,而全社会对"非遗"自觉的关爱还没有形成,因此说,我们仍为"非遗"担忧。

文化诘问・第二章

谁掏空了古村落？

近年来，在深入各地古村落进行文化遗产的普查时，常常碰到一种令人忧虑的现象，就是它的历史形态虽然依存，那些古老的建筑一幢幢有模有样地立在那里，但建筑里边已经看不到任何历史文化的内涵了。一些非物质文化遗产也都支离破碎，那些唱傩戏的面具、印年画的画版、演影戏的皮影人儿，甚至连寺庙和戏台柱子下边雕花的石礅儿，全都是为了应付游人而找人新刻的。这些古村落除了建筑已经看不到任何历史的记忆与见证，它们都跑到哪里去了呢？

去到北京的潘家园、天津的沈阳道、上海的城隍庙、太原的南宫、成都的送仙桥以及遍布全国各地的大大小小的古董市场和古物集散地看一看吧，都在那里！

我考察过许多国家的古物市场（西方人叫"跳蚤市场"），但绝对没有我们的古董市场如此无奇不有、堆积如山、气势惊人。多年前，我听到一位外国朋友发出感叹，他惊讶于中国历史悠久，古物极大丰富，多得没边。似乎我们的古物取之不尽。但今天如果再去逛逛各地的古物市场，已经被赝品所充斥，罕见真物，现出疲态，真东西不多了！

这不奇怪。首先是长久以来，农村贫穷，物品很难保持。近百年来又经过一次次自我的粗暴扬弃。更直接和更致命的原因则是近二十年古董市场的开放。当时似有一种理论，似乎古董有了商品价值就不会被丢弃或毁掉,并把这种观点当做古董市场开放的理由而全面放开。但不料,它的负面远远大于正面。

那些很久以来一直被视作"破烂"的东西,忽然值了银子,一方面刺激了卖,一方面刺激了买。卖是为了换钱;买一半出于爱好,一半是为了升值。买卖都是市场的需求。这便促使一支专事搜罗古物的队伍——古董商贩的迅速形成与壮大。遗憾的是,我们对遗产最先看到的不是文化价值,而是商品价值;最先深入田野并看重遗产的不是文化人,而是商贩。在金钱的驱使下,无以数计的古董商贩们跋山涉水、千辛万苦地把各省各镇各乡各村的古代遗存——从家藏细软、字画、陶瓷、家具到服装、老照片、家谱、房地契、农具、生活什物,及至窗扇、牛腿、花罩、砖雕、柱础、门礅等全都搬到市场上。我曾到京郊吕家营看过一个来自山西的商贩存放古董的仓库,单是各式各样的油灯就有数百个;大大小小的粮斗,至少上千。浩浩荡荡地摆成一片或高高地堆成一座小山,全是地道的"山西货"。真比我们"拉网式"普查做得还彻底。其结果,一方面这些搬到市场的古物失去它的出处,也就失去了对自己原生的那块土地的历史文化见证的价值;另一方面那些被掏空了的古村落只剩下一个徒具其表的干瘪的躯壳。像一堆没有内页的书皮,只有空壳和书名,没有内涵和内容。

古村落是被古董商贩"淘宝"掏空的,也是被我们自己卖空的,倾其所有地卖空的。这就是二十年来古董市场的负面。由于没有人类先进的遗产观,没有认识到这些遗产的精神文化价值,没有在文明转型期(由农耕文明向工业文明转型)自觉的文化保护,也由于太看重古代遗存的经济价值了,才把这些极为重要、失不再来的历史文化遗存失去了,致使大部分古村落和城市的历史街区出现了"文化空巢"现象。

可是我们现在仍然没有对重要的民间文化遗存和非物质文化遗产的保护法。前些年有一个来自欧洲的女子在贵阳待了六年,专事收集少数民族传世的古老又精美的服装,然后打包装箱运回国。她收获极丰,情不自禁地说出一句大话:"十五年后中国的少数民族服装到我们那里去看！"没有法律保障的遗存会很轻易地流失掉。然而那些古董商贩却一刻未停，依然走村串乡，奋力"淘宝"。古村落剩余的文化汁液还在被使劲地吸吮着。我想，倘若要保住中国大地上最后的原生态的遗存，紧要的是立法保护，当然还有博物馆保护和遗产教育等等。

我们总不能把古村落全变成文化空巢留给后人！

请不要用"旧村改造"这个词

近日,一个可怕的词儿冒出头来,叫做"旧村改造"。

也许有人会问:"村庄大多陈旧,设施原始,建筑粗陋,生活质量极低,难道农民不需要进入现代社会,不应该过上当今时代的好生活好日子吗?这种村庄还不需要改造吗?"

这些道理都对,而且很对,可是为什么还要说"旧村改造"这个词儿可怕呢?一是因为这个词儿经不住推敲,十分荒谬;二是这个词儿的前身造成过一个文化的悲剧,这个前身就是"旧城改造"。说一句痛快话吧,我们大地上曾经千姿百态的六百多个城市如今变成同一张亮光光又浅薄的面孔,就是叫"旧城改造"这个词儿闹起来的。

20世纪80年代中期,改革开放发轫,所有城市面临着空前的变革性发展的良机。这时,一个灼热的带着激情的词儿——"旧城改造"出现了。它更像一个口号,没人去琢磨这个口号是耶非耶,反正那时中国的城市设施落后、功能低下,生活困窘。口号一旦触动到人们现实的渴望,就会产生强大的号召力,立即激起了所有城市迸发出一种摧枯拉朽的冲动,并使一个普普通通的汉字"拆",雨点般写满了城市的大街小巷,成为20世纪末中国城市最奇特的景观,于是中国发生了举世罕见的地毯式和速成式的城市再造和重造。有史以来,世界上还有哪个国家把自己所有城市翻了个"底朝天",然后重来一遍?

在热烘烘的"旧城改造"的喧嚣中，很少有人想到城市的文化遗存和精神个性。就这样，城市的历史积淀被荡平，记忆中断，个性丧失，城市的文化生命受到了根性的重创并失不再来，这些损失都是事后才觉醒到的；觉醒过后只有痛苦，不觉醒反而扬扬自得。文化是精神性的，特别是文化的价值是无形的。你有文化眼光才能看到事物的文化价值；你没有文化眼光，对文化价值必然视而不见。试想一下，二十年前，即对城市进行这种开肠破肚般的大手术之前，如果我们所持的是一种冷静的、科学的态度，我们有清醒的文化眼光与自觉，懂得文明的价值与尊严，并从城市文化角度慎重而有序地去更新与发展自己的城市，今天我们的城市会多么深厚、富有、魅力独具和风情各异？会是多么美好的历史文明与现代文明的交相辉映？会有多么强劲的文化竞争力与软实力？但是我们把一个千载难逢的历史机遇用错了。

然而，这一切都与"旧城改造"这个词儿有关。首先是"旧城"。"旧"在中国人眼中是"陈旧"和"过时"，理所当然应该扔掉。所谓"旧的不去，新的不来"。我想过，如果当初不叫"旧城"，换成"老城"和"古城"会有多好，动手之时就会加倍留心与慎重。然而正是这一字之差，把重如泰山的城市财富差掉了。

再说"改造"。"改造"都是针对不好的，甚至是坏的东西，而且是强制性的。

因此说"旧城改造"是对城市建设一个灾难性的误导。它说明我们对城市文化多么无知。而后来，这个口号又注入了政绩狂和开发狂的激素，致使它在中国大地上霸气十足地叫喊了近二十年。

我们现在似乎很少再用"旧城改造"这个词儿了。到底是我们真正认识到这个口号性的词儿巨大的文化破坏力，还是城市已经叫我们改造得差不多了？当城市被改造一空，辄会去硬搭"新农村建设"和"城镇化"的班车，甚至偷换新农村建设和城镇化的概念，转向广大乡村。于是一个新造出来的词儿"旧村改造"脱颖而出，能不叫我们敏感与担心吗？

由"旧城改造"到"旧村改造"会不会是一次荒谬的文化观新的转移？

这种转移一定是很容易的。因为"旧村"看上去似乎比"旧城"还旧，更需要加大力度地改造和大拆大建。可是历史地看，我们的城市基本上都是从村庄式的小聚落发展起来的。在漫长的农耕时代，它们才是中华民族最古老的精神家园。去到农庄村寨里用文化的眼睛着意地看一看吧，数不清的历史的源头与悠远的根脉还活生生保持在农村里；中华文化地域与民族的多样性并不在城市，而是在农村里；绝大多数源远流长的"非遗"也在农村里；少数民族的文化都在他们的村寨里。虽然不是所有村庄都是古村落，但至少还有上千个古村落，风情万种、藏龙卧虎般地散布在山川之间和大地之上。我曾经写过这样一句话：中国最大的物质文化遗产是长城，最大的非物质文化遗产是民间文学，最大的物质文化与非物质文化遗产的复合和总和是古村落。可是从严格的科学意义上说，我们至今还没有对现有的古村落做全面、系统和充分的调查。大量古村落还没有列入遗产保护范畴，没有严格的法规保护，没有将现代文明融入历史文明的任何计划、构想，乃至尝试，仍处在想拆就拆的危境中。在这种糊里糊涂的背景下，如果再像当初"旧城改造"那样，把推土机和铲车开进去，十年之后，除去少数被开发为古村落得以幸免，中华大地上这么雄厚而纷繁的历史文化一定会被荡涤一空！而古村落不是一直在拆除中吗？

使我们担忧的深层原因是，上述的那种产生"旧城改造"口号的基因还在；文化的无知还在，粗鄙化的开发还在，政绩和发财至上的欲望还在，这个"旧村改造"的新口号很快会被叫响、被使用。

不能叫这种无文化的狂热再犯一次错误，不能叫那个"旧城改造"的悲剧在中华民族广大的文化田野上重演。

请不要用"旧村改造"这个词！我们又不缺钱——想想办法多保留一些中华民族最后的原真的精神家园吧！挥起我们民族文明的手，去和那些无文化和反文化的言行告别吧！

关于规划新农村建设要提前注重文化保护问题的提案

最近政府提出的建设社会主义新农村是我国现代化进程中一次意义重大的历史性的迈进，是切实提高农民生活、改善和缩小城乡与贫富差别、实现共同富裕的根本性举措。

然而，在即将到来的大规模的新农村建设中，文化保护不能回避，相反应首当其冲。应该说，文化保护做得如何，攸关着最终实现的新农村的精神内涵与文化主体。

在数千年农耕时代，农村是最基本的社会单元。由于历史悠久，民族多样，自然条件不同，文化板块众多，形成缤纷灿烂、风情各异的民族民间文化。所谓五里不同风，十里不同俗。广大农村至今保持着极其丰富的历史记忆和根脉，以及各具特色的文化遗产。农村的文化包括各类民俗、民族语言、生活民居、民间文学、民间美术、民间音乐、民间舞蹈、民间戏剧、民间曲艺、民间杂技和各种传统技艺等等，属于非物质文化遗产。可以说，中华民族的非物质文化遗产基本上在农村，文化的多样性也在农村。它们是民族最重要的精神文化财富之一，是民族历史文化和精神情感之根。

民间文化的本质是和谐。它的终极目的从来就是人与自然的和谐（天人合一），还有人间的和谐（和为贵），因此它是我们建设和谐农村和先进文化的得天独厚的根基。由于各民族各地域的文化都是那一方水土独特的精神创造和审美创造，它又是人们乡土情感、亲和力和自豪感的凭借，以及永不过时的文化资源和文化资本。

鉴于20世纪八九十年代，我国城市大规模现代化改造中片面追求经济指标，对城市历史文化造成的破坏已不可挽回；这一次，在新农村建设起步之时，应以全面的科学的谐调的发展观，两个文明一起抓。将文化遗产的保护，率先列入新农村建设的总体规划之中。千万不要再出现城市改造的文化悲剧，把"新农村"变为"洋农村"。

我国现在有两千八百个县，一万九千个镇，数十万个乡村。文化遗存的状况和特色保持的程度不一，故此建议：

一、对农村文化的现状进行全面调查，以了解和把握全局。将具有文化特色和遗存的村落进行分类，针对性地制定切实的保护方案，列入"新农村"建设的各级规划，使文化遗产保护与发展农村经济同步和谐调地进行，避免片面开发带来的人为冲突和损失。

二、加快通过《中国非物质文化遗产保护法》，使保护法能成为建设社会主义新农村的法律依据。

三、加快国家文化部非物质文化遗产名录对广大农村重要文化遗产的认定。对列入名录的遗产实行严格有效的保护。

四、对各地区具有重要历史、文化、科学、审美价值的古村落（村寨）要列为保护重点。对规划上具有历史人文价值的村落要整体保护，对具有重要的建筑学价值的历史民居要重点保护，对具有重要的民俗学价值和艺术价值的民俗，以及民间音乐、美术、曲艺、舞蹈、戏剧和民间技艺，要分门别类地从民俗学和艺术学角度制定保护方案与措施。

五、少数民族古村落文化保护是重中之重。在开发的过程中，会使少数民族文化大量瓦解和失散，故而一方面要尊重少数民族的文化选择，一方面在重要的少数民族集居地，要像欧洲人那样建立乡村博物馆，以保存历史记忆，传承和继承民族文化。

六、对各民族杰出传承人要尽快普查、摸底与认定。民间文化的活态保护，主要靠传承人的口头传授。如果传承人消失，就意味着文化的消亡，故而对传承人的保护的关键是要保证代代有传人。

七、无论是农村的文化保护，还是旅游开发，都不能离开科学指导。建议邀请人文领域的专家学者参与到各地农村建设中来，以准确地科学地把握保护与开发、继承和发展的关系，使新农村能真正成为新时代中国品格和主体的社会主义的新农村。

由于历史形成的惯性，每次大规模的社会变革都容易一哄而起。当人们对什么是"新农村"的"新"还没有具体标准时，很容易把"破旧"视为"立新"，把当今城市形态当做现代形态，把"洋"的当做"新"的。我们的六百多个城市已经基本失去个性，如果广大农村也变得千篇一律，同时内在的个性化的精神文化传统涣散一空，我们的损失将永难补偿，新农村先进文化的建设也就无所凭借了。故此，希望在新农村建设启动之时，要切实地重视在农村的文化建设和文化保护，重视文化的多样性，重视非物质文化遗产，牢牢抓住它，不要叫它从我们手中失掉。否则，数千年的历史文化将从我们的脚下失去，厚重与丰富的文化大地便会变得瘠薄和单一。

文化与经济从来是一个整体，不可分割。在现代社会中，文化——包括文化遗产也是重要的生产力、产业与资本。我们要以科学的全面发展观来规划拥有几千年历史文化积淀的农村文明的未来。

关于建议重要的古村镇抓紧建立小型博物馆的提案

我国历史悠久,民族众多,自然气候不同,文化板块多样,形成了千姿百态、风情各异的古村镇。古村镇是中华大地上最大的文化遗产。中华文化的多样性在古村镇中,非物质文化遗产在古村镇中,少数民族的文化遗产绝大部分在古村镇中,中华民族文化的根也深深存在于古村镇中。

但是在现代化和城市化的冲击中,古村镇消失很快。一方面是以建筑为主体的整体上的瓦解,一方面是村镇内部的历史文化遗存的大量流失。有些村镇虽然表面看风格犹存,但实际上内部遗存残存已不多,已成文化的空巢。

其原因与近二十年大批的古董贩子走村串乡,穿街入户,上门"淘宝"有直接关系。百姓不了解这些遗存历史文化的价值,许多与其地域有重要关系的文献与器物被廉价买走。这些古董贩子在金钱利益的驱动下,足迹远及内蒙古与西藏最偏僻的古村落,致使许多少数民族古老的村寨中已很难见到传衍久远的遗存了。

古村镇的保护,一方面是古老的村容镇貌,一方面是它的内涵。否则这些古村镇即使保留下来,已是徒具形骸,内涵空洞,记忆真空。当务急需要做的是在这些重要的古村镇建立博物馆,以抢救和保护所剩无多的极其珍贵的历史文化遗存。具体建议如下:

一、古村镇博物馆的布局由政府文化部门主导，专家制定。可以是国家一级，也可以是省一级来规划。

二、不要搞劳民伤财的大型博物馆，宜小型和富有实效。条件较差的贫困地区，甚至只需先有几间房，以抢救性收集为主，收集内容包括特色家具、古代农具、历史文献、文化器物，以及其他各类文化遗存。继而进行整理、分类、陈列。

三、古村镇博物馆应是百花齐放，各具特色，多样化的。避免搞简单化统一格式的村史博物馆或民俗博物馆。要突出地域特色，也可重点突出某一种当地富有的非物质文化遗产。

四、博物馆的方案（包括内容、陈列方式、展品说明等）要请相关专家学者的帮助与策划，以使博物馆真正具有历史记忆和文化积淀的价值，并富有科学性和深度。

五、小型博物馆用钱不多，但于文化保护意义深远。经费来源应是多方面的，包括地方财政、企业赞助、旅游建设经费等。个人收藏家热心建立博物馆也应大力支持。可以是民办公助，也可以是公办民助，也可以是民间捐赠性的，也可以是私人性质的，愈灵活愈好，以利尽快将古村镇博物馆在全国全面铺开。

六、要明令禁止古董贩子到古村镇"淘宝"，杜绝遗存的流失，把千百年的文化成果留在本地。同时，向村镇百姓普及遗产知识，保护好古村镇的文化整体。

七、古村镇的博物馆的建立，在文化上应是新农村文化建设不可或缺的重要内容；在经济上，还可成为古村镇的必不可少的旅游设施，以其收入自给自足。

古村镇面临的破坏是严重的、多方面的。保护是紧迫、艰巨和不能回避的。小型和多样的博物馆是保护古村镇遗产的重要方式，在欧洲和日本已很普及并行之有效。在新农村建设中，博物馆的建立还是先进文化不可或缺的内容，而且在旅游开发中又是促使外地游人认识古村镇必备的设施。因之希望政府文化部门能确认和启动这攸关中华遗产存亡的文化举措，维护好中华文明的根脉。

为紧急保护古村落进言

我知道今儿发言的机会很珍贵,特意选择古村落保护作为今天的话题,原因是五千年历史留给我们的千姿百态的古村落的存亡已经到了紧急关头。

数千年的中华文明,基本上是农耕文明。这文明的基础在农村,特别是在相当一部分古村落中。中华民族最久远绵长的根不在城市,而是深深扎根在这些村落里。

我国地域辽阔,民族众多,山川多样,文化多元,而且各地历史的经历相互迥异,在不断积淀中形成的村落,不仅在形态上缤纷万千,而且蕴含深厚,有的深不见底,而且风情各具。每个古村落都是一部厚重的书。可是没有等我们去认真翻阅它解读它,在城市化和城镇化的大潮中很快消失不见了。我们对山东地区村落调查的结果,现今一座完整和原真的古村落也没有了。能想象齐鲁大地上找不到古村落吗?我们的村落在数千年的兴衰嬗变中,原本多少,无从得知;在近三十年前所未有的颠覆性的冲击下,尚存多少,也无人知晓。虽然近些年为数不多的古村落被列为名村名镇加以保护,但由于它们是活态的生活社区,其命运要听命于地方政府,文物部门力所不及。

历史上,我们从未从文化上对古村落做过全面、严格和科学的调查,我们对这一家底心中没数。可以说,这一农耕文明中无比巨大的人文遗产，现今仍是在糊里糊涂地存在着或消亡着。最令人焦虑的是，它就以这样糊涂的状态进入了当前急急渴渴的城镇化的热潮中。坦率地说，由于"新农村"和城镇化中有极大的利益可图——一是商机，一是政绩，古村落的消亡便进入一个加速期。要不是"发现一个开发（旅游开发）一个"，不是遵从文化规律而是从眼前功利出发改造得面目全非，甚至把真古村落搞成假古村落，要不就是一举荡平，另建新村。这样下去，二十年前在中国城市的改造中"千城一面"的文化悲剧，很可能在中华大地的广大农村中再现。

这些年，我在各地做文化遗产的田野调查，看到太多非常优美和内涵深厚的古村落已经断壁残垣，风雨飘摇，无人救助，似乎只是在等待推土机了。春节后，我在北方一个城镇化中马上要夷为平地的画乡进行终结式的文化抢救与记录。我把这次抢救叫做"临终抢救"，为此我还写了一本同名的书，记录它消亡的全过程。

说心里话，那一刻我心里在流泪。

为什么这种古村落在欧洲被视为文明的硕果，加倍珍惜，而在我们某些地方却被当做历史垃圾？为什么当一个地区的河流与农田污染了，要受到惩罚，但毁掉一宗十分珍贵、失不再来的文化遗产却安然无恙，甚至没人过问？我们不是一个文明的国度吗？

更重要的是，古村落是物质与非物质文化遗产的综合体，它不仅有精美和独特的建筑与大量珍贵的物质遗产，还有那一方水土独自创造的口头与无形的文化遗存，如民间的音乐、舞蹈、戏剧、美术、手艺，以及民间文学，如史诗、神话、故事、传说、谚语、歌谣，还有种种民俗，它们最直接地体现中华文化的民间情感、民族气质及其文化的多样性。经过近十年的努力，有数千项已经进入省市、国家乃至世界文化遗产名录。从中我们清楚认识到，我国的非物质文化遗产主要在村落中；少数民族的非物质文化遗产基本上在村寨里。可以说，非遗的载体——也就是中华民族根性文化的载体是一个个村落。如果村落荡平，皮之不存，毛将焉附？其文化岂不立即烟消云散？如果少数民族的文化没了，民族也就消失了？我们十年来所调查、挖掘、整理出来的"非遗"项目不是又重新面临消亡，不是又回到抢救的原点上？可是这一次无法解决的问题是村落没了，人散了，到哪里抢救呢？

如何让城镇化使中华文化的传承不受损害，这是当前一个重大的文化问题。

我非常希望国家考虑一个应付措施。

比如，是不是请政府主管部门负责，邀请相关的专家，组成专家组（包括历史、文化、乡土建筑、文物、"非遗"等方面的专家），对我国现存古村落进行全面盘点、分类、甄选。对于必须保存的古村落明确地确定下来，先"按兵不动"——当然"不动"并不是不设法改善那里原住民的生活。特别是承载着世界与国家"非遗"的村落，一定要重点保护好，一定要保护住它的原真性与生态环境。古村落保护一方面要求严，一方面现实问题多、困难多。在这里，专家参与是关键的。没有专家，特别是没有专家参与决策，就不可能是科学保护。同时，地方政府要下决心和大力气，把保护好古村落当做一种使命，并且一定要按文化的规律做文化的事。

我们的古村落保护已经迫在眉睫，没有退路，也没有太多时间等待，希望国家给予更多关注，并施以针对性措施，以使农耕文明创造的精华经我们一代尽量多一些地传给后人。

关于中国古村落保护的几点建议

总理认真听取参事的发言后所发表的意见在社会上引起很大的反响和积极的呼应，在文化界评价十分之高。

它体现了国家的文化高度与文化自觉，以及对民生（包括精神文化生活）的关切。

紧跟着，总理又着手落实，这是总理一贯的务实的作风和对这项工作的高度重视。

文化界一定遵从总理指示，全力投入，帮助国家把这件关系中华民族精神遗产及其传承的大事做好。

鉴于中国民族众多，文化多样，情况复杂，历史上从未做过严格和科学的普查；近三十年又遭遇到前所未有的各种变迁与冲击，故而底数不清。如何摸清情况，进行科学认定，应该制定怎样的保护法规措施，以及如何保证法规的执行力，都需要认真研究，以利实施。

从总体看，我以为应分两步来做。

第一步是调查与认定。

第二步是建立保护体系与相关法规。

调查与认定

一、调查

1. 调查范围包括为中国境内各地区各民族的古村落。古村落不是所有村落,是有重要历史价值与文化遗存的村落。为此,对古村落要率先做出明确和科学的界定。

2. 建设部、国家文物局和各省文物部门、文化部"非遗"司和各省市文化部门、中国民协抢救办,以及一些相关大学的建筑学院和建筑系如清华大学、同济大学、天津大学等多年调研所掌握的信息和资料,是此次调查的重要基础。

3. 古村落是物质和非物质文化遗产的综合体。它一方面拥有十分珍贵的物质文化遗存,同时它又是极为重要的非物质文化遗产的生命载体。调查要从物质与非物质的文化遗产两方面入手,整体进行。

4. 调查要制定统一标准与科学尺度,统一的要求、程序和手段。少数民族的古村落调查标准也要一并统一起来。

5. 建议由建设部牵头。因为文物局主管物质遗产,文化部主管"非遗",而古村落是活态的生活社区,还牵涉其发展的问题,建设部主管为宜。

6. 鉴于这件工作学术性强、文化含量高,建议组成专家委员会,包括历史学、文化学、建筑学、民俗学、民艺学、人类学、遗产学等多方面专家。由专家制定、论证与决定。

7. 调查以省为单位。

8. 工作分期进行。第一时间段应为三至六个月。

二、认定

1. 采取为两级认定,省一级与国家一级。先由省一级专家论证后确定,再经国家一级的专家认定才是最终认定。

2.认定古村落的过程必须严格。要在专家充分研讨的基础上，经过几轮投票来确定，保证科学性。同时在网上公示，以引起国民的关注与参与意识。

3.已列为国家文物局"重点文化保护单位"和"国家级非物质文化遗产名录"的"非遗"所落户的村落，应为当然的古村落。

4.建议建立"中国古村落保护名录"。专家认定、国家批准的古村落为国家重要的农耕文明创造的财富，是中国人世代引以为自豪的文明硕果。名录分批公布。

5.为确定的古村落科学立档和绘制《中国古村落分布地图集》。

6.认定工作在调查工作开始三个月后进行，第一批认定的名单应在六个月确定。

建立保护体系与相关法规

对调查与认定后的古村落建立相关的保护体系，包括保护法规、确定责任人和监督机制。法规制定的依据是国家《文物法》与《非遗法》。由于古村落是物质与非物质文化遗产的综合体，必须兼用二法。

制定保护法规为第二步工作。需要时，可另做具体建议。

以上是一己之见，稚陋难免，仅供参考。

传统村落的困境与出路
——兼谈传统村落是另一类文化遗产

2012年，中国正式启动了传统村落的全面调查，同年进行了专家审定与《中国传统村落名录》的甄选工作。这应是文化上一个意义重大而深远的事件；我深信它必将用黑体字记载于中国文化史上。

在这空前的传统村落调查启动之前，大量出现在媒体上的信息与文章，表达着学界与公众对这一关乎国人本源性家园命运的关切；在传统村落调查启动后，人们关注的焦点则转向这些处于濒危的千姿百态的古老村落将何去何从。

这里，想对有关传统村落现状与保护的几个关键问题表述一些个人的意见，以期研讨。

一、传统村落保护的必要性与紧迫性

如果说中华民族历史五千年，这五千年都在农耕文明里。村落是我们农耕生活遥远的源头与根据地，至今至少一半中国人还在这种"农村社区"里种地生活，生儿育女，享用着世代相传的文明。在历史上，当城市出现之后，精英文化随之诞生，可是最能体现民众精神本质与气质的民间文化一直活生生存在于村落里。

我国幅员辽阔，民族众多，地域多样，气候迥异；在漫长的岁月里，交通不便，信息隔绝，各自发展，自成形态，造就了中华文化的多样并存与整体灿烂。如果没有了这花团锦簇般各族各地根性的传统村落，中华文化的灿烂从何而言？

可是最近一些村落调查和统计数字令我们心头骤紧。比如，在进入21世纪（2000年）时，我国自然村总数为363万个，到了2010年，仅仅过去十年，总数锐减为271万个。十年内减少90万个自然村，对于我们这个传统的农耕国家可是个"惊天"数字，它显示村落消亡其势迅猛和不可阻挡。

如此巨量的村落消失的原因是多方面的。

一是城市扩张和工业发展突飞猛进，大批农民入城务工，人员与劳动力向城镇大量转移，致使村落的生产生活瓦解，空巢化严重。近十年，我们在各地考察民间文化时，亲眼目睹这一剧变对村落生态影响之强烈与深切，已经出现了人去村空——从"空巢"到"弃巢"的景象。

二是城市较为优越的新的生活方式成为愈来愈多年青一代农民倾心的选择。许多在城市长期务工的年青一代农民已在城市安居和定居，村落的消解势所必然。

三是城镇化。城镇化是政府行为，拆村并点力度强大，所向披靡，直接致使村落消失。这也是近十年村落急速消亡最主要的缘由。

在由农耕社会向工业社会的转型中，村落的减少与消亡是正常的，世界各国都是如此；城镇化是农村发展的重要方向与途径，世界也是这样。但不能因此，我们对村落的文明财富就可以不知底数，不留家底，粗率地大破大立，致使文明传统及其传承受到粗暴的伤害。

进一步说，传统村落的消失还不仅是灿烂多样的历史创造、文化景观、乡土建筑、农耕时代的物质见证遭遇到泯灭，大量从属于村落的民间文化——"非遗"也随之灰飞烟灭。

自2006年我国已公布三批国家级"非遗"名录，包括民族与民间的节日、民俗、戏曲、音乐、舞蹈、美术、曲艺、杂技、口头文学等，凡1219项，被列入了国家重点保护的历史文化遗产的名单中，其中26项被列入世界非物质文化遗产保护名录中。这些文化遗产大部分活态地保存在各地的村落里。正如联合国教科文组织对"非遗"评定的标准是：它必须"扎根于有关社区的传统和文化史中"。如果村落没了，"非遗"——这笔刚刚整理出来的国家文化财富便要立即重返绝境，而且这次是灭绝性的、"连根拔"的。我们能叫一项项珍贵的国家遗产得而复失吗？

传统村落还有另一层意义——它是许多少数民族的所在地。不少少数民族没有文字，没有精英文化，只有民间文化。他们现在的所在地往往就是他们原始的聚居地。他们全部的历史、文化与记忆都在他们世袭的村寨里，村寨就是他们的根。少数民族生活在他们的村寨里，更生活在他们自己创造的文化里。如果他们传统的村寨瓦解了，文化消散了，这个民族也就名存实亡，不复存在了。我们有权利看着少数民族从我们眼中消失吗？

面对着每天至少消失一百个村落的现实，保护传统村落难道不是一件攸关中华民族文化命运的大事逼到眼前？

二、传统村落是另一类文化遗产

当今国际上对历史文化遗产分为两部分，一是物质文化遗产，一是非物质文化遗产。在人类历史的转型期间，能将前一阶段的文明创造视作必须传承的遗产，是进入现代文明的标志之一；这时间并不久，不过几十年，而且是一步步的。从国际性的《雅典宪章》（1933）、《佛罗伦萨宪章》（1981）到联合国教科文组织的《保护历史城镇与城区宪章》（1987）和《保护非物质文化遗产公约》（2003）可以看出，最先关注的是有形的物质性的历史遗存——小型的地下文物到大型的地上古建遗址，后来才渐渐认识到城镇和乡村蕴含的人文价值。然而在联合国各类相关文化遗产的文件中，我们只能见到一些零散的关于传统村镇保护的原则与理念，没有整体的保护法则，更没有另列一类。至今还未见任何一个国家专门制定过关于传统村落保护的法规。可是传统村落却是与现有的两大类——物质与非物质文化遗产大不相同的另一类遗产。

首先，它兼有着物质与非物质文化遗产，而且在村落里这两类遗产互相融合、互相依存，同属一个文化与审美的基因，是一个独特的整体。过去，我们曾经片面地把一些传统村落归入物质文化遗产范畴，这样便会只注重保护乡土建筑和历史景观，忽略了村落灵魂性的精神文化内涵，最终导致村落魂飞魄散，徒具躯壳，形存实亡。传统村落的遗产保护必须是整体保护。

第二，传统村落的建筑无论历史多久，都不同于古建，古建属于过去时的，乡土建筑是现在时的。所有建筑内全都有人居住和生活，必须不断地修缮乃至更新与新建。所以村落不会是某个时代风格一致的古建筑群，而是斑驳而丰富地呈现着它动态的嬗变的历史进程。它的历史不是滞固和平面的，而是活态和立体的，对于这一遗产的确认和保护的标准应该专门制定和自成体系。

第三，传统村落不是"文保单位"，而是生产和生活的基地，是社会构成最基层的单位，是农村社区。它面临着改善与发展，直接关系着村落人民生活质量的提高，保护必须与发展相结合。在另两类文化遗产——物质和非物质文化遗产中，显然都没有这样的问题。

第四，传统村落的精神遗产中不仅包括各类"非遗"，还有大量独特的历史记忆、宗族传衍、俚语方言、乡约乡规、生产方式等等，它们作为一种独自的精神文化内涵，因村落的存在而存在，并使村落传统厚重鲜活，还是村落中各种"非遗"不能脱离的"生命土壤"。

综上所述，从遗产学角度看，传统村落是另一类遗产。它是一种生活生产中的遗产，也是饱含着传统的生产和生活。为此，对它的保护一直是个巨大的难题。

难题的原因：一方面是它规模大，内涵丰富，又是活态，现状复杂，对它的保护往往与村落的发展构成矛盾；另一方面是它属于地方政府的行政管辖，若要保护，必然牵涉政府各分管部门的配合，以及管理者的文化觉悟；再一方面是无论中外可资借鉴的村落保护的经验都极其有限，而现有的物质与非物质文化遗产保护的法规、理念与方法又无法适用。这些是传统村落保护长期陷在困境中的根由。看来，它的出路只有我们自己开拓和创造了。

三、找到了出路

近年来，随着传统村落的消亡日益加剧，不少大学、研究单位和社会团体频频召开"古村落保护研讨会"和相关论坛，以谋求为这些古老家园安身于当代的良策；不少志愿者深入濒危的古村进行抢救性的考察和记录；一些地方政府在"古村落保护"上还做出了可贵的尝试。比如山西晋中、江南六镇、江西婺源、皖南、冀北、桂北、闽西、黔东南以及云南和广东等地区。尽管有些尝试颇具创意，应被看好，但还只是地方个案性和个人自发性的努力，尚不能从根本上破解传统村落整体身陷的困局。

2012年有了重大转机。

2012年4月，由国家四部局——住房和城乡建设部、文化部、国家文物局、财政部联合启动了中国传统村落的调查，并把盘查家底列为工作之首要，表明了这一举国的文化举动所拥有的气魄、决心与科学的态度。这项工作推动得积极有力和富有成效。半年后，通过各省政府相关部门组织专家的调研与审评工作初步完成，全国汇总的数字表明我国现存的具有传统性质的村落近12000个。随即四部局成立了由建筑学、民俗学、规划学、艺术学、遗产学、人类学等专家组成的专家委员会，评审《中国传统村落名录》。进入名录的传统村落将成为国家保护的重点。评定的着眼点为历史建筑、选址与格局、"非遗"三个方面。

每一方面具体的评定标准都是经过专家研究确定的，其标准除去本身的专业性，还要兼顾整体性和全面性。比如，在乡土建筑与村落景观方面，不但要看其自身价值，还要注重地域个性与代表性，不能漏掉任何一种有鲜明地域个性的村落，以确保中华文化的多样并存。再比如，如果某一个传统村落以"非遗"为主，其"非遗"首先必须已列入了"国家级非物质文化遗产名录"，以使国家"非遗"不受损失，不致"皮之不存，毛将焉附"那种毁灭性的悲剧发生。

由于传统村落保护与村落生产生活的发展密切相关，任何部门无法独自解决，因而这次由四个相关的国家一级政府主管部门联合开展与实施——包括主管乡村的建设与发展的住房和城乡建设部，分管着物质和非物质文化遗产的国家文物局与文化部，担负财政支持的财政部。四个国家主管部门联合推行，不但可以统筹全局，推动有力，并使工作的落实从根本上得到保证。这是一个符合国情、符合实际的创造性的办法；它体现了国家保护传统村落的决心。这样，传统村落便从长期的困惑、无奈与乱象中走了出来。

它的一个重要标志是将原先习惯称呼的"古村落"改名为"传统村落"。

"古村落"一称是模糊和不确切的，只表达一种"历史久远"的时间性；"传统村落"则明确指出这类村落富有珍贵的历史文化的遗产与传统，有着重要的价值，必须保护。

"传统村落"一名还像是表明这项工作深远的意义——为了文明的传承。

四、必须做好的事

当国家传统村落名录确定下来，其保护的工作不是已经完成，而是刚刚开始。要防止以往申遗时出现的谬误——把申遗成功当做"胜利完成"。其实正是历史文化遗产被确定之日，才是严格的科学的保护工作开始之时。尤其传统村落的保护是全新的工作，充满挑战，任重道远。

我以为，必须认真对待和做好下面几件事：

1. 建立法规和监督机制

传统村落保护必须有法律保证，有法可依，以法为据，立法是首要的；还要明文确定保护范围与标准，以及监督条例。管辖村落的地方政府必须签署保护承诺书，地方官员是指定责任人。同时，必不可少的是建立监督与执法的机制。

我国现在的物质文化遗产的保护有《中华人民共和国文物保护法》(1982),同时有监督和执法机制,比较健全;"非遗"保护有《中华人民共和国非物质文化遗产保护法》(2011),但缺乏监督和执法机制,问题较大。如果没有监督与执法,法律文件最终会成为一纸空文。由于传统村落依然是生活社区,处于动态的变化中,保护难度大,只有长期不懈地负责任地监督才能真正保护好。

2. 必须请专家参与

我国村落形态多,个性不同;在选址、建材、构造、形制、审美、风习上各不相同。因此,在保护什么和怎么保护方面必须听专家的意见。传统村落保护与发展应制定严格规划,由专家和政府共同研讨和制定,并得到上一级相关部门的认定与批准。传统村落能否保护好的关键之一,要看能否尊重专家和支持专家。只有专家才能真正提供专业意见和科学保障。

3. 传统村落的现代化

保护传统村落绝不是原封不动。村落进入当代,生产和生活都要现代化;村落中的人们有享受现代文明和科技带来的便利与恩惠的当然的权利。村落的保护与发展完全可以做到两全其美。那种认为这两者的矛盾难以解决,非此即彼,正是一脑门子赚钱发财所致。在这方面,希腊、法国、意大利等西方国家在城市历史街区保护中所采取的一些方法能给我们积极的启示。比如他们在不改变街区历史格局、尺度和建筑外墙的历史真实的前提下,改造内部的使用功能,甚至重新调整内部结构,使历史街区内的生活质量大大提高。民居不是文物性古建,保护方式应该不同,需要研究与尝试。传统村落的保护与发展不但不矛盾,反而可以和谐统一,互为动力。其原则是,尊重历史和创造性地发展，缺一不可。

只有传统村落生活质量得到提高，宜于人居，人们生活其中感到舒适方便，其保护才会更加牢靠。

4. 少数民族地区的村落保护

在少数民族地区，村落就是民族及其文化的所在地，其保护的意义与尺度应与汉族地区村落保护不同。对于少数民族一些根基性的原始聚居地与核心区域，应考虑成片保护，以及历史环境与自然生态环境的保护。

5. 可以利用，但不是开发

一些经典、有特色、适合旅游的传统村落可以成为旅游去处，但不能把旅游作为传统村落的唯一出路，甚至"能旅游者昌，不能旅游者亡"。传统村落是脆弱的，旅游要考虑游客人量过多的压力，不能一味追求收益的最大化。更不能为招徕游人任意编造和添加与村落历史文化无关的"景点"。联合国对文化遗产采取的态度是"利用"，而不是"开发"。"利用"是指在确保历史真实性和发挥其文化的精神功能与文化魅力的前提下获得经济收益；"开发"则是一心为赚钱而对遗产妄加改造，造成破坏。坦率地说，这种对遗产的"开发"等同"图财害命"，必须避免。

6. 细细收寻，不能漏网

尽管全国村落的普查初步完成，但我国地广村多，山重水复之间肯定还会有一些富有传统价值的村落，没有被发现与认知，更细致的收寻有待进行。十多年来的"非遗"普查使我们明白，中国文化之富有表现在它总有许多珍存不为人知。我们不能叫于今尚存的任何一个有重要价值的传统村落漏失。

7. 推荐露天博物馆

在确定保护的较为完整的传统村落之外,还有些残破不全的古村虽无保护价值,却有一件两件单体的遗存,或院落、或庙宇、或戏台、或祠堂、或桥梁等,完好精美,颇有价值,但孤单难保,日久必毁。现今世界上有一种愈来愈流行的做法叫做"露天博物馆",就是把这些零散而无法单独保护的遗存移到异地,集中一起保护;同时,还将一些掌握着传统手工的艺人请进来,组成一个活态的"历史空间"——露天博物馆。近些年来,这种博物馆不仅遍布欧洲各国,亚洲国家如韩国、日本和泰国也广泛采用。露天博物馆是许多国家和城市重要的旅游景点。这种方式可以使那些分散而珍贵的历史细节也得到妥善的保护与安置。

8. 提高村民的文化自爱与自信

传统村落的保护不能只停留在政府与专家的层面上,更应该是村民自觉的行动。

如果人们不知自己拥有的文化的价值,不认同,不热爱,我们为谁保护呢?而且这种保护也没有保证,损坏会随时发生。所以接下来一项根本的工作是提高人们的文化自觉和自信。就像在阿尔卑斯山地区那几个国家的山民家里,他们人人都会对来访的客人自豪地大谈家乡的山水花鸟和祖辈留下来的一砖一瓦,还穿上民族服装唱支山歌欢迎你。

文化首先被它的拥有者热爱才会传承。

提高村民文化自觉是长期和深入的事,但如果只让人们拿着自己的"特色文化"去赚钱是不会产生文化自觉的。

在这方面,鼓励、支持志愿者和社会各界投入、参与和帮助传统村落保护,也是推动全民文化自觉的好办法。

现在可以说,中国传统村落从困境中走出来了。它独有的价值终于被

考察黔东南的苗寨

我们所认识,并在物质文化遗产保护和非物质文化遗产保护之外另列一类,即"中国传统村落遗产保护",纳入了国家的历史文化遗产的"谱系"中。

十年前,我国只有文物保护,经过近十年的努力,拥有了物质遗产、非物质遗产、村落遗产三大保护体系,从而使中华民族的历史财富得到全面和完整的保护。这是我们在文化建设上迈出的重大一步。

如今世界上还没有哪个国家对传统村落进行过全面盘点,进行整体保护。我们这样做,与我们数千年农耕历史是相衬的,也是必需的。它体现了我国作为东方一个文化大国深远的文化眼光和高度的文化自觉与自尊,以及致力坚守与传承中华文明传统的意志。

中华文明是人类伟大的文化财富之一。我们保护中华文明,也是保护人类的历史创造与文明成果。

当然,传统村落保护刚刚开始,它有待于系统化、法治化和科学化;它需要相关的理论支持和理论建设,需要全民共识和各界支持,需要知识界的创造性的奉献,以使传统村落既不在急骤的时代转型期间被甩落与扬弃,也不被唯利是图的市场开发得面目全非。我们要用现代文明善待历史文明,把本色的中华文明留给子孙,让千年古树在未来开花。

理清中华文化的根

　　始自2003年的中国民间文化抢救行动已进行了五年。在诸多抢救和保护项目齐头并进的开展中，我们开始把工作的重点放到所有文化遗产中最庞大、最艰难，也是最重要的——古村落之中。

一

　　我国地域辽阔，民族众多，山川多样，文化多元，它琳琅满目地反映在千形万态的古村落中。中国文化的多样性在古村落中，非物质文化遗产绝大部分在古村落中，少数民族文化基本上在古村落中，中华文化的根深深地扎在古村落中。这根之博大、繁复、深切、悠长，无可比拟。所以我曾说："古村落是比万里长城更大的文化遗产。"

　　然而，在当代的社会转型（由农耕社会向工业社会）中，农耕社会的瓦解势在必然，古村落首当其冲。可是我们古村落不曾被列入到文物（遗产）范畴和保护范畴。在数千年不断的生灭兴衰嬗变中，原本多少，无从得知；在近二十年前所未有的冲击中，如今尚且保留多少，也无人知晓。

　　那些散布在城市之外、山川之间、原野之上的数十万个村落之中，尚有多少保存完好的古村落？先辈留给我们的精神家园能够这样不明不白、糊里糊涂地存在或消失吗？

若要保护，首先要弄清古村落的现存状况。但古村落像千千万万的珠子，散落全国各地，或隐于山坳，或藏之林谷，或兀自守在河湾港汊之间。对于它们，我们不知道的远远多于我们知道的，见过的或听过的。而且它们又不是固定不变的"遗址"，而是依然活着并不断变化的生态区；它们既有大量的物质性的文化遗存，也是缤纷的非物质的文化遗产；它们不是单一的文化存在，而是一个个极其复杂的人文复合体。作为学术对象，它们包含着民俗学、人类学、文化学、艺术学、历史学、建筑学和遗产学多学科交叉的内容。动手调查，何其艰难。

二

近五年在各地各种非物质文化遗产的调查中，我们日渐深切地感到这些遗产及其传承人的锐减；而这种濒危的威胁直接来自它的载体——古村落的瓦解。

于是，我们一边加紧对各地古村落进行调研，一边反复探讨对古村落普查方式与认定标准。再有便是寻求这种大规模的调查必不可少的资金。

为了理清思路、明确思想，2006年4月在江西西塘召开了"中国古村落保护"（西塘）国际研讨会，论证了抢救与保护古村落在整个文化遗产保护中至关重要的意义，总结了我国当前古村落保护中各种具有创造性与借鉴价值的范例。研讨会还把各种充满责任感的意见合并为一致的时代性的文化呼声，发表了中国古村落的《西塘宣言》，指出"古村落的消失，或者说村落文化个性的消失，将釜底抽薪式地毁灭人类文化多样性的景观，中国人令全世界仰慕的数千年的农耕文明和文化农村，将沦为文明的弃儿与文化的乞丐"。会议"呼吁立刻开展对中国古村落及其文化的调查与普查"，"打一场保护古村落的背水之战"。

会后，我们全力以赴，为打开这一局面而努力。

2008年春天，形势如同当时的气候风和景明，对于古村落的抢救和保护渐为世所共识。于是，既有国家领导人的关心，也有各界包括港澳同胞的支持。在"与古村落消失的速度赛跑"的口号中，通过一系列加紧的行动与充分的学术准备，终于发轫了中国文化界历史上第一次对自己精神家园的叩问与盘点。

三

依照我们习惯的工作方式，每启动一项大规模抢救性的田野考察，必定制作一本工作手册。以严格的、科学的、统一的标准，使普查进行得规范和有序。

对于这次规模巨大、内涵复杂的古村落普查，则更需要一整套科学标准与要求。所以，此次普查要求各省的调查人员必须熟悉这些目标、内容与标准，并依此而工作。只有大家严格地使用同一标准，千头万绪的事项才会变得井然有序。

各省普查成果将汇集到中国古村落普查中心，经全国专家委员会审定后，最终产生四项成果：

1. 对所有确定的现存的古村落编号；
2. 编制"中国古村落图文档案数据库"；
3. 编制"中国古村落分布地图集"；
4. 编纂三十卷本《中国古村落名录》。

全部工作计划到2010年结束。时间要求得很紧，是因为古村落的境况濒危又紧急，所以我们把这次古村落普查冠之以"紧急"。

我们之所以能够把这样巨大而繁重的事情压在肩上，是因为这次普查不但有上上下下各方的支援，还有中华文化学院、天津大学、中国民主促进会各省级组织等单位和团体伸以援手，同心协力。我们对完成这一事关中华文明传承的伟业充满信心。

我们一定要守住中华民族数千年来世世代代创造的精神文化的家园，守护好我们文化的根，并让它永远传续与发出光彩。

一个古村落的原生态记录

当樊宇把他这部关于后沟村田野调查的书稿交给我,我翻阅一遍,真是惊讶。他的工作成果和工作精神大大超出我对他的印象。

应该说,我对他的印象已经十分美好。他是中国民间文化遗产抢救工程启动之际,特邀赴山西榆次后沟村进行采样考察的影视方面的专家。那次我们的任务是为即将开始的全国性文化普查制作一本范本性的工作手册。我们对这本手册的要求很高,必须严格、简明、规范;特别要强调普查的周密性、详尽性和对原生态的记录。这些都要在范本上十分鲜明地体现出来。那么我们这次的采样考察就首先要做到位。在这个专家小组中,樊宇做得最认真和最执着。大多数学者的调查是一次性的,他却从此把后沟村当做自己的"亲戚家"了。在此后的联系中,常常听说他或是"刚刚从后沟村回来",或是"前些天又去了后沟村"。为了记录一个人家的丧事或婚事,他会专门跑一趟山西。一次大年夜,他打来电话说他正在大雪覆盖的后沟村的山上。为了记录那个古村过年的景象,他夜宿在一座寒冷的破庙里。这真令我感动!我想,如果我们的文化人对自己的文化都有这样深切的情怀与责任,就不必担忧当前这场全球化的狂潮了。我曾把他的一些事情记在文章里。每当我感到民间文化抢救的艰辛并备感孤独之时,就去想想樊宇这些人,想到他们也许正默默在大山或田野中工作呢!渐渐地我会觉得有了一些依靠并感到温暖，以致浑身重新充满力量。

现在，樊宇这部书稿让我知道他真正付出的辛苦。通过这些缜密又扎实的调查与挖掘，一个小小古村落的文化竟让他表现得如此沉甸甸的厚重与迷人。如果没有这样艰辛的付出，这无比丰饶与优美的山村不就永远无人知晓了吗？此中，应该特别指出，樊宇的调查完全依照民俗学与人类学的方法。他从不同角度切入山村的方方面面，才能这样立体和深层地显现出古村落的生命整体。同时，他始终注意被记录事物的原生态，从而使这一文本具有相当高的资料价值、文化价值和学术价值。

再有便是樊宇作为一位影视专家，这次在后沟村调查所使用的是文字、摄影、摄像相结合的手段，这极为难得。应该说，现在还很少有人能够同时精熟地驾驭起这三种方式。

在当前，现代影像手段刚刚进入民俗学领域，至于"视觉人类学"也只是刚刚走进国门而已，建立影像民俗学和视觉人类学是我国民间文化研究领域中迫切的任务；而我们这次全国性田野普查为了尽可能获取更多信息，特意要求调查者采用文字与影像相结合的立体记录方式。但现阶段这样做是有难度的。不仅仅是技术能力问题，而且没有先例，无以遵循。在这样的背景下，本书的出版将提供一个优良的范例，无论是对我国视觉民俗学和人类学的建立，还是对田野普查来说都大有裨益，它将成为一种推动力。而对于后沟村来说，则是有幸收获到一本美丽又宝贵的影像民俗志了。

因之撰文，对本书出版及作者樊宇表示由衷祝贺，且兼作序也。

（本文为《尘封的古村落——山西省榆次区后沟村影像调查》而作）

文化诘问·第三章

文化怎么自觉

近来,一个概念愈来愈响亮,这个概念是"文化自觉"。此于知识界是高兴的事,因为这个很早就发自知识界的声音开始有了社会回应。

三十年来,中国社会在进入全球化的商品社会之后显示蓬勃与雄劲的活力。尽管"两个文明一起抓"提得很早,颇具远见,但对于贫困太久的中国来说,物质性的财富既是迫不及待的需求,又是挡不住的诱惑,故而长期以来"两个文明"一直处于"一手硬一手软"。于是,物质殷富与精神匮乏荒唐搭伴带来的种种问题日渐彰显。这便是提出"文化自觉"深切的现实背景,也是其意义重大之所在。

请注意,当今,是由于人们在现实中痛感到了文明缺失后果之严重,才关注到了文化自觉的必要。关注总是好事,但不是说文化自觉,文化就自觉了。重要的是什么叫文化自觉,谁先自觉,怎么自觉。不弄清这些根本问题,"文化自觉"最终会变成一个空洞的口号,真成了喊文化自觉就文化自觉了,甚至会搞偏,红红火火闹一闹"文化",好像文化就自觉就繁荣了。

什么叫文化自觉?

依我看,人类的文化(或称"文明史")分为三个阶段:第一是自发的文化,第二是自觉的文化,第三是文化的自觉。以文字为例——

在河北蔚县考察时向村民宣讲为什么要珍视历史文化

在原始时代，人们为了传达讯息与记事，刻画各种符号于岩壁，却并不知道这是一种文字，是文化，这便是自发的文化阶段；后来人们知道这种符号功能的重要，开始自觉去创造与应用，这便进入自觉的文化阶段；人类由自发文化迈入自觉文化是文明的一大进步，然而更重要的是对文化的自觉。具体到文字上说，就是如何科学地规范文字、保护濒危文字等等。

文化的自觉就是要清醒地认识到文化和文明于人类的意义与必不可少。反过来讲，如果人类一旦失去文化的自觉，便会陷入迷茫、杂乱无序、良莠不分、失去自我，甚至重返愚蛮。

文化自觉还有一个重要方面，是建设当代文化高峰的自觉。

那么文化应该谁先自觉呢？

首先是知识分子。我写过这样一句话："当社会迷惘的时候，知识分子应当先清醒；当社会过于功利的时候，知识分子应给生活一些梦想。"知识分子天经地义地对社会文明和精神予以关切、敏感，并负有责任。没有责任感就会浑然不知，有责任感必然深有觉察，这便说到了知识分子的本质之一——先觉性。先觉才会自觉，或者说自觉本身就是一种先觉。

我们说责任，当然不仅仅是说说而已，而是要去承担。这道理无须多说，从雨果到晚年的托尔斯泰，从顾炎武到鲁迅，他们的言行都在我们心里。然而，我们当今有多少人像他们那样勇于肩负这样的时代使命？这不能不做深刻反省。

再有，国家的文化自觉同样至关重要。

以我这些年从事文化遗产保护时的亲身经历，我以为国家的文化自觉是有的。比如知识界提出的对"非遗"保护的观念与种种措施都得到国家的接受。在确立"文化遗产日"、传统节日放假、制定与颁布"非遗"法、建立"非遗"名录等方面，国家都一步步去做了。可是在我们口口声声说的"经济社会"中，文化到底放在什么位置？还有宏观的国家文化方略到底是怎样的？仍需要十分明确。

在现实中，问题最大的倒是在政府的执行层面上。或由于长期以来重经济轻文化，或由于与政绩难以挂钩，致使文化在经济社会中处于弱势。文化的缺失不会显现在任何一级政府当年的统计表中，但日久天长便峥嵘于各种社会弊端上，并积重难返。因此说，政府的执行层面的文化自觉成了关键。若要使这一层面具有文化自觉必须有切实办法，否则文化在这个层面必然化为几场大轰大嗡、明星云集的文化节和一大片斥资数亿的文化场馆。因为，当前文化的遭遇，往往是要不依附于政绩，要不与经济开发挂钩，化为 GDP；文化失去了本身最神圣的功能——对文明的推进，还有自身的发展与繁荣。任何事物只有顺从其本质与规律去发展，才是科学的发展。违反其规律与本质就是反科学——在文化上就是反文化的。当然这就更提不到文化自觉了。

我们现在常把文化自觉与"文化自信"并提，这十分必要。这两个概念密切相关，当然还有各自的内涵。"文化自觉"是真正认识到文化的重要性和自觉地承担；"文化自信"的关键是确实懂得中华文化所具有的高度和在人类文明中的价值。否则自信由何而来？

我对"文化自觉"的理解是，首先是知识分子的自觉，即知识分子应当在任何时候都站守文化的前沿,保持先觉,主动承担;还有国家的文化自觉,国家也要有文化的使命感,还要有清晰的时代性的文化方略,只有国家在文化上自觉,社会文明才有保障。当然,关键的还要靠政府执行层面的自觉,只有政府执行层面真正认识到文化的社会意义,文化是精神事业而非经济手段,并按照文化的规律去做文化的事,国家的文化自觉才能真正得以实施与实现。上述各方面的文化自觉最终所要达到的是整个社会与全民的文化自觉。只有全民在文化上自觉,社会文明才能逐步提高,当代社会文明才能放出光彩。

国家的文化观

文化界一直期待听到的国家对文化的思考与定位，这次出现在温总理的《政府工作报告》中。这自然引起文化界聚焦般的关注。

在总理短短的二三百字一段关于文化的论述中，极其精炼地阐述了文化是什么，文化的意义与价值，以及它在国家发展与民族振兴中的作用与位置。

"文化是一个民族的精神与灵魂，是一个民族真正有力量的决定因素"，"它深刻地影响着一个国家的进程"，"没有先进文化的发展，没有全民民族文明素质的提高，就不可能真正实现现代化"，"国家发展、民族振兴，不仅需要强大的经济力量，更需要强大的文化力量"。总理的这些话，都是国家对文化思考的结论，精辟、透彻和明确。这不仅是文化界想听到的，也是时代想听到和必须听到的。

我们的经济社会飞速发展。一个富起来的社会就像一个人有了钱一样，不能不思考什么是真正的富有和究竟要富到哪里去。文明的人和文明的社会，是古老中国的当代目标。迫使我们为此担忧的，是现实社会中已经滋生出来、随处可见的"暴发户心态"，或称"暴发户形态"。从张扬政绩的面子工程，到鄙俗的城市审美。炫富、拜金、显摆、挥霍、虚荣、招摇，随处可见。在这种社会心态中，整体的文明素质必定下降。

造成暴发户心态的根本缘故，是文化也就是精神与灵魂的缺失。能够承担这一精神使命的恰恰是文化，但这是一种什么文化呢？

然而，不能不承认，我们的文化商业化得非常厉害。比如文坛，扁平状的，更像一个市场。谁来引导从中的选择？哪些文化更具精神价值？能否看到国家的文化形象？国家的文化形象当然是精神性的，且具有中华文明的当代特性。

由此而言，立体地建构国家的文化极为重要。

一个国家的文化应像金字塔一样，必须有它的塔尖。这塔尖彰显当代文化创造的高度与极致，是时代的文化标志。站在塔尖上的一定是一群当代文化精英及其代表作，还有最高水准的文化团体与学术机构，世界级的博物馆和图书馆，以及像圣物一样的历史文化遗产，是这些文化构成了国家文化的主体与形象。而塔尖上的文化自然也是对外文化交流的主体。可是如果不调整好文化的结构，公众能够看到自己当代的国家文化形象吗？

这两年文化产业突飞猛进地发展，成绩骄人。文化产业一方面具有经营性，一方面具有精神性。由于文化产业对象是广大文化消费者，它就更具有对整个社会文明提升的责任。然而，我们在注意文化产业精神内容良性引导的同时，也不能不看到另一种只重经济收益的偏向。当把文化单一地作为生产资源时，就会只求利益的最大化，使文化的精神价值受到歪曲或贬损。有一个口号"把文化做大做强"是值得商榷的。文化对人的作用是一种滋育与影响，润物细无声。更多的文化是应"做精做细做深"，而不是"做大做强"。

回到前边的话题说，对于塔尖的文化，国家是必须养育的，养育这样的文化，就是养育国家的文明气质与全民的素质和心灵。

国家把一个明确的文化观及目标摆在我们的面前，由此观照现实，我们是不是应该深思。对提升整个社会的文明精神，促使民族真正复兴想些实际的办法了？

"文化遗产日"的意义

本文的目的，是想直指我国文化遗产所面临的困境，兼谈如何走出困境的一些思考。这是在我国首次"文化遗产日"里必须面对的话题，也是关切当代中国社会不能绕开的十分紧迫的话题。我先从设立遗产日的背景说起。

一、人类的遗产观是怎样形成的？

"遗产"是个古老的词汇，它的原始概念是先辈留下的财产。在这种传统的遗产观中，遗产只是一种私有的物质财富。

进入19世纪中期以来，"遗产"的内涵悄悄发生了变化。

开始有人把祖先留下的具有重要历史文化价值的公共财物视作遗产。这是另一层意义上的遗产，就是文化遗产。它是一种公共的、精神性质的财富，需要人们共同热爱，世代传承。

这种崭新的遗产观的产生，缘于整个人类文明的转型。

人类的文明由远古到今天，一共经过两次"转型"。一次是由渔猎文明转为农耕文明。在中国，差不多是在七千年前的河姆渡文化时期。在那时，人类尚没有"文化"的概念，"文化遗产"的概念，因此不可能懂得遗产的保护，所以渔猎文明荡然无存。再一次就是近一个世纪——农耕文明向现代工业文明的转化。在文明转型期间,新旧事物的更迭非常无情,而且人们不是很快就能看到正在逝去的事物内在的文化价值与精神价值。遗产的消亡正是在这种"物换星移"的时候。因此说,谁提早认识到遗产的价值,谁就能将珍贵的遗产留住。迷人而沉甸甸的巴黎和罗马就是靠着一种前瞻性的眼光才得以保存下来的。

最先和最鲜明地表达出这种新的遗产观的是法国作家雨果。他在那篇著名的《向文物的破坏者宣战》中,用激愤的语言斥责当时大肆破坏法国城市历史的人,昂首挺胸地捍卫着法兰西的历史文明。文中有这样一段话——他说要"为名胜古迹制定一项法律。为艺术立法,为法兰西的民族性立法,为怀念立法,为大教堂立法,为人类智慧最伟大的作品立法,为我们父辈集体的成果立法,为被毁坏后无法弥补的事物立法,为一个国家前途之外最神圣的东西立法……"

这段话写于1832年,法国正处于工业化发端之际。他的文化敏感和文化责任令我们惊讶,也令我们钦佩和感动;这篇在人类文明进程中具有先觉性和超前性的文章,竟然把新的遗产观说得如此明明白白。

历史地看,新的遗产观最初总是被一些有识之士顽强地表达着。由于这些人不屈不挠的努力,逐渐得到广泛的认同,然后形成了遗产保护的法律法规。法国的第一部《历史建筑法案》就是作家梅里美努力促成的。到了20世纪初,英国、意大利、法国、日本、韩国等国陆续有了一些范畴不同的遗产保护法。

到了70年代,随着全球现代化的加剧,文化遗产在世界各地普遍受到惨重的摧毁,这促使新的遗产观被广泛地接受。法国历史学家皮埃尔·诺拉在《法国对遗产的认识过程》中说:"在过去二十年(他指20世纪后半期),遗产的概念已经扩大,发生了变化。旧的概念把遗产认定为父母传给子女的财物,新近的概念被认为是社会的整体继承物。"1972年,联合国教科文组织颁布了《世界遗产公约》和《各国保护文化与自然遗产建议案》,这表明人类在遗产观上已形成共识,共同而自觉的遗产保护就开始了。

然而，对事物认识的过程总是一步步的。1972年，联合国的《世界遗产公约》主要是对物质文化遗产的保护。这时，人类对文化遗产内涵的认识还不完整，只看到了遗产的物质性一半，还没有看到另一半非物质的文化遗产。

物质文化遗产是看得见、摸得着的，是静态的，是实体。比如文物器物、经典古籍、大文化遗址、重要的历史建筑等等。非物质文化遗产则广泛得多，但常常是看不见，也摸不着的。这中间包括民俗、民间文学、民间艺术、民间技艺等等。

然而，由于非物质文化大多是老百姓创造的、共同认同的，它一直被认为是底层的文化而不被重视。但它是养育我们的一种生活文化，每个人都是在这共同的文化中成长起来的，因此它直接表达着各个民族的个性特征，还有各自的认同感、亲和力与凝聚力。比如中国人的民族性情，不表现在颐和园和故宫上，而是深邃而鲜明地体现在春节的民俗之中。故此说，非物质文化遗产最能体现各个民族的本质，也最能体现人类文化的多样性。

最早关注非物质文化遗产的是日本、韩国等国家。日本人在1950年确立的《文化财保护法》中首次提出"无形文化财"的概念，并以法律形式规定了它的范畴。韩国人也较早有了这种观念，他们早在1962年就颁布了《文化财保护法》，并于1967年把江陵端午祭列为韩国的"重要无形文化财"。由于他们不懈的努力，这种前卫的遗产观渐渐得到世界各国的认知和认可，终于在1997年联合国教科文组织制定了《人类口头和非物质文化遗产代表作评选法》，进而在六年后（2003年）通过了《保护非物质文化遗产国际公约》。至此，人类将另一半文化遗产拥入了自己的怀抱。

对于非物质文化遗产，国际上有好几种叫法。如"口头非物质文化遗产"，无形文化遗产等等。我们过去习惯称作"民间文化"。现在为了与国际上的称谓相协调，便称作"非物质文化遗产"。将遗产内容由物质的、有形的、静态的伸延到非物质的、无形的、精神的、生态的，显示了当今人类对自己的文明创造的认识进了一大步。只有进入了现代社会，才会把前一阶段的文明视作遗产。因此说，当人类相约对非物质文化遗产倍加珍视与保护时，一个现代的完整的遗产观便形成了。

现代遗产观也是一种现代文明观。文明的对立面是野蛮，那么与现代文明相对便是对遗产野蛮的破坏了。

如上所述，人类文化遗产观的最终形成并不遥远，就在最近这三十年。在这样的时间背景下，中国的文化遗产处于什么状况呢？

二、中国文化遗产的特殊困境

从1972年到2003年这三十年，中国社会经历着历史上最剧烈的变化，即从文化大革命进入改革，我们的一切，包括遗产都在这剧烈的变化中不断地产生前所未有的问题，也都是一些巨大而全新的难题和挑战。

对于文化遗产来说，文化大革命是历史上最大的一次破坏，因为它直接以文化遗产作为"革命对象"。把自己的历史文明作为自己的死敌，这是多么无知、荒谬和匪夷所思！因此说，文化大革命对中华文化的损害不只是对有形文物大规模的毁灭，更是在人们心里注入了对自己文化的蔑视与对立。由此带来的对中华文明传承造成的损害，今天已经看得非常清楚了。在文化大革命后期，从批判"红楼"、"水浒"，到批判克己复礼，实际上国人心中的中华文化已是空架子。然而正是在这个时候，中国社会突然之间急转弯地进入了改革。

我们的改革开放不是社会线性发展的新阶段，我们是一下子闯进改革、闯入世界的，外来文化也一股脑儿地闯进我们的生活。

在这里需要说明的是，对外来文化的认识一直有个误区，似乎有一种观点认为当代中华文化的困境是外来文化的冲击所致，甚至认为这些麻烦是对外开放带来的。这是一种误解。如果外来文化是负面的，那么近言五四时代，远说盛唐时期，外来文化全都是十分迅猛，为什么没有给中华文化带来麻烦？相反，中国这条巨龙着着实实地饱餐了一顿外来的精神营养品，更加壮大了自己。从弗洛伊德和马克思到贝多芬、巴尔扎克、达·芬奇与牛顿，不都是"五四"那个时代舶来的吗？那时，知识分子站在中国文化的前沿从容地对外来文化进行选择，从中挑选经典。但这一次不行了，你学贯中西也没用。由于这次从外部世界一涌而入的是麦当劳、好莱坞大片、畅销书、排行榜上的金曲、劲歌劲舞、超市、国际名牌、时尚以及明星大腕满天飞。这些商品性的、快餐式的、粗鄙又新奇的流行文化一下子填满文化大革命后国人空荡荡的精神空间。应该说，当前文化矛盾的本质，不是中外文化的冲突，而是我们原有的文化和商业流行文化的冲突与矛盾。所以，在两会上，我曾经作过一个发言，题目是"警惕当前文化的粗鄙化"，所谈的是如何认识商业文化的本质及其负面效应，如何对应。

进一步说，在从计划经济突然转型为商品经济时，我们没有自己的现成的商品文化，所以一定会照搬国外的。然而由于语言关系，英语世界的流行文化不会一下子登陆中国，那就要通过周边的、汉字圈的、已有成熟商品文化的地区（港台）与国家（韩日）"转口"而来。20世纪80年代曾经一度冒出过自己本土的流行文化的苗头，如西北风。但这只是一种自发而非自觉的文化现象，完全跟不上飞速发展的商品社会对商品文化的需求，那就只好四处伸手。于是，武侠是香港的，歌曲是台湾的，言情是韩国的，漫画是日本的。其结果是"外边的世界多精彩"，这更加深了人们对自己文化传统的漠视与缺乏信心。同时商品经济的根本手段是刺激消费，刺激物欲。在物欲的社会中，必然轻视精神。尤其文化遗产是公共的精神性的事物，辄必受到冷落。

新的一轮直接对文化遗产构成破坏的是高速的现代化和城市化。这些情况，大家都已经很清楚。现在可以说，中国的六百多座城市基本一样。残余的历史街区已经支离破碎，有的城市甚至连一点历史踪迹都没有留下。我们可以将这城市文化的现代悲剧解释为对城市的改造缺乏文化准备；可以解释为为老百姓迫切解决实际的生活问题；可以解释为在不可抗拒的政绩压力下不得已而为之。但是究竟在这个世界城市史上绝无仅有的全国性的"造城运动"中,已经将我们的大大小小的城市全部卷土重来一次,抹去历史记忆,彼此克隆,最终像蚂蚁一样彼此相像。同时,堆满了东施效颦般伪造的罗马花园、意大利广场、美国小镇、英国郡,大概我们还乐陶陶地以为自己真正实现了"改天换地",实现了"与世界接轨"的现代化吧。为什么不去反问自己一句:我们为什么会这样糟踏自己的家园,自己的遗产与文明?

我们的后代将找不到城市的根脉,找不到自我的历史与文化的凭借。当他们知道这是我们的所作所为——是我们亲手把一个个沉甸甸、深厚的城市生命变成亮闪闪的失忆者,一定会斥骂我们这一代人的无知与愚蠢。

三、问题·压力·办法

2004年年底,在对文化遗产考察进行总结时,我们认定非物质文化遗产比物质文化遗产濒危。一方面由于物质遗产是有形的和固定的,相对稳定;而非物质文化遗产是无形和动态的,容易被忽略,受到损害也不会立即看到。比如节日文化,直到人们几乎把传统的节日忘却了,才感到了危机。另一方面由于非物质文化遗产是以口传身授的方式传承的,没有文字记录,易于丧失,失去了便无迹可寻。比如说原先极其丰富的民间文学、史诗、传说、故事、民谣,还有几人在说,有几人会说?现在在旅游区内,导游们讲的"民间故事",多半是为了提高游人兴趣而现编现造的"伪民间文学"吧。

目前,非物质文化遗产中最濒危的是三个方面的问题:一、少数民族的文化遗产;二、民间文化传承人;三、古村落。

(一)少数民族的文化遗产问题

我国有五十五个少数民族,他们遍布全国,经济多样,生存环境各异,社会历史发展阶段不一,其文化底蕴深厚,特征独具,相互迥异，夺目迷人。少数民族为灿烂多姿的中华文明的形成和发展做出了不可磨灭的贡献。他们的文化是中华文明的重要组成部分，是人类文化宝库中的珍贵遗产，也是各个民族安身立命及其民族身份与独自精神之所在。

由于历史原因，少数民族地处偏远，经济和社会长期滞后，人民生活相对贫困。改革开放以来，始入崭新的发展时期。特别是随着国家扶贫力度的加大，西部大开发的推进，少数民族地区的经济、生活和社会正在发生空前的急速的变化。这是人民盼望的，也是历史发展和社会进步之必然。但也要看到，在这巨大的变革中，少数民族的传统与文化正面临着濒危与消亡，值得我们特别关注和着意应对。

当前，在强大的经济一体化浪潮中，面对着来势迅猛的西方化、单一化、汉族化、消费化，处于弱势的少数民族文化无力应对，只有随着潮流改变自己。一些富起来的地区，少数民族传统民居已经被"小洋楼"取代，民族服装服饰及其工艺日渐式微。由于没有相关的保护法规，古董贩子乃至外国人在少数民族地区肆意廉价地搜寻宝贵的文化遗存。愈来愈多的年青一代外出打工，远离自己的传统。比如少数民族聚居的贵州黔东南地区，大约三十万年轻人到江浙一带打工。他们的文化兴趣逐渐被流行文化"化"了。不少地方听唱史诗与民歌的已经不是本民族的年轻人，而是一批批的旅游者。学校教育很少民族文化内容，青年人对自己的文化传统缺乏必要的知识，缺少必要的感情。杰出的民间文化的传人大多人老力衰，或相继去世，很多经典文化无人传承。如今，民族语言在不少村寨已不复使用。一些民族语言，如赫哲语、满语、塔塔尔语、畲语、达让语、阿侬语、仙岛语、苏龙语、普标语等，会使用的都不超千人。随着最后一个鄂伦春人的迁徙和定居农区，他们的狩猎文化至此终结。这些形成于成百上千年的民族文化板块正在松动和瓦解。

在今天这样一个高速发展的时代，如何抢救和保护少数民族文化是一个历史性的大课题，也是全世界都没有找到最佳方案的大挑战。就是美国对印第安人的保护，日本对阿依努族的保护也大有值得商讨的地方，也有许多难题。但是少数民族文化抢救和保护不是单纯的学术问题，不是几个"高峰论坛"就解决得了的。它正在瓦解，情况紧急，消亡在即。我可以举出大量耳闻目见、亲身经历的例子来说明，无数极其珍贵的民间文化已经永远地失去了。如果再不加紧抢救、存录、保护，就是对历史的犯罪。一些民族就会渐渐地名存实亡。对此我的建议是：

1. 加快我国非物质文化遗产的保护立法。立法保护的重点应是少数民族文化，国家应加大民族地区濒危文化抢救与保护的财政投入。

2. 在民族文化保护上不能项目化，而应该体系化。项目保护是枝节保护；体系保护是整体保护。应建立国家的权威的中国少数民族文化数据库，以图片、文字、录音、录像多种技术手段，综合地存录民族的文化生态资料。各民族自治区域应制定文化抢救方案和保护体系，选择一些少数民族自治区域做经济、文化、社会协调发展的试点，取得经验，进而推广，逐步形成严格、严密与科学的中国少数民族文化保护体系和民族发展的科学模式。

3. 对一个小民族的迁徙，一种重要民族文化形式的消失，乃至杰出民间文化传承人的故去，都要给予极大的关注，应做到事前有紧急抢救，即时开展抢救性记录、调查和整理。要以博物馆方式予以整体保存。

4. 设立少数民族文化抢救基金。资助重要和重点地区的少数民族文化的抢救。募集资金要与唤起社会各界对少数民族文化的关爱紧紧联系在一起。

5. 在全国各地学校教育中开设有关我国各少数民族的文化成就与重要特征的课程，增进民族间的学习与了解；在民族区域自治地区和少数民族较集中地区开展本民族或多民族文化知识的课程，培养民族情感，强化民族审美，提高少数民族传承自己文化的自觉。

6. 少数民族文化的抢救和保护主要是政府的事。政府应当倾听专家的意见。政府应出面组织高层次、多部门、多学科的关于少数民族地区文化和经济协调发展的研讨；研究与探索现代化进程中文化保护与经济发展、传统文化与现代文化和谐发展之路；研究民族民间的建筑、服饰、生活用具的设计与民间工艺的发展关系，以使民族文脉循序进展。

当前，我国少数民族文化受到冲击的趋势正在日益加大，濒危是全方位的，抢救和保护已是刻不容缓。但如何保护少数民族文化，尚没有通盘的考虑。一些所谓保护尚好的地区基本上都是被开发的"旅游点"。在现阶段，旅游是获得保护资金的重要来源。但需要强调的是，少数民族文化是他们的民族之本，而非只供观光的"特色文化"，不能最终全都转化为一种旅游资源。他们的文化是其民族的根本，失去文化便意味着民族的消失。因此说，少数民族的文化濒危是具有"灭绝的意味"的。

（二）民间文化传承人

由于非物质文化是靠口头传承的，一半的中华文化延续的生命线便是代代相传的传承人。如果传承人没有了，活态的文化便立即中断，剩下的只能是一种纯物质的"历史见证"了。比如年画，虽然它本身是物质性的，但年画的技艺与使用时的风俗是由一代代人口口相传的、非物质的，如果艺术没了，技艺消亡，不再制作，也不再使用，剩下的就只有物质性的年画，它活态的生命便不复存在。

所以说，非物质文化遗产的保护主要是活态保护，物质文化遗产是静态保护。活态保护的关键是传承人。

在农耕社会里，我们缤纷而博大的民间文化都是靠着口传心授、婆领媳做的方式，千丝万缕地传承下来。这些传人是灿烂的中华文化一个个具体的拥有者、体现者、活宝库。在当前的文明转型期中，随着家庭、居住、工作和生活兴趣的改变，这些传承的线索大量地中断。这也是我们常常感到中华文化日渐稀薄的原因。比如，当电视机进入一个农民的家庭，人们便不再讲民间传说，而讲电视故事。在所有民间文化中，民间文学消失得最快，也最彻底，而且是无声的，一切都发生在不知不觉之间。

　　传承人保护的困难是，首先我们对传承人的状况没有底数。这些民间传人——老艺人、手工匠、画师、乐师、舞者、歌手、故事家、民俗传人等等，分布全国，深藏山野，不见经传，没有任何记载。当他们人走他乡，或者辞世而去，便带走一份珍贵的传承久矣的文化遗产。现在我们已经开展中国民间文化杰出传承人的普查与认定，由于传承人消失速度太快，急需做的事情包括：

　　1. 建立国家的文化传承人名录。如同日本的"人间国宝"。进入名录者要经过专家严格的评议与审批，对列入名录者要建立档案。以文字、图片和音像方式存录其全部资料。

　　2. 传承人名录可采用我国文物法中"多级保护"的制度，除国家一级的杰出传承人，还要确定有省级、市级、县级的传承人。以全面和整体地保护非物质文化的生态。

　　3. 对传承人要制定具体的保护措施，国家和地方政府给予经济资助。重要的是保证后继有人，不让任何一项重要的遗产失去传承。

（三）古村落

　　在数千年农耕时代，农村是最基本的社会单元。由于历史悠久、民族众多，自然条件和文化板块不同，形成了形态缤纷、风情各异的村落文化。所谓"五里不同风，十里不同俗"。广大农村至今保持着极其丰富的历史记忆和根脉，以及丰富的文化遗存。农村的文化既包括村落的规划，各类建筑，历史遗址，这属于物质文化遗产；也包括各类民俗，民族语言，生活民居，民间文学、美术、音乐、舞蹈、戏剧、曲艺、杂技、武术、医药和各种传统技艺等等，属于非物质文化遗产。可以说，古村落是物质和非物质文化遗产的综合体。我们的非物质文化遗产基本上在农村，文化的多样性也在农村，民族之根深深地扎在农村里。由于各民族各地域的文化都是那一方水土独特的精神创造和审美创造，它又是人们乡土情感、亲和力和自豪感的凭借，以及永不过时的文化资源和文化资本。

鉴于20世纪八九十年代，我国城市大规模现代化改造中，片面追求经济指标，对城市历史文化造成的破坏已不可挽回；这一次，在"新农村"建设起步之时，应以全面的科学的谐调的发展观，将文化遗产的保护率先列入"新农村"建设的总体规划之中，千万不要再出现城市改造的文化悲剧，把"新农村"变为"洋农村"，或者干脆都变成"新村"。

我国现在有大约一千六百个县，一万九千个镇和三万多个乡，六十万个行政村。文化遗存的状况和特色保持的程度不一，不是所有村庄都是古村落。

古村落应具备如下条件（即古村落的标准）：

1. 有鲜明的地域个性；
2. 建筑格局保存得较为整体和系统；
3. 有较丰厚的物质和非物质的文化遗产。

应该说，古村落的保护是困难的。因为它不是文物，不是颐和园和故宫，而是依然活着的古老社区，如今它正在发生"质"的变化。愈来愈多的村落因农民外出打工而出现"空巢"现象。有的古村落经年历久，多已破败，重修无力；有的在无序地翻建过程中，新老驳杂，不伦不类；有的在匆匆忙忙开发旅游；在现阶段的旅游开发中，只有能够成为旅游卖点的局部"景点"，才得到一些维护。而江浙一带经济发达地区，不少古村落早已从地图上抹去。这样一种状况的古村落，在即刻推动的"新农村"建设中会出现怎样的局面？特别是对于一些尚未确立现代文化遗产观和科学发展观的古村落决策者来说，会不会重演城市改造中的文化悲剧？一些建设部门不是已经急不可待地为农民设计什么"北方型"和"南方型"的住房了？

古村落保护的另一个难点是怎样使生活其中的百姓逐渐享受到现代生活的舒适与方便？在欧洲，这些事是老百姓自己的事，而一般百姓都有文化保护意识，政府没有太大压力；而在我国，农村的建设是政府的事。如果一方面要改善百姓的居住设施，一方面再要保护老房子,这就使得事情内在的冲突与难度全集中到决策者的身上。政府又不能回避,压力自然就大了。

那么古村落应该怎样保护呢?

这几年在各处考察中看到一些地方在古村落保护方面做了一些努力与尝试,大致可分为下边几种方式:

1. 分区式。如丽江的束河。采取分区方式,如同罗马古城在老区之外另辟新区;巴黎在维护老城区不动的同时,另建一个全新形态的"拉德方斯"地区。老区原汁原味,新区为新建的现代化社区。

2. 民居博物馆式。如晋中的王家大院、常家庄园。将有重要价值的古民居集中起来保护。

3. 生态式。如西塘和同里。把现代的声光化电的管网埋在地下,村落格局与民众生活保持原生态。西塘的口号是"活着的千年古镇"。

4. 景观式。如江西婺源。注重景观的历史个性。邀请建筑师设计几种房型,外观是此地传统的粉墙黛瓦的徽派风格,内部的卫生间和厨房符合现代生活的功能需求。村民盖新房必须从这些房型中选择,不能随意乱盖,以保持历史文脉。

5. 景点式。如乌镇。基本上是按照旅游需要来维修和改造的。

上述这些方式各有特点,都有可取之处,也都有成功的地方。鉴于我国村落缤纷多样,原则应是一个村庄一个办法,不能一刀切,按照一种方式必然削足适履。然而上述的各种方式给古村落保护提供了一些很好的思路,值得借鉴。

应该说明的是,现阶段这些古村落的保护多数与旅游相关,故此,比较注重外观、景点、路线,比较偏重于物质遗产。前几天在韩国,我对一位联合国非物质文化遗产委员会的委员说:"将文化遗产简单地划分为物质和非物质有不合理的一面,会带来新问题。比如古村落,都是非物质和物质文化遗产的总和,相互依存,不能切割开来。但是,现在中国的西递和宏村是按照物质文化遗产申遗的。如果只保护物质这部分,里边的非物质的成分渐渐没了,西递和宏村就会失去生命与灵魂,冷冰冰地变成了木乃伊。"她表示同意我的看法,并说联合国科教文组织正在研究这类问题。

对于古村落保护我的意见是：

1. 对农村文化的现状进行全面调查，以了解和把握全局。将具有文化特色和遗存的村落进行分类，针对性地制定切实的保护方案，列入"新农村"建设的各级规划，使文化遗产保护和发展农村经济同步和谐调地进行，避免片面的开发带来人为的冲突和损失。

2. 国家应设置中国古村落名录，确定保护目标和办法。古村落保护是一种综合性和整体性保护，不宜单方面放入物质（文物）或非物质文化遗产中，其性质应是物质与非物质的"双遗产"。

3. 少数民族古村落的文化保护是重中之重。在开发的过程中，会使少数民族文化大量瓦解和失散，故而一方面要尊重少数民族的文化选择，一方面在重要的少数民族集居地，要像欧洲人那样建立乡村博物馆，以保存历史记忆，继承和传承民族文化。

4. 无论是农村的文化保护，还是旅游开发，都不能离开科学指导。应邀请人文领域的专家学者参与到各地农村建设中来，以准确地科学地把握保护与开发、继承和发展的关系，使"新农村"能真正成为新时代中国品格和主体的社会主义的新农村。

由于历史形成的惯性，每次大规模的社会变革都容易一哄而起。当人们对什么是"新农村"的"新"还没有具体标准时，很容易把"破旧"视为"立新"，把当今的城市形态当做现代形态，把"洋"的当做"新"的。我们的六百多个城市已经基本失去个性，如果广大农村也变得千篇一律，同时内在的个性化的精神文化传统涣散一空，我们的损失将永难补偿，"新农村"先进文化的建设也就无所凭借了。数千年的历史文化将从我们的脚下失去，厚重与丰富的文化大地便会变得瘠薄和单一。

文化与经济从来是一个整体，不可分割。况且在现代社会中，文化——包括文化遗产也是重要的生产力、资源与资本。我们要以科学的全面发展观来规划拥有几千年历史文化积淀的农村文明的未来。

（四）积极的应对："文化遗产日"

通过上述的令人忧虑的背景来看就会十分清楚，"文化遗产日"的确立具有的非同寻常的必要性和极强的现实意义。

应该说近几年，社会上在对待文化遗产保护的观念上正在觉醒。其原因：一方面是疾速的现代化和遗产大量消亡而造成的文化失落感，从而引起了民族情感与精神的回归；一方面是协调和整体的科学发展观的提出。由此，文化遗产的保护，以及环境保护和对弱势群体的关怀自然地渐渐成为政界与社会各界的关注点。

还有一个原因，来自文化界和知识界的努力。

自2003年中国民协实施的中国民间文化遗产抢救工程，正在全国各地全面展开，大大小小数百个民间文化普查项目齐头并进。这一有史以来最大规模的、全方位的、地毯式的普查工作，各类专家组成的田野普查小组，纵入山野之间，目的是要对九州大地文化家底进行彻底的盘点与整理，以利系统而有序地加以保护。紧跟着，是政府文化部门主导的文化遗产的保护工作。另一方面是各级文物部门对全国博物馆物质性藏品的普查与登记，一方面是确立国家级非物质文化遗产名录。这些工作在我国都是首次。经过严格程序申报和专家科学鉴定而批准的国家级非物质文化遗产名录，是推动历史文明进入现代文明的重大举动。

特别要强调的是，知识界和文化界所进行的文化普查并不只是一种学术行动，一种出自对学术对象濒危处境的关切，而是缘自全球化时代，对民族身份、精神传统、核心价值和自身文化命运的深层的思考而使然。这是一种时代性的自觉的文化行动，是直接实践思想的行动。不少文化界的知识分子离开书斋，奔往田野，为文化的存亡而奉献。在商品化的沙尘暴弥漫着中国人的精神天地之时，这些知识分子显现出一种难得的灵魂的纯净，一种舍我其谁的高贵的责任感。然而，对文化遗产的珍视与保护不能只是少数专家学者和政府的事，主要是民众的事。民众是文化的创造者，是文化的主人。如果民众不珍视、

我们保护文化遗产不仅为我们自己，也是为了人类保护文化的多样性

不爱惜、不保护、不传承自己的文化，文化最终还是要中断与消亡的。特别是和世界一些遗产保护相当成熟的国家相比，我们的遗产保护只是刚刚起步。我们尚无非物质文化遗产保护法，公众的文化遗产意识还比较淡薄；文化遗产的本身——如上所述，全面濒危。我们的"文化遗产日"正是在这样的思考层面上设立的。

最早设立"文化遗产日"的是法国（1984年），后来遍及欧洲（1985年后）。在面对全球化带来的文化同质化的浪潮中，"文化遗产日"大大提高了欧洲各国人民对各自文化的自豪与自觉。法国每年有一千多万人（人口的六分之一）主动参加这一盛大的文化活动。在这一天，欧洲各地大到城市，小到乡镇，人民以各种方式，设法把这一天过得五彩缤纷，有声有色。这种活动既有政府出面组织，也有各界自发举办，丰富多彩，效果极好，从而大大丰富了人们的文化情怀，提高了人们对各自文化的光荣感。

在"文化遗产日"方面，我们不是旁观者，也没有完全缺席。近年来，一些省（河南省）市（苏州市）以及大学生们（中央美院倡办、几十所大学加入的"青年遗产日"）自发地都举办了"文化遗产日"活动。今天由国家确定"文化遗产日"则更为重要，它显示了当代中国对自己文明的认识高度，表现了一个民族文明的自觉。只有进入现代社会，才会把历史文明视为不可替代的珍贵的精神遗产。所以说，珍视和保护遗产的本身是现代文明中一个象征性的内容。

今年6月10日是我国首个"文化遗产日"。遗产日不是纪念日，它是一种人为的主题日。要想使它落地生根，需要注意：

1. 要强调它的精神意义。不要变成千篇一律、表面热热闹闹的展示当地政府政绩的文化节，要设法使公众成为这一天的主人，成为主动的参与者，而不是被动的参加者。要使国家"文化遗产日"成为全民的"文化遗产日"，使国家举措转化为每一个公民自觉的文化行为。

2. 遗产日是一个纯文化的主题日。所有活动都应是公益活动。一切文化遗产的场所都应免费开放，商家不能从中牟利，使遗产日变味儿，变成用来赚钱牟利的"黄金日"。

3. 社会各界都应为"文化遗产日"出力做贡献。首先是文物和文化机构的工作要在遗产日中充分发挥作用，积极进行遗产内涵与保护意识的普及工作。教育界也要利用好这一天，培养下一代人的中华文化的情怀是"文化遗产日"不能忽略的。对传承人的关怀，为少数民族文化的保护做实事，都应该是"文化遗产日"的重要内容。

4. 遗产日可学习欧洲方式，每年确定一个主题。主题要针对性强，立意新鲜，有吸引力和启发性。比如2000年法国遗产日的主题是

"20世纪的遗产"。在人们告别20世纪的时候,即刻引导人们以遗产的视角回顾刚刚成为往事的一百年,将正在挥手告别的生活转为历史财富,并加以珍惜。这一主题有助于人们树立现代的遗产观,又紧贴时代,紧贴生活,紧贴情感。

"文化遗产日"体现着当今一代中国人文明的自觉,也是一种自觉的文明。在这一天,我们做得好,一定会赢得世界的关注。

世界需要一个经济高度繁荣的中国,更需要一个社会全面进步与谐调发展、比古文明更加文明的现代中国。一个尊重自己历史文明的国家必然赢得世界的敬重。

前不久,我在国外一次文化遗产论坛上说:我们保护文化遗产不仅为我们自己,也是为人类保护文化的多样性。

我们的文化虽然不是人类共有的,却是人类共享的。我们保护自己文明的同时,也在为人类保护一份巨大的、珍贵的、不可替代的财富。

过好"文化遗产日"

今年六月的第二个周六是我国的"文化遗产日",也是第一个"文化遗产日"。由此,我们这个创造了灿烂文明的华夏民族要一年一度地纪念祖先留下的文明遗产了。

遗产日始于二十年前先发现代化的欧洲国家。这一天,全社会想尽办法通过对遗产的亲近来重温历史,感受先人,体验其中本民族的精神个性和文化之美,从中获得无上的光荣和自豪。最早确立"文化遗产日"的是法国,在这一天,全国有一万多个名胜古迹和博物馆免费向公众开放。遗产日是一个社会生活的主题日,就像"植树日"、"消费者日"、"戒烟日"一样,但对于酷爱文化的法国人来说,它更像一个文化节。每年将近六分之一的法国人会自动参加这个文化的盛会。

在尊重和热爱历史文明方面,中国人是决不会缺席的。近几年来,已经有一些省市开展了"文化遗产日"的活动。由中央美院、北京大学、清华大学等几十个大学自发地举办的"青年遗产日"已历时四年,加入其中的大学愈来愈多愈踊跃。这一天,学生们怀着一种神圣感参加对先辈留下来的文化遗产的纪念。他们为知名学者摆设讲坛,自己也发表感想与见解;他们还举办各地各样的民间艺术展览,邀请杰出的民艺的传人到校园来演示,或者结队去造访古迹与田野采风。"青年遗产日"直接推动了一些大学的非物质文化遗产研究组织的建立。今天，政府适时又及时地将六月份的第二个周末确定为全民的"文化遗产日"，这表明国家对文化遗产的高度关注，并希图在经济全球化带来的文化同质化的浪潮中，全社会都来自觉地珍视文化遗产，以保持中华民族的精神传统和文化个性与身份。

我之所以说"及时"，是因为我们已深切感受到全球化负面冲击之猛烈。似乎在不知不觉之间，曾经千姿百态的城市已经被我们"整容"得千篇一律，大量的历史记忆从地图上被抹去，节日情怀日渐稀薄，大量珍贵的口头相传的文化急速消失。但我们究竟是东方的文明古国和大国，对文化的命运是敏感和负责任的。近几年，从政府到民间开展了大规模文化抢救和保护的行动。由加紧制定文化遗产保护法、全方位的田野普查到国家非物质文化遗产的审定与编制。对文化遗产的关爱直接体现一个国家及其社会的文明高度。只有当人类进入现代社会，才会把前一历史阶段的文明视作遗产而倍加珍惜。所以说，珍视遗产是现代文明的重要标志。

"文化遗产日"正是在这一高度上确立的。它既是全面、整体、谐调发展观的具体体现；也是全球化时代先进的文化观必不可少的内容。

在"文化遗产日"刚刚确立的日子里，我们首先应该做的是普及的工作，告诉大众什么是文化遗产，遗产包括哪些内容。什么是物质文化遗产，什么是非物质文化遗产，这些遗产的价值在哪里。应当更多强调文化遗产中深在的精神价值，包括历史的、见证的、文化的、研究的、情感的、审美的价值等等。只有人人明白了这些价值，才会自觉地爱惜和保护。同时也要介绍怎样做才能保护好它们，以使我们的子孙永远拥有并享用着这取之不尽的巨大的文化财富。

当代人和这些古老的遗产是有隔膜的，特别是站在工业时代里的人们，必然与正在消解的农耕文化相去日远。然而沟通当代人与遗产的方式可以是多种多样的。已经被各国使用的方式很多，包括游览名胜古迹，乡间采风，参观博物馆，访问杰出的传承人，专家讲座，电视展播和知识问答,以及各种各样的画展、音乐会与民间的故事会等等。比如在今年的遗产日里,北京将举行大型的文化遗产特展,在一些公园内,各种迷人而珍稀的民间艺术会展示在人们面前,此外,还要通过"民间守望者奖"的颁奖仪式,向公众推荐一些数十年默默地守护在田野而鲜为人知的文化志士,这些活动都是为过好遗产日而特意安排的。在这一天,引导孩子们参与遗产日活动则必不可少。一个民族不管创造了多么灿烂的文明,倘若不被后人珍视或忘却,便等同于无。

"文化遗产日"是全民性和全国性的活动日。我们的文化一方面博大精深,一方面灿烂多样。从各个城市到每一个乡镇,都要采用各种方式纪念与弘扬自己的遗产。为了过好遗产日,需要社会各界与公众的广泛参与,政府的一切文博单位都应免费开放。"文化遗产日"是公益性的文化日,商家参与也要本着公益原则,不从中牟取利益,以展现中国人高贵的文化情怀。这样才能避免"文化遗产日"的商业化,以保持其精神的纯洁与神圣。

遗产日是一个人为的主题日,落地生根需要靠全社会的精心培育。如果机关、学校、企业、社区都能积极加入,把遗产日作为提升全社会文明高度的一天,当代中国将会更加赢得世界的尊重。

我们每一个公民都是这一天的主人,都有责任为这一天尽力,也有福分享受这一天独有的精神和文化的快乐,以使我们的文化遗产在今天开花,在明天结果。

要请人文知识分子参与城市构建

从中国的城市史上看，当代的城市建设的规模是空前的。由首都到各地省城，乃至一个个边陲内地的县城，都在展开一场翻天覆地的新的"造城"运动。有些城市的更新是地毯式的，甚至是重建，这在世界上也称得上"绝无仅有"。

于是一个个新的城市形象已经显现出来。它靓丽、清新，富有活力；同时，问题也暴露出来：缺乏个性，直白浅露，千城一面。为什么？

我想，这由于当代城市的构建者主要是官员、开发商、技术知识分子，很少有人文知识分子的参与。

究其原因，还是我们对城市的偏见造成的。长期以来，只看重城市的使用功能，只看它物质性的一面。比如城市的居住、办公、交通、水电、商业网络——当然，这些都极其重要，必不可少。但城市还有精神性的一面，即它的个性、历史、传统、习俗、记忆，以及特有的美感。但在城市的"改造"中，由于片面地服从城市功能的需要，忽视了它精神的内涵与价值。它的面貌被破坏，风俗瓦解，传统中断，大量珍贵的记忆被抹去，个性和个性美也就消失了。同时，在新的城市建设中，由于没有人文知识分子的参与，便很少关注历史文脉的延续，很少从精神内涵和审美特征上把握城市的整体。官员关注的是城市的使用功能，城市的现代效率，改造城市过程中对GDP增长的刺激，这中间还免不了政绩的需要。开发商关心的是攫取地皮，盖房卖房，愈快愈好，愈新鲜愈好销；技术知识分子则缺乏人文视野与思考，这就不免陷入一味地追求时髦和简单的相互抄袭。这便是当前中国城市趋同化与粗鄙化的症结。

人文知识分子了解历史文化及其价值，知道城市的精神个性之所在，能够在"城市改造"中不可避免地对历史遗存的取舍中做出最佳判断，尽量少犯错误。

由于人文知识分子在城市构建中不是决策者，最多只是征求意见的对象，他们的意见便是可有可无，有时甚至被视为"噪音"。

这也是当前——人文知识分子焦急万分地呼吁，历史遗存照拆不误，城市个性快速消失的缘故。

城市是一个整体。它由物质的城市和精神的城市和谐地融为一体，缺一不可。只重功能，不重精神，最终就会变成"头脑简单，四肢发达"的现代怪物。在城市现代化过程中，既要加强、改善和优化它的各种使用功能，又要保持它的历史精神、文脉、个性的美和魅力，以及深厚的精神内涵。社会的推进是和谐的推进，不能片面地粗糙地冒进。因此说，人文知识分子应参与到城市的构建中来。人文知识分子要主动参与，担负起这一时代的文化责任，同时——一个文明古国和文化大国的城市构建不能没有人文知识分子，应该把他们请到决策的位置上，不是只请他们"发表意见"，而是使他们能够在城市和谐和整体的发展中真正地起到作用。

关于加紧抢救少数民族濒危文化的提案

我国有55个少数民族，他们遍布全国，经济多样，生存环境各异，社会历史阶段和经济发展基础不一，其文化底蕴深厚，特征独具，相互迥异，夺目迷人。少数民族为灿烂多姿的中华文明的形成和发展做出了不可磨灭的贡献。他们的文化是中华文明的重要组成部分，是人类文化宝库中的珍贵遗产，也是各个民族安身立命之根本，是他们的身份与独自的民族精神之所在。

由于历史与地理条件等诸多原因，少数民族的经济和社会长期滞后，人民生活相对贫困。在经历新中国建设特别是改革开放以来，始入崭新的发展时期。特别是随着国家扶贫力度的加大，西部大开发的推进，少数民族地区的经济、生活和社会正在发生空前的急速的翻天覆地的变化。这是人民企盼的，也是历史发展和进步之必然。但也要看到，在这巨大的变革中，他们民族的传统与文化面临着濒危与消亡，值得我们特别关注和着意应对。

当前，在强大的经济一体化浪潮中，面对着来势迅猛的西方化、汉族化、单一化、消费化，处于弱势的少数民族文化无力应对，只有随着潮流改变自己。很多富起来的地区，少数民族传统民居已经被"小洋楼"取代，民族服装及服饰及其工艺日渐式微。由于没有相关的保护法规，古董贩子乃至外国人在少数民族地区肆意廉价地搜寻宝贵的文化遗存。愈来愈多的少数民族的年青一代外出打工，远离自己的传统。不少地方听唱史诗的已经不是年轻人，而是旅游者。学校教育很少有民族文化内容，青年人对自己的文化传统缺乏必要的知识，缺少必要的感情。民间文化的传人——老艺人、匠人、歌手、乐师、舞者、故事家、民俗传人相继去世。很多经典文化已经无人传承。如今，民族语言在不少村寨已不复使用。一些民族语言（如赫哲语、满语、塔塔尔语、畲语、达让语、阿侬语、仙岛语、苏龙语、普标语等），会使用的都不超千人。随着最后一个鄂伦春人的迁徙和定居农区，他们的狩猎文化至此终结。这些形成于成百上千年的民族文化板块正在瓦解与松散。

　　在今天这样一个高速发展的时代，如何抢救和保护少数民族文化是一个历史性的大课题，也是全世界都没有找到最佳方案的大挑战。但是如果不加紧抢救、记录、保护，就是对历史的犯罪，有悖于当今国际对待文化遗产的文明观，有悖于先进文化建设的性质规定，有悖于民族平等的社会理想，故此建议：

　　1. 加快我国非物质文化遗产的保护立法。立法保护的重点应是少数民族文化。

　　2. 民族区域自治地区的现代化要持之以整体的和谐的发展观。要把保护和发展民族文化作为衡量该地区官员政绩的重要内容。国家要加大民族地区濒危文化抢救和保护的财政投入。

　　3. 我国民族多，文化繁多，在保护上不能项目化，而应该体系化。项目保护是枝节保护；体系保护是整体保护。故建议由国家民委牵头，建立国家性权威的中国少数民族文化数据库，以图片、文字、录音、录像多种技术手段，综合地存录民族文化资料。各民族自治区域应制定文化抢救方案和保护体系。选择一些少数民族自治区域做经济、文化、社会协调发展的试点。取得经验，进而推广，逐步形成严格、严密与科学的中国少数民族文化保护体系和民族发展的科学模式。

　　4. 对一个小民族的迁徙，一种重要民族文化形式的消失，乃至杰出民间文化传承人的故去，都要给予极大的关注，应做到事前有紧急抢救，即及时开展抢救性记录、调查和整理。有关部门应在财政上给予保障。

5.设立少数民族文化抢救基金。募资并资助少数民族文化重要形式的抢救,并唤起社会各界对少数民族文化的关爱、尊重与保护。

6.在全国各地学校教育中开设有关我国各少数民族的文化成就与重要特征的课程,增进民族间的学习与了解;在民族区域自治地区和少数民族较集中的地区开展本民族或多民族文化知识、形式的学习与鉴赏,传承民族文化,培养民族情感,强化民族审美。应该组织好此类教材的编写,使之具有科学性、文化性、可读性。

7.确定和设立"少数民族文化遗产日",借此开展综合性的关涉各个少数民族文化的宣传展示活动,提高少数民族传承自己文化的自觉。

8.建议由国家民委牵头,定期组织高层次、多部门、多学科的关于少数民族地区文化和经济协调发展的研讨;研究与探索现代化进程中文化保护与经济发展、传统文化与现代文化和谐发展之路;研究民族民间的建筑、服饰、生活用具的设计与民间工艺的发展关系,以使民族文脉循序进展。

当前,我国少数民族文化受到冲击的趋势正在日益加大,濒危是全方位的,抢救和保护已是刻不容缓。少数民族文化不能最终只是一种旅游资源。他们的文化是其民族的根本,失去文化便意味着民族的消失,故此希望国家从事关少数民族兴衰存亡的角度考虑这一十分紧迫的工作,尽快制订计划与措施,变被动为主动,使中华民族各民族的经济与文化共存共荣,交相辉映,永葆中华文明的灿烂多姿。

要想到建立汶川地震博物馆

面对大地震，当前最要紧的事是抢救生命和救助灾民，然而从未来着眼，要想到建立汶川的地震博物馆。

汶川大地震无疑是百年来罕见的大自然的灾难。建立一座博物馆首先是要见证这一灾害的巨大破坏力，见证这一悲剧的事实。无论在地震学、地质学、建筑学还是科学地抗震救灾方面都有重要的价值。更重要的是，它将见证当代中国人面对这一特大灾难表现出的特有的气质与崇高境界；它将坚实而鲜明地记忆着中国人勇敢、坚韧、博爱、团结和神圣的生命情感。这是我们这一代中国人伟大的精神创造。博物馆能将其珍藏，使其发扬。

世界上有一些非常著名的灾难博物馆，永远记载着历史上的天灾人祸。人祸方面如日本广岛的原子弹灾难博物馆、"二战"留下的奥斯威辛和毛特豪森集中营、南京大屠杀纪念馆等等；天灾方面的如意大利的庞贝遗址博物馆和唐山抗震纪念馆等。灾难博物馆不是展览痛苦，而是记忆着人类的命运及其表现出的生命的顽强与人性精神。它使人们认识自己，保持清醒，从中自警，或自我激励。

我想汶川地震博物馆应建在地震原址上；在结构方面主要应包括三部分：一是留下一块能够经典地显示灾难强度的废墟，二是一座式样独特的博物馆；三是抗震救灾纪念碑和遇难者人名墙。

2008年在汶川地震灾区

　　大量典型的地震与救灾的见证应陈放在博物馆中，无论是实物，还是音像。比如：一座震毁的小学校受难学生成堆的书包，那位把遗言留作短信的母亲的手机，大大小小写着失踪亲人姓名的纸板，遇难者名单，砸垮的汽车，压断了的担架，挖掘器械与生命探测仪，总书记在余震中讲话的录像，总理穿过的橙色的救生坎肩和向群众喊话的话筒，伞兵的伞，血迹斑斑的迷彩服，各地救援物资与各国救援队，野战医院的标示牌，航拍的地貌图，来自世界为灾区手写的捐款单，以及无以数计的震撼人心的照片与录像等等。

　　在整个大地震和救灾过程中，一切不能遗忘的实物与资料都将在博物馆构成永远的可视和可感的历史。历史，不仅是站在今天看过去，还要站在明天看现在。今天的一页终要翻过去，但我们要把今天的真实的情感与精神高度传到下一代，这便是建立博物馆的目的。

　　我之所以现在提出要考虑建立汶川地震博物馆，是希望有关方面（比如文博界）现在就要动脑子想一想应该怎么做，并开始收集具有见证意义的细节。许多珍贵的见证物往往认识不到就会丢弃。有些事办起来要有先有后，有些事必须及时地去做。如果事后才想到，从博物馆角度看，无比充实的现实就会因为缺失细节而变得有限与空洞。

　　我想，将来的汶川地震博物馆一定会为我们的后代永远地留下这个黑暗又光彩的今天，它将成为中国人心中一份沉甸甸继往开来的精神遗产。

建议国家确立文化建设立体的战略结构

国家提出文艺要大发展大繁荣，十分必要和重要。人民经济生活日益提高，对文化的需求辄必日渐迫切。但我们不能把大发展大繁荣当做一句口号，必须有具体措施，更要有明确的战略。当前我们的文化问题是结构不清晰，各种各类文化混淆一起，比较平面化，在对其支持上难以构成有效机制，好似无从下手，甚至看不清当代国家文化形象。问题的症结是缺乏立体而清晰的文化建设的战略结构。

我认为理想的国家文化建设的战略结构应是金字塔型的，它分为塔尖、底部和中层三部分。

一个国家的文化必须有它的峰顶，就像金字塔的塔尖。它标志着一个国家的文化所达到的时代高度，彰显着一个时代文化创造的极致，表现着一个国家真正的文化实力。它在全民心中应具有值得自豪的位置。这个塔尖是被一批卓越的文艺大家、艺术精英及其经典作品表现出来的。当然也包括国家级的文化艺术机构、设施和历史文化遗产。国家要对这个攸关国家文化形象与高度的塔尖大力投入，不能任由市场操作。在大力支持这个塔尖的同时，还要建立一整套机制和管理办法。如建立国家文化人才数据库、建立国家文化发展基金，设立荣典制度，并将这一层面的文化作为对外文化交流的主体。养护和加强这个塔尖是国家文化建设的核心。

金字塔的底部是大众文化。现在大众文化已经商业化了，成为大众性的商业文化。它有其自身的规律，应由市场调节。国家对这个层面的文化的主要责任是管理，既是市场管理，也是文化管理。市场管理是使市场良性和有序；文化管理是保持其活力与健康。

处在金字塔中层的是中档文化，它处在底层与塔尖之间，但在任何文化发达的国家，它都是大量的审美存在和欣赏存在。它的范围是根据每个国家人民现有的欣赏水平确定的。然而从通俗的大众文化走向中档文化，是一条提高人民欣赏水平与审美品格的必由途径。国家和各级地方政府应抓住中档文化，积极支持与推进，对于提高整个民族的文化素质是重要的一环。

国家的文化格局不应是平面的。长期的平面化并商业化，其结果必然是遏制人才的出现，国家的文化形象模糊不明。没有文化的大战略就不会有文化的大繁荣，故此建议国家的文化建设考虑一个清晰和立体的战略结构。

关于春节假期应向前挪一天的提案

　　多年来,春节放假一直是由初一至初七,前后七天。我们已经习惯了这样的假期,因此年年必然都会感受到一种别扭,便是除夕那天由于尚未放假而忙得人仰马翻;但到了春节假期的最后一天(初七),又闲得无事可做,甚至会觉得乏味和无聊。

　　为什么年年过年都是这样开头紧张,结尾淡而无味?究其根本,乃是春节的放假没有遵循民俗习惯、节日内涵和人们的文化心理的缘故。

　　春节是中国人传承了数千年传统的节日。在农耕时代,人的生活节率与大自然的四季是同步的。年预示着新一轮的开始。过年最重要的生活与生命的意义便是"辞旧迎新",也就是送走过往的一岁,迎接姗姗而来的新的一年。于是对往日的怀念,对意外不幸的担忧,对新生活的憧憬与企望——这些心理与情感,全都集中地表现在过年的这几天里。

　　在春节这几天中,正月初一,元旦之日,新春伊始,固然重要,但除夕这天,似乎更被中国人所看重。因为从时间上看,只有除夕这天,才更具有辞旧与迎新的意味。

　　故而在这一天,身在天南地北打工做事的人全要赶回来,全家老小聚拢一起,以美食美酒助兴,相互祝福,享受亲情,共度这个一年一度的"辞旧迎新"的时刻。

　　为了过好这个隆重又非凡的日子,各种准备工作从腊月二十三

（或二十四）就开始了。全国各地都有歌谣，合辙押韵地道出哪一天要做什么。为了过好年，人们要不断地往节日里增添力气，以表达对生活的热情与希冀。

从年俗上说，除夕这天就是"年"。中国人把这天亲热地称作"大年三十"。这天绝不只是吃一顿"年夜饭"，年夜饭不过是除夕的一出重头戏，还有许多必不可少的大活动都要在这一天进行，从敬祀祖先、年夜守岁，到子夜时分燃放炮竹。而这一天最令人欢悦和感动的还是以家庭为中心的人间团聚。不论是男女老少一起忙碌着年夜的酒饭，还是在寒风中终于点燃了烟花的药捻，年的高潮、年的情怀，以及最深切的年味都是在大年三十这一天。

因此说，这个真正属于"年"的日子不放假，有点不合情理。近年来，每逢除夕，许多单位的领导和老总都注意到"以人为本"，格外开恩，早早收工，叫职工们回去"忙年"了。尽管如此，法定不放假的除夕之日，还是叫人感觉"皮肉不合"，紧迫又忙乱。

再有便是春节假期的最后一天——初七。待到长长的假期到了这天，该去拜年的已经全拜过了，大小聚会也转过一轮。倘若忽然想起哪位熟人，反倒不好去上门拜年了，怎么挨到初七才想起人家来呢？在传统年俗中，初五之后，生活进入日常状态，商家全都开市，谓之"破五"。到了初七就更没有什么大节目了，实际上已经无年可过。于是这天就成了春节假期的"垃圾时间"，变得可有可无。这样的假期还有意义吗？为什么还要放假呢？

为什么不把春节的七天假期向前挪一天——从大年三十放到初六？这样，人们既可以把除夕过得更充分、更从容，也更尽兴，还可以割掉年假中那条无用的长尾巴，使整个春节紧凑又饱满。

如今，我们已经将春节列入我国首批非物质文化遗产。

节日遗产不同于艺术遗产。艺术遗产的传承者是艺人，节日遗产的传承者是全民。这个遗产的保护是设法使大众永远把节日过得有滋有味。那就首先要遵从文化的规律，顺乎民情表达，合乎年俗内含，才能使优秀的传统文化得到真正的弘扬。

关于文化遗产的产业开发要通过专家审定的提案

近年来，在各级政府和各界人士的共同努力下，大量的珍贵的历史文化遗存被列为国家或地方的文化遗产名录，这对于中华文明的传承自然是功莫大焉。然而，在市场经济的社会中，进入了国家名录的文化遗产，就大大增加了经济的含量与附加值，对其利用、开发和盈利当属必然。这就形成了眼下争相对文化遗产进行产业化的热潮。

文化遗产的产业化主要包括两方面：一是历史名城名镇和历史街区的旅游开发；一是非物质文化遗产的商业运作。

应该明确地说，产业化有助于公众接触、享受和认同自己民族的传统文化，有利于集体和精神上的文化传承，这也是文化遗产在市场经济时代继续存活乃至发展不能绕开的途径。在产业化过程中，文化遗产的拥有者和传承者及其所在地区都会获得经济效益。在国家经济发展中，它在拉动内需方面还有着巨大的潜力和空间。对于某些地区甚至可以成为支柱性产业。

然而，很多地方由于对文化遗产的文化内涵与特性缺乏认识，只将其作为一种产业资源，甚至简单地与地方政绩和经济收益挂钩。往往是某一遗产申报成功，列入名录，便大举开发。把文化遗产开发当做土地开发或矿产开发。而且是开发乏术，随意改造，无度利用，其结果是热闹一时，不仅所获的经济成果十分有限，造成浪费，并对文化遗产本身造成根本性的破坏。其中的关键是,当前这种开发多来自"长官意志"和开发商的商业策划,既没有专家的参与和严格的审定,也没有专家的文化智慧和科学眼光,故而陷入一种比较盲目、粗鄙和急功近利的状态。即使有个别专家被请去出主意,最终也是官员拍板和开发商说了算,这无论对于文化开发还是文化保护都十分不利。为此建议:

一、凡列入国家到地方各级名录的文化遗产,都应建立专家委员会或专家组协助政府相关部门进行管理。特别是要把对文化遗产的产业开发的审定与监督列为专家组的实质性的工作内容。

二、任何部门对文化遗产的产业开发(大到一个古村落,小到一种民间手艺)都必须有严格的规划,这些规划必须经专家组签字批准方可进行开发。产业开发的部门必须同时承担对遗产保护的相关责任。遗产的产业开发是有科学界限的,这些界限和条例应由专家组制定,政府管理部门实施。从积极主动的角度上说,产业开发部门在拟定开发规划之时,就应请专家阐述其文化特性及价值,贡献创意。因为文化遗产的开发策划不只是商业策划,更是文化策划。

三、在产业开发和运行过程中,专家组要进行跟踪监督。凡违反遗产保护原则的操作,都应通过政府管理部门予以阻止。

四、有一种观点,似乎文化遗产被产业化了,赚到钱,就是得到了重视,起到了作用。这是错误的。文化遗产一旦被产业化,就难免被按照商业规律解构和重组。能成为卖点的便被拉到前台,不能进入市场的则被搁置一旁,比如古村落中的民族语言和民间文学(民间史诗、传说、故事、歌谣等)就是消失得最快的非物质文化遗产。政府管理部门要担负起这部分遗产的保护责任,不能推给企业一了百了。政府要牢牢抓住对文化遗产的管理权,以保护文化遗产的丰富性和完整性。

文化遗产是子孙万代共享的财富,保护永远是第一位的;而从文化的经济价值来看,也是只有保护好文化遗产的原真性,才能发挥文化遗产永久的魅力,使其具有可持续发展的作用,同时使我国的文化产业和旅游产业真正和健康地发展下去。

(本文为《后沟村图文志》而作)

关于建议国家"非遗"名录制定黄牌警告与红牌除名条例的提案

近年来,我国政府对文化遗产的保护力度逐步加强。自2006年开始公布首批"国家级非物质文化遗产名录",2008年又公布一批,现今已有1028项非物质文化遗产进入国家名录,成为法定的国家文化财富。同时各地省市乃至县一级也相继建立了遗产名录,这种由政府建立的多级的遗产名录体系,体现了政府对文化遗产保护的自觉,对于"非遗"保护具有至关重要的作用。

然而,由于一些地方受不良政绩观的驱使,只重申遗,不重保护。一旦申遗成功,即是大功告成;对遗产及其传承人则放置一旁很少过问。既无科学的保护标准,严格的管理措施,也无维护与推动传承的办法。甚至丢给市场,任其开发,致使文化遗产面目全非,造成新的破坏,这样下去,国家"非遗"名录则会发生恶性的质变,渐渐名不符实,问题十分严重。为此,建议"国家级非物质文化遗产名录"和地方各级政府的"非遗名录",效仿世界文化遗产的管理办法,对已进入名录的遗产设立警告和除名机制。一方面,政府主管部门建立专家督察小组,对进入名录的遗产长期监管,定期审核,审核结果要进入遗产管理档案,同时对其保护工作进行专业指导;另一方面,经专家小组审核,凡发现文化遗产因缺乏保护或过度开发遭到破坏者,进行警告,责其改正。对于已遭到严重破坏,改变遗产本质,传承中断者,则予以除名。

这样,不仅可以加强遗产管理的约束力,明确遗产保护必须遵循的科学尺度,同时维护国家文化遗产的高贵性、纯洁性和严肃性,以使遗产始终作为中华文化的精华,惠及当代和传之后代。

文化诘问·第四章

年画艺人的口头记忆

随着当代社会由农耕时代向工业时过渡,一个崭新的学科被人文学界所关注并快速升温,其学术充满活力和魅力,这个学科就是"非物质文化遗产学"。

然而,由于社会转型,遗产濒危,此学科从一开始就面对着强大的时代性的压力——抢救,即抢救大地上随处可见又日见凋蔽的民间文化遗存。抢救最关键和最首要的工作是田野调查。田野调查对象的重中之重是非物质文化遗产的主要载体——活着的传承人。于是,广泛应用在人类学和社会学中的口述史方法,便顺理成章地被拿过来,成了非物质文化遗产田野调查最得力的必不可少的工具性的手段。

其缘故:

第一,口述史面对的是活着的人,而非物质文化遗产的主角就是活着的传承人。

第二,口述史是挖掘个人的记忆,而非物质文化遗产都保存在传承人代代相传的文化记忆中。

第三,口述史的工作是将口述素材转化为文字性文本。当文化遗产只保存在传承人的记忆中时,是不确定的,不牢靠的;只有将这种"口头文化遗产"(即非物质文化遗产)转化为文字后,才可以永久保存。

所以说,口述史调查是非物质文化遗产最重要的抢救手段和保护方式。

因而，在始自2003年春天展开的中国民间文化遗产抢救工程中，口述史调查被我们广泛地采用。

中国木版年画的全面普查作为抢救工程最先启动的项目已进行了六年。如今，全国各年画产地的文化档案陆续完成。其中16个产地已列入2006年和2008年公布的"国家级非物质文化遗产名录"。一般认为，只要进入国家"非遗"名录，田野普查即已完成。

然而，产地的普查成果侧重于对传承人集体性的总结。但是，传承人的个人记忆还保存着大量的具有遗产价值的文化材料。于是，设立在天津大学冯骥才文学艺术研究院的中国木版年画研究基地决定承担这一延伸性的口述调查工作，项目确定为"中国木版年画传承人口述史"。此次口述调查的特点是：一、在每个年画产地选择一位至两位具有代表性的传承人，为调查对象；二、个人文本；三、依照抢救工程的统一标准，对传承人调查的内容包括家庭年画史、个人从艺史、地域文化背景、个人擅长的题材与体裁、制作经验等，同时对传承人的个人小传、传承谱系、代表作目录、家藏古版目录，以及地方性的制作术语等进行文字整理，以求全面充分，不留空白；四、充分使用视觉人类学中的影像记录方式，使口述史调查之所获更加丰满和立体。对于这种活态文化的记录，影像手段则尤为必要。

民间文化在世代相传中每一代都有代表性的传承人，他们体现着这一文化形态的最高水准。也可以说，历史活态地保存在他们身上。他们的记忆是宝贵的文化矿藏。故而对这些传承人的口述调查，就是对这一遗产进一步深入地开掘。

此次口述史调查，在整理时分为两步。第一步是将录音转化为文字，保持现场问答的原貌，这些重要的原始资料都已存放在《中国木版年画数据库》中，妥善地加以保存。第二步将上述的问答（对话）材料转化为传承人的个人口述（第一人称）文本，然后配以珍贵照片，以图文形式每产地一人一集或两人一集陆续出版。

这一系口述史文本，将以忠于传承人的口述真实为工作原则，为

每个艺人身上都有一宗宝贵的文化财富

每一个产地重要的传承人建立一份完整的个人化的文化档案。文字的整理工作只是理清顺序与头绪，剪去与遗产本身无关的枝蔓，绝不添加任何虚构的细节。同时，注重口述者个人的语言特点，保持口述的现场感及口述者的个性气质，以使文本具有传承人的生命性。

相信这是历史上首次对中国木版年画各产地传承人的口述调查。它无论在民艺学、民俗学、美术学，还是人类学和文化遗产学方面，都具有标本的意义和文化研究的基础价值。

当然，只有当这次传承人口述史调查全部完成之后，我们才能说，我们这一代人对中国木版年画的历史性田野普查便可告一段落。

是为序言。

背上的一块石头落下来

十天前,驰车去京的路上,忽接到中华书局编辑部主任宋志军先生的电话,他用一种报喜的口气说:"您放心吧,《平阳卷》印出来了。"

《平阳卷》是山西最古老年画产地临汾的文化档案,也是我们为之奋斗了近十年、总数达二十二卷的《中国木版年画集成》的最后一卷,它是这场漫长的苦战最后的一枪。

一瞬间,好似背上一块重石滚落下来,人有飘飘欲仙之感。车轮在高速路面上"刷刷"地疾驰着,很快把我送回到过往十年亦苦亦乐的岁月里。

清楚地记得2002年深秋,在朱仙镇举行中国年画国际研讨会那几天,寒流骤至,空气都好似结了冰。我用自己冻得发僵而不大灵便的嘴巴,把即将启动全国性地毯式文化抢救的信息冲动地传达出来。这是中国文化界面对全球化冲击,坚定不移地将自己的主体文明传承下去的一种积极的应对与出动;我们还决定把木版年画的全国大普查作为龙头项目。

这因为一千年来,年画是所有中国人都必不可少又喜闻乐见的画种,融绘画艺术、雕版印刷、民间文学和民间信仰为一体,它产地众多,风格各异,样式纷繁,技艺高超;而且传承方式多样,既有个人家庭式的传承,又有村落集体式的传承。重要的是濒危。在当时,一些产地的年画差不多进入了临终状态。

当年腊月，遍布九州的大大小小产地那些寒冷的村落里都出现了我们普查工作者三三两两的身影。及至年根那些天，在杨柳青年画传人霍庆有师傅引领下，我带着一个专家小组冒风顶雪走进昔日所谓"家家能点染，户户擅丹青"的"南乡三十六村"。居然在一些村子里，寻访到几位依然健朗的丹青高人。比如宫庄子画缸鱼的王学勤和南赵庄早在一个世纪前就已名传遐迩的"义成永"画店的传人杨立仁。记得走进这些暖烘烘的泥屋时，两手左右交叉地"啪啪"拍去肩上的雪；特别是画缸鱼的王学勤骡棚旁边那间又贫寒又缤纷的小画室，叫我神往地看到了上千年农民们原真的艺术生活。这种痴迷促使我将这只有几平方米的景象奇特的画室，复制到天津大学跳龙门民间艺术博物馆里。

那时，我们没有经费，行动起来更像一些铁杆的文化抢救志愿者。

然而在困难和压力重重面前，志愿者总是快乐大于痛苦。因为志愿者不会是被动地受累受罪，而是主动和心甘情愿地承担。

记得一次奔赴冀中的年画之乡——武强县南部的旧城村，去发掘文化大革命间藏匿在一座老屋顶棚上的古画版。不料赶上大雨，我的脚大雨鞋小，就在鞋子外边套了一个塑料袋，走在泥地里，像初学滑冰。那天收获真不小，发现许多珍贵古版，返回时我和一些年轻人打着伞，身上湿淋淋，沾满泥水，模样狼狈，却哈哈地自嘲："我们是丐帮。"

我们这个"丐帮"有多少人，无法统计。中国大大小小年画产地上百个，大大小小的"非遗"上万项。我们这些人不论阴晴，顶着烈日或雨雪，翻山越岭，穿行大地，走村串乡，挨门逐步地寻访文踪，查找遗存，探访艺人。那时，人们的目光都在花花绿绿的物质世界里。我们究竟为谁工作，人们能理解这件事与他们有着深刻的关联吗？我们到底是为过去抑或将来而做？一次，王志在他的《面对面》节目中问我："你说的这种事有报酬吗？"我说："没有。"他用他贯常的诘问的口气问我："那谁和你干？"

志愿者——但我没说。

因为我明白,这种志愿者可不是一时一事,而且不仅仅要吃苦受累卖力气——

在中国文化史上,从来没做过这种划时代总结性的文化大普查,没有前人现成的经验可以凭借;尤其是"非遗"调查更没做过,因为"非遗"主要承载于人的记忆与行为中。应该怎么调查,调查什么?于是,我们给这次文化普查——比如年画,设计了十个方面的调查内容:村落习俗、历史遗存、题材体裁、工艺流程、工具材料、画店艺人、传承谱系、经营方式和相关的民间传说等。这就必须从民俗学、人类学、历史学和美术学来进行多学科多角度综合的调查与研究,并且要在传统的调查方式——文字与拍照中,加进去音像记录的手段,才能将活态的"非遗"保存下来。然而,这种专业素质要求很高的工作带来的问题是缺少专家。尤其年画是人们的自发文化,产地原本是没有专家的。

这样的困难没人能解决,只能由我们承担下来。针对的措施是编制普查手册,制定规范、标准与具体要求,然后是人员的培训和专家的配备;特别是整理档案时,还免不了一次次反反复复甚至是推倒重来的修改。

为了帮助那些专业力量不足的产地,我们必须一次次奔赴到一线甚至田野,从认定、启动到推进和提高。在匆匆奔波中,我情不自禁地把许许多多掠过心头的经历与感受用散文的笔法写下来,从《南乡问画记》到《内丘纸马》,从《大理心得记》到《大雪入绛州》,再到《豫北古画乡发现记》等等。这是写作人的一种本性,凡是心动过的,都要留在纸上。

没料到这些由性随心记下来的东西,帮助我留住那么多美好的场景与氛围,还有真切的话语与表情。特别是我的一些精神伙伴,还有在中华文化大地深深的皱褶里结识到的那些才高艺湛的传承人。比如《探访缸鱼》、《四访杨家埠》、《高腊梅作坊》……我还把汶川地震后专程去绵竹看望那里的南派宗师陈兴才老人时的所感所思、也化为文字,放在《废墟里伸出的绿枝》一文中。

近十年里，我为年画——仅仅是千头万绪的民间文化遗产抢救中的一项付出了多少精力？没法计算。反正经我手修改过的各产地的文化档案的稿纸堆在书房一角，应是一部大长篇的体量，还不算为它南来北往用去的时间。我对《中国艺术报》的向云驹先生——他原是中国文化遗产抢救的负责人之一说，这十来年间，咱俩之间单为年画抢救这一项打的电话至少上千个吧。

于是，不断有朋友问我，你把时间与精力不放在写作或绘画上到底值不值？

我说："没法比较。这是完全不同的两件事，一件是个人的，一件是民族的。"

今年三月，中央电视台记者裴斐来访，说她不久前去"5·12"汶川灾区一趟，见到了绵竹画师陈兴才老人。老人说他想念我，希望我去看他，并托她捎来他一对也手绘的文门神《如意状元》，所绘人物之端庄富丽，色彩之独特优美，叫我又感受到绵竹年画那种特有的炽烈又迷人的地域魅力。我曾在绵竹为他们写字，赞美他们的年画："土中大艺术，纸上剑南春"。

这次，我用小楷把与陈兴才老人这段交情题写在门神画上，装好镜框，悬于书斋；静心欣赏之时，想到近十年我们这些志愿者为年画使尽心思所做的各种事。如今大多产地的年画都已复兴。在生活迅急现代化的嬗变中，历史上"生活的年画"正在转化为现代社会的"文化的年画"，开始重新返回到国人的生活里。在这个过程中，我们没有叫它因时代更迭和社会转型而消亡。我们还实实在在、有头有尾地做了一件事，用二十二卷图典大书和各大产地代表性传承人的口述史，为农耕时代中国木版年画做了总结性和档案化的全记录。

此刻，这件事做完了。最后完成的总是最难攻克的，肩上一块石头陡然地落下来，身子真的轻了吗？掂一掂膀子——好像还没有，落下来的石头只是一块而已，还有几大块沉甸甸压在上边呢。

我们为中华文化做了一件事而尤感欣慰

今天有一种很美妙的感觉，我们在春天里有一种秋天那样的收获的感觉、收获的气息和收获的喜悦。我们历时九年的对中华民族宝贵的文化遗产——全国木版年画的抢救、普查和科学整理，终于画上一个圆满的句号，这便是摆在我们面前的这二十二卷的洋洋巨著。

20世纪末，中国社会面临空前的、急剧的转型。这个转型是急转弯式的，甚至有时是翻天覆地的，它给我们古老的文明的当代传承带来巨大的冲击，但是中国人在文化上从不滞后，我们的知识界有清醒的文化自觉和敏锐的文化先觉。在21世纪初，我们的知识界、我们的文化界，特别是我们的中国文联，及时地发起一场强有力的文化应对——中国民间文化遗产抢救工程。2002年，这一场空前的、全国性的、地毯式的、超大规模的文化抢救和保护，得到了中宣部的批准和有力的支持。

多年来，我们党和国家的领导人给我们很多的鼓励、关切和支持。文化部、其他国家部门还有党派——民进中央，给了我们很大的支持。我愿意代表中国的民间文化界向我们的领导同志、领导部门和支持我们的地方的相关单位和相关人士，表示衷心的感谢！

在我们这次各地区、各民族千头万绪的文化抢救和保护中，我们当时把木版年画确定为龙头的项目。现在我们可以想一想，我们为什么把它确定为龙头的项目？因为在农耕的社会，生活和生产的节律和大自然春夏秋冬的一轮儿是同步的。春节作为除旧迎新的一个节日，它最强烈、最鲜明地表现人们的精神理想、生活愿望和审美需求，以及终极的价值观。在春节里，年画是一个重头戏，也是春节的必需品。一千年来，别的画儿，老百姓他可以不喜欢，对别的画种，甚至他可以拒绝，但年画是必需的，是所有中国人必不可少和喜闻乐见的画种。它人文蕴含之深厚，民俗意义之鲜明，信息承载之密集，民俗心理表现之深切，是其他民间艺术很难比拟的。当时我们选择年画作为龙头项目首先是这么考虑的。

再有，它遍布全国各地，由于我们的文化板块不同，历史、自然环境的不同，民族的不同，地域的不同，各地年画形成了多元、灿烂的风格，而且都鲜明地反映各个地方独特的人文特征。

第三，它是绘画艺术、雕版印刷、民间文学、民间戏剧等多种文化和艺术的融合。它的制作手段的高超，它历史所到达的高度，也是很难有其他的艺术跟它相比。

另外，它在传承的形式上，既有个人的、家族式的传承，也有村落的、集体的传承，它的传承样式是最多样的。

最重要的一点，它是濒危的。在我们动手做民间文化普查的时候，在做年画普查的时候，不少产地实际上都处于风雨飘零的状态，甚至都到了灭绝的边缘。所以我们当时有一个观点，就是我们的抢救工程强调以濒危优先。

因此，我们当时选定了年画。我想，跟我们做了九年、十年这些工作的同志，都能想到当时的思考。

选定了之后，很重要的问题，我们需要总结的，就是科学设计。因为我们历史上从来没有对我们自己的文化做过这种时代性的、全面的总结。我们虽然有举国体制的优势，但是先人没有更多的经验供我们凭借。这是我们需要解决的问题。还有，过去我们把年画、剪纸这些艺术，一般来讲都作为美术普查，很少作为一个文化来调查。但是这些艺术里面所包含的被我们称作的非物质文化遗产，是一种无形的和非物质性的成分，极为重要。比如说年画遗产，年画遗产相当一部分表现在传承人的两个记忆（技艺）里边，一个是大脑的"记忆"，一个是手工的、技术的"技艺"，这部分是"非遗"的关键，却又是看不见摸不着的、不确定的、流动着的、随时可以变得无影无踪和消失的，我们怎么样把它转化为一个确定的方式保存下来，这是我们需要设计的。我们怎么把它设计出来？

还有一个更重要的——年画大普查是一个龙头项目，它对民间文化遗产抢救等其他项目还承担着示范性的任务。如果我们做得好，做得科学，它可以给别的项目的抢救做一个标准。

我们当时做了几个工作，第一个就是采样普查，第二个是专家论证，第三个是制定统一的标准、规划程序和要求。

这是2003年，当时我们专家做的整个民间文化普查的标准化手册——《普查手册》，学术含量很高。这是历史上从来没有过的。

这是我们当时转年又做的《传承人认定手册》。

我们把这次的年画普查内容分为十部分：第一是村落人文，第二是代表作，第三是张贴习俗，第四是题材和体裁的分类（分类是重要的，因为马克思讲过，任何学科的建立，分类是第一位的），第五是工艺流程，第六是工具材料，第七是艺人和传承谱系，第八是画店的历史状况，第九是经营方式，第十是覆盖的地区，还有相关的民间传说。这样我们才能立体地、整体地把我们的文化遗产全部普查到了，全面做到底了。

这样一来，就需要我们不能用过去那样的简单的美术或民俗的调查，必须是多学科的交叉的方式。它必须是民俗学的、人类学的、美术学的、历史学的等多学科交叉的方式。

在普查的手段上，我们还运用了现代科技提供给的新的工具、手段和方法，我们当时讲"四合一"，文字的、拍照的、录音的、录像的"四合一"的方式，进行立体调查。

这些创造性的、切实有效的文化普查方式后来在文化部做中国文化遗产名录时被采用了。因此说，这是我们这次年画普查首先做出的贡献，应该讲是科学的设计，它和我们专家的努力分不开。所以说，文化遗产的抢救和保护有几个角色特别重要：第一个就是政府，政府是文化遗产的第一保护人；第二个是专家，有专家参与才是科学保护，没有专家参与不可能成为科学的保护。

这次年画普查中，我们把全国各地上百个产地都翻了一个个儿，之后，抓住了二十个大产地和二十个小产地。这个数量一开始是没有规定的，它二十一个就二十一个，它十九个就是十九个。当时凑巧了，就是二十个大产地和二十个小产地。这些产地遍布全国，是中国现在所有活态产地的最后的遗存。

另外有两点特别重要：第一，我们把台南米街的年画和澳门纸马纳入到这次全国木版年画普查里边。台湾学者杨永志先生为此做出了很大的贡献，包括在漳州年画的普查中，他也做了很多的工作。所以我们要对杨永志先生表示感谢。这样就达到了我们最早的目标——将中国木版年画一网打尽。第二，我们中国木版年画在海外有很多遗存，在我们中国人自己还没有把木版年画作为文化的时候，西方的学者从异域文化的角度看到了木版年画所蕴含的特殊的人文价值和艺术性。当时有两个国家是中国木版年画的钟情者，一个是俄罗斯，一个是日本。大家可能都知道俄罗斯像阿列克谢耶夫这一批19世纪末20世纪初的木版年画专家，他们在中国收集了大量的年画。他们等于替我们预先保护住了一大批文化遗产，至少六七千件年画的珍品现在保存在俄罗斯众多的博物馆里边。还有日本学者，在清代早期到中期，就是由康熙到乾隆年间，把特别重要的姑苏版年画保留下来了。我们国内的博物馆基本上见不到姑苏版，我们必须要请俄、日两国的学者帮助我们，使我们这次遗产普查成果得以全面地、充分地呈现，得以将中华民族先辈留下的这些宝藏一揽到手。这两国的学者为我们做出了非常大的努力，他们几乎跑遍了俄罗斯和日本的博物馆，还有两国不少学者的参与与协助，才有了《日本藏品卷》和《俄罗斯藏品卷》这两项重要的沉甸甸成果的面世，这在世界上还是首次。

我们的普查是全方位启动的，从2002年到现在一共九年。我们

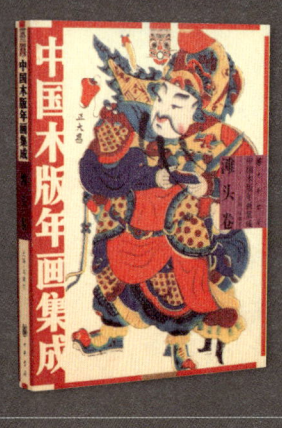
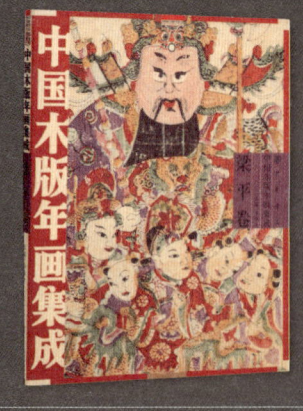
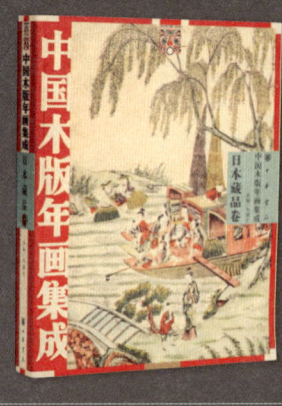
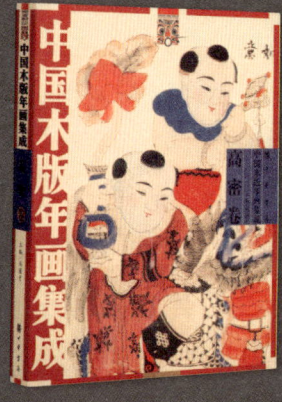
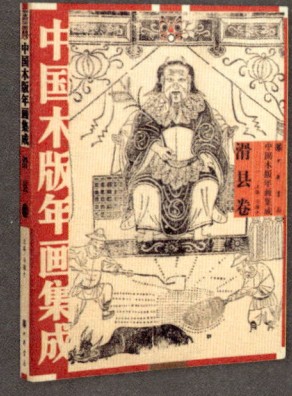
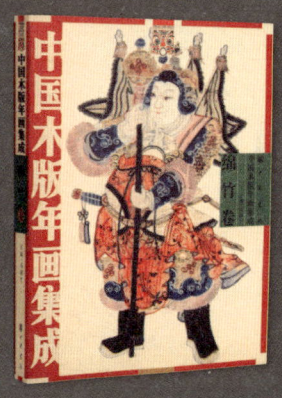
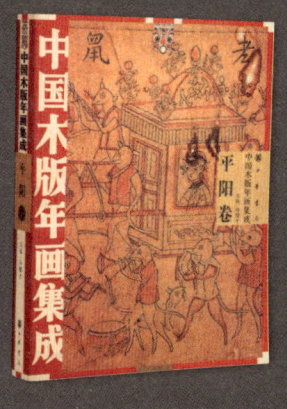

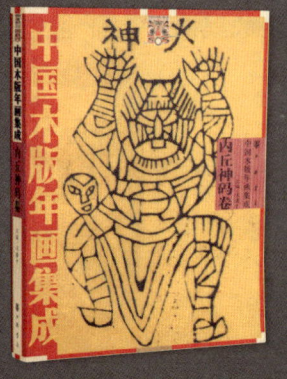
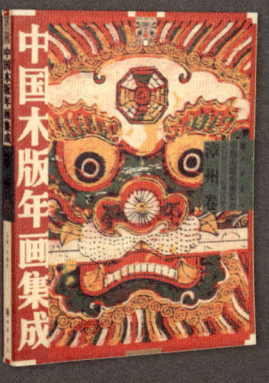

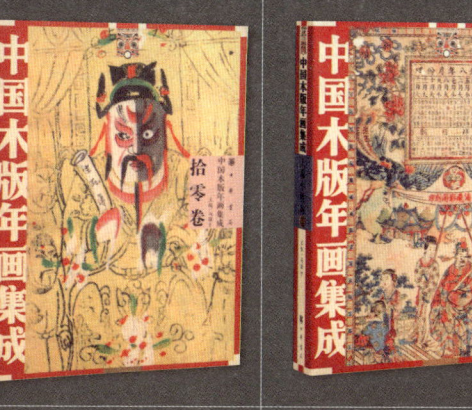

《中国木版年画集成》二十二卷的封面

杨家埠卷　平度　东昌府卷
潍头卷
武强卷　绛州卷
梁平卷
内丘神码卷　朱仙镇卷
日本藏品卷
漳州卷　佛山卷
高密卷
拾零卷　杨柳青卷（上·下）
滑县卷
上海小校场卷　桃花坞卷（上·下）
绵竹卷
云南甲马卷
平阳卷
凤翔卷
俄罗斯藏品卷

《中国木版年画集成》二十二卷书影

第一次做,没有经验,也缺少专家,因为大多数的产地是没有专家的。然而,九年的文化实践却使我们在全国各地锻炼出一支队伍,现在可以讲,这支队伍对自己的乡土文化了如指掌,而且充满情感、富有责任感。这支队伍的骨干现在就坐在我们的会场里边。

上周,中华书局的主任宋志军给我打了一个电话,当时我正坐在来北京开会的汽车里,他说冯先生我告诉你,《中国木版年画集成·平阳卷》出版了,这是最后一卷。我当时听了这句话,真感到肩上一块石头掉下来,人一下子轻起来了。我是作家出身,记忆里总是有很多事件,有很多人物,有很多画面,有很多细节,这些都是很感人的。一时间,我想了很多很多,想到九年间风里、雨里、雪里、烈日底下,我们这些同志翻山越岭,在大地之间穿行,来寻访我们先辈留下的遗存。如果没有我们这些人,我敢说,现在你再去找,这些东西已经没有了。另外还有我们中国民协的抢救办出色、坚韧的统一协调,他们进行了数不清的论证、启动、交流、研讨、推动等会议及工作,并不停地调配专家帮助各产地整理档案。当时中央电视台的主持人王志问了我一句话——王志向来的问话都是质问式的——你说中国民间文化抢救很

困难,你们有报酬吗?我说没有报酬。他说如今没有报酬——谁干?可是现在我们可以很骄傲地回答,我们这些同志干!

经过我们这些同志的努力,现在成果出来了,我们实现了预定的目标——就是我们完成了农耕时代中国年画终结式的总结。

有三百万字,一万幅图片,数千分钟录像,还有大量珍贵的年画遗存发现和产地发现,以及全面的盘清家底的普查与总结,我们终于将中国年画这一磅礴的历史遗产,井然有序地整理为我们国家与民族的文化档案。特别将活态的可变的不确定的"非遗"转化为文本与音像档案之后,它将得以牢固与永久地保存。

为此,今天我们将这一成果除赠送给一直支持我们的中宣部、中国文联、民进中央、中央文史馆、联合国教科文组织之外,还要特别赠送给国家档案馆与国家图书馆,使之永久存藏。

我们还特意将它呈送给文化部,不仅是因为文化部支持我们,我们要兑现当初的一句诺言——我们这件事是为国家做的。

我们今天要以表彰的方式感谢每一位为这项工程付出的辛劳,从每一位专家、工作者、传承人,到编辑、出版、设计和印刷工作者。他们的工作是没有报酬的,但他们全然不计个人的辛苦,他们完成这一巨型的文化工程凭着一种奉献精神和对文化最真实的情感。请让我们用真诚的掌声赞美他们、感谢他们!

同志们,虽然我们在为文化的保护和文明的传承努力工作,但迅急发展和变化中的现实,不停地对我们提出新的挑战。当前,在日益强化的城镇化的热潮中,原有的村落生活发生解体,愈来愈多刚刚整理好的"非遗",又陷入新一轮可能会失去的危机。

然而,积极地、主动地应对是当代文化人的文化姿态,前沿的坚守是当代文化人立身的位置。把历史文明传承下去是用纯金的金子钉在我们心中的目标。责任永远是我们文化行为的原点。

为了中华文明的本色和永葆其强大的生命力与魅力,为了建设新时代新文化,让我们共同地努力、努力再努力!

为未来记录历史
——中国木版年画普查总结

20世纪末，中国社会进入空前猛烈、急转弯式的转型，这种转型甚至是翻天覆地的。它给我们民族的文化乃至文明最大的冲击是传承的断裂，于是先觉的中国知识界发动了一场应时、及时和影响深远的文化行动——中国民间文化遗产抢救工程。

在千头万绪的民间文化遗产的抢救和保护中，一项工作犹如一条红线贯穿其间。它涉及全国、规模庞大、难度颇高，这便是对木版年画全国性地毯式的普查和科学的记录与整理。我们紧握住这条工作线索，由始至终，历时八年，现在可以说，这套巨大并十分重要的中国民间文化与艺术的档案，已经完整和可靠地建立起来了。

面对着它，总结以往，不论对于认识自我，还是坚持信念，更清醒和科学地走好下边的路，都必不可少。

一、思想决定选择

早在2002年，中国民间文化遗产抢救工程启动之前，我们就组织起精悍的多学科的专家小组，在晋中一带对村落民俗、民间文学与艺术进行采样调查，为即将要展开的全国性的田野抢救制定一系列统一的学术要求与标准，并编印了《普查手册》，为将要打响的遍及全国的文化战役准备好工具和武器。

接下来是选择突破口。这突破口具有试验的意义，试验成功了就会成为一种示范。因此，这突破口（即项目）必须具备四个条件：一、全国性，同时具有各个地域风格；二、文化内涵深厚，适合多学科调查；三、传承形式多样，既有个人和家族的传承，也有村落和地区的传承；四、处于濒危，即是紧迫的抢救对象。经过论证，我们选择了年画。

在农耕社会，生活生产的节律与大自然春夏秋冬的一轮同步。春节作为除旧迎新的节日，最强烈和鲜明体现人们的精神愿望、生活理想、审美要求和终极的价值观。年画作为春节的重头戏，其人文蕴含之深厚，民俗意义之鲜明，信息承载之密集，民族心理表现之深切，其他民间艺术难以企及。同时，它遍布全国各地，地域风格多彩多姿，手法纷繁，技艺精湛，又是绘画、雕版、民间文学与戏剧等多种文化和艺术的交汇相融，也是别的民间文化莫能相比的。然而，这一农耕文明时代留下的巨型文化财富，在社会开放和转型中，如遇海啸，被冲击得七零八落；许多艺人在20世纪"文化大革命"间即已偃旗息鼓，放弃画业，大批画版流散到古玩市场，一些昔时声名显赫的年画产地几乎听不到呼吸的声音。它无疑是我们全国性民间文化亟待抢救的首选项目之一。

我们选定年画是在2002年年底。抢救工程计划在2003年春天展开。然而，年画只有在春节来临时才进入一年一度节气性的活跃期。我们必须抓住它春节前规律性的最好的时机启动。于是，我们选择这年十月在河南与当地政府共同举办全国年画联展与研讨会，邀请全国年画专家与名产地相关负责人出席。在会议上传布了我们即将展开全国民间文化大普查的信息，并发动各年画产地为一次全面的、划时代的、摸清家底的田野普查做好准备。

在那次会议上，我们明确地表示"我们要把年画作为抢救工作的龙头与开端"，"我们要将中国年画的遗存一网打尽"！

这不是一个口号，而是一个明确的目标。因为我们已做好学术性的普查方案。

二、科学的设计

由于我们这次普查处于由农耕社会向工业社会的转型期，对于中华文明史前一个阶段的文化创造，它具有一种总结的性质。因此，普查必须注重遗产的完整性和全面性，不能疏漏。特别是民间文化是一种非物质性与活态的遗产，它因人而存在，因特异的人文而存在，因独特的方式与技艺而存在；它不只是一种客观的学术对象，而是一种传统的精神生活，是一种文化生命。

由此反思以往，年画一直仅仅被视做一种单纯的乡土的美术，因而历来多以物质性的年画本身作为调查和研究的主体；如果此次普查仍是片面的美术调查，大部分文化遗产——特别是非物质的成分辄必失去。故而此次普查，我们把一个个产地的地域特质、人文环境、民俗方式、制作工艺、技艺特征和传承记忆，全作为必不可少的调查内容。这种调查是过去很少做过的。为此，我们事先编写了《中国木版年画普查提纲》，将普查内容列为十个方面，包括产地历史、村落人文、代表画作、遗存分类、张贴习俗、工艺流程、工具材料、传承谱系、营销范围和相关传说与故事。这必然超越美术学范畴，而是人类学、民俗学、历史学、美术学等多学科多角度的综合调查。

在调查手段上，除去传统的文字和摄影，还加入录音和录像，以适应活态和立体的记录。同时，口述史和视觉人类学等学科的调查手段也在此次年画大普查中发挥了积极作用。

由于我国年画制作是产地化的，这些产地大大小小分布在我国大多数省份。只有青海、新疆、宁夏和东北地区没有形成规模化和富有特色的产地，其余各省则皆有自己的产地。

此次普查将产地分为大、小两种。产地之大小，不仅根据历史规模和影响力，还要看现有的活态遗存状况。一些产地历史上颇负盛名，但如果消亡太久和过于萎缩，便要归入小产地之列。

所有产地的普查都是翻箱倒柜式的田野调查，严格按照既定的要求与标准，逐村逐户地搜寻。调查前由各省民协按照《普查手册》和

《年画普查提纲》组织人员，进行培训。普查人员由地方专家学者与相关的文化工作者相结合。调查结果要按照程序和标准进行分类、甄选、整理和撰写，并配合影像资料，制成该产地的文化档案。

在总的工作步骤中，第一步是把率先完成普查的《杨家埠卷》精心整理，经专家委员会审核后，先行出版，分发给全国各产地作为普查和编写的范本，以求各产地统一规范与编写质量的一致，这样就避免了后续各卷的参差不一。

最终列入大产地的文化档案包括《杨家埠卷》、《杨柳青卷》、《朱仙镇卷》、《武强卷》、《绵竹卷》、《梁平卷》、《凤翔卷》、《绛州卷》、《临汾卷》、《高密卷》、《滩头卷》、《桃花坞卷》、《平度·东昌府卷》、《佛山卷》、《漳州卷》、《上海小校场卷》、《内丘神码卷》、《云南甲马卷》等。另有《滑县卷》是此次普查的重大发现，过去对于滑县的年画一直未加注意，甚至知之甚微，然而滑县一带历史上是中原地区信仰类年画的重要源头，其画风庄重浓郁，样式独具，特色鲜明，因此另立一卷。大产地的档案凡十九卷，包括二十个产地。山东的平度和东昌府二产地因遗存体量不大，合为一卷。

此外，小产地的文化档案皆归入《拾零卷》中，包括：东丰台、郯城、晋南、彭城、泉州、南通、扬州、安徽、樟树、获嘉、汤阴、内黄、卢氏、老河口、夹江、邳州、澳门、台南米街、江苏纸马和苏奇灯笼画。凡一卷，共二十个产地。所谓小产地，其历史规模不一定小，多数由于现今活态衰微或遗存寥寥，难以单独立卷，只能委身于《拾零卷》中；还有一些产地曾经很知名，却因活态不存或片画难寻而不得已割舍之。

这里需要说明的是，从年画史看，木版年画进入20世纪以来，由于外来的石印与胶印技术的引进，石印的月份牌年画开始出现。石印年画形象逼真，有新奇感，而且印刷快捷，价钱便宜，很快占领了木版年画的市场。可以说，石印年画是木版年画的终结者。这在上海表现得十分突出。为此，我们在《上海小教场卷》加入了石印月份牌年画的内容，以体现年画纵向的历史。

此外，为尽可能地将中国民间年画遗产完整呈现，不存遗憾，另设两卷《俄罗斯藏品卷》和《日本藏品卷》。在海外收藏中国年画的国家中，尤以俄罗斯与日本两国为最。俄罗斯学者对中国年画的研究早于我国学术界，由于他们的远见卓识，大量丰富的历史作品（主要是清末民初的年画）收藏于俄罗斯各大博物馆。日本一些博物馆所藏清代早中期的姑苏版桃花坞年画，如今在我国已极为罕见，日本学者对中国年画的研究也颇有建树。为此，邀请俄罗斯科学院院士李福清先生和日本学者三山陵女士对其两国博物馆及私人藏家的中国年画的收藏，广做调查，并主编这两卷藏品档案。图书中还附录了两国学者关于年画研究的专论。这两卷的年画珍品基本上是首次披露于世，具有很高的资料价值与研究价值，并使我们此次普查成果达到了完美的境地。

由于上述的设计和实行，我们实现了预定的目标——完成了农耕时代中国年画终结式的总结。由三百万字，一万幅图片，大量珍贵的年画发现和全面的文化发掘，构成了这二十二卷巨型的集成性的图文集，终于将我国年画这一磅礴的历史遗产，井然有序地整理成为国家与民族重要的文化档案。从现实意义上论，它成了这些年画产地进入国家与地方遗产名录保护（即政府保护）的可靠与有力的依据；从长远的意义上说，当这种口头与手工性的遗产转化为文本与音像档案之后，它便得以牢固、切确和永久保存。

可以说，记录就是一种保护，甚至是首要的保护。因为记录是为了未来而记录历史。

三、立足于田野

贯穿着长长八年的抢救工作，关键是立足于田野。因为民间文化在田野，不在书斋。它不是美丽和无机的学术对象，而是跳动着脉搏和危在旦夕的文化生命。

始自八年前朱仙镇上的发动，一连串的工作是频繁而不停歇地组织、研讨、论证，然后是逐门挨户地调查、寻访遗存、记录信息、艺人口述，跟着是资料梳理、分类整理、图片甄选与字斟句酌的档案编制，并且不断地回到田野去印证与补充。在中国民协抢救办统一协调中，还要一次次组织各产地之间必要的工作交流，调配专家支持各产地的学术整理与编写，然而这一切都立足于田野。一切依据田野，来自田野，忠实田野，田野也使学术充满活力。

由于田野工作不断深入，我们还逐步认识到传承文化遗产最关键的传承载体是传承人，文化遗产的活力及精华主要在传承人身上。于是从2007年又启动了"中国年画传承人口述史"工作，这项工作由天津大学冯骥才文学艺术研究院中国木版年画研究基地承担。这样，我们再次返回到各个产地，对其重要的传承人进行新一轮口述史访谈。现在，包括十九个产地传承人的口述史也已经出版。当传承艺人的口述史完成，中国大地上的年画遗存基本上被我们打捞干净，完整地抢救下来。正是由于我们始终伫立于田野之中，才能使中国木版年画普查成果达到如此厚重与充分。

中国木版年画普查作为整个工程率先启动的龙头项目，它对整个工程的意义都具有示范性。

由于在文化史上我们从来没有对民族民间文化做过这种划时代的普查与总结，因此无任何经验可资凭借。我们只有对母体文化深挚情怀及其身陷危境中进行抢救的激情，却没有现成的拿来一用的方法。

八年中，木版年画普查的收获，对于整个"中国民间文化遗产抢救工程"都具有示范的意义。特别是如上所述这种思想与文化的自觉、科学的设计和立足于田野。

科学的设计是指根据普查对象的文化本质、规律与构成，所制定的一整套切实有效的普查方法。正是由于这次年画普查的内容、程序和标准设计具有科学性和创造性，才获得如此收获；可以说，我们没有因仓促的行动和学术上的误判留下较大的遗憾。在2009年举行的"田野的经验——中日韩学者研讨会"上，我们系统介绍了这次文化普查的内容设计与方法设计，得到了在非物质文化遗产保护上处于领先地位的日、韩两国学者的赞许与认同。

木版年画普查的科学设计不仅使普查质量得到保证，并广泛应用到其他项目的普查（如剪纸、唐卡、泥彩塑等），还在各级政府"申遗"调查中被普遍加以采用。它的科学性、实效性和示范性对转型期文化遗产抢救和保护起到至关重要的作用，这也是中国木版年画普查的学术成果的一个重要的副产品。

而立足于田野，即与我们的文化共命运。我们不是文化的旁观者，也不是站在文化之上的知识的恩赐者，而是在文化之中为文化工作。田野是文化本身，木版年画普查的一切成果都来自田野和为了田野。

现在可以说，中国木版年画的普查工作画上了句号。然而在文化的传承中，任何阶段性的句号都是一个起点。只要我们坚持立足于田野与科学的高度，并不放弃我们的责任，我们就会接着把每一件承担下来的使命完成。

（本文为《中国木版年画抢救与保护全记录2002—2011》而作）

中国木版年画新论

近千年来，人类地球东部的山川大地上，一直绽放着一种美丽又绚烂的人文和艺术之花，它就是中华民族伟大的民间创造——年画。其影响曾衍至东亚和南亚一些国家，并早在一个世纪之前就成为欧美及日本人文学者关注与研究的对象。始自2002年我国将年画视为珍贵的文化遗产进行了历史上首次地毯式的田野调查，以及科学整理和系统保护，从而使我们得以全面审视中国木版年画的历史与现状，并深刻地认识到它在中华文化中重要的位置及所拥有的非凡的价值。

本文试以论之。

一、历史

年画的历史——先是年的历史，然后是"年画"的历史。

中国是农耕古国，生产周期与大自然四季一轮的周期同步，每逢新、旧两个周期的交接——过年，则必是大事。在这几天里，要感恩天地，崇仰先人，和睦族亲，祈盼福祉，把对生活的理想与愿望尽情宣泄出来。为此，数千年来，人们创造了无数充满魅力的民俗方式，其中——中华文化性质最鲜明、文化内涵最深厚、艺术最绚烂而独异者就是年画。

史料记载，早在晋唐时期，人们便把具有驱邪意味的神像与老虎画在门板上，但这还不是真正意义的年画。年画必须是复制性的，人人能够拥有，并成为约定俗成的习俗。使用手绘很难实现，只有印刷才能完成。

所幸的是中国是世界上最早使用雕版印刷的国家，现今保存在大英博物馆的唐代（868年）印制的精美的《金刚经》插图，表明至迟9世纪中国已有了高超的图像复制的雕版印刷技艺了，这给年画的诞生铺出一条宽广之路。

同时，雕版用纸，纸也是中国伟大的古代发明。纸价便宜，民间又广泛生产各种材料（树皮、竹、麻头等）制造的土纸，这又给年画的滋生和普及准备了优越的条件。

在这时期，正好是古代城市高度发展期。特别是宋代，无论朝野都十分重视良好风俗的培育。单从宋人诗文中便可看到各种优美的社会风情常常从乡土习俗中散发出来。于是，雕版印制的优美而受看的纸画便悄然出现了。北宋张择端的《清明上河图》中出现了专营各类纸画的纸马铺。由此看，贴年画的风俗在宋代已经初露端倪。

最初的年画以信仰类功能性的神像为主。敬祀神像是年俗中必不可少的，这是年画的习俗的基础。

20世纪，俄国人柯兹洛夫在内蒙古黑城子发掘到一幅金代平阳印制的年画，名为《隋朝窈窕呈倾国之芳容》，这幅画很重要，它表明金代已有了生活类装饰性的年画。

然而，一种风俗真正确立起来并非易事。

年画由它在民间渐被认同，蔚为习俗，需求日大，到农民站出来自我承担，自刻自画，自给自足，还确立了自己的审美个性与艺术体系——这个过程至少用了三百年。所以，直到明代中期以后，才遍地兴起；再到清代中期，方显出百花齐放的繁荣景象。不仅大小产地星罗棋布，题材广泛无所不包，体裁繁多不一而足，而且产量之大令人惊叹，年画最终成了每逢新年必定登场的年俗主角之一。

二、形态

　　中国木版年画是一种特殊的画。它从形态到本质，都与国画不同，甚至相反。

　　首先，年画是雕版印刷与手绘相结合的画，兼有版画与绘画的特点。有时它全凭雕版印制，单版或套版，不加手绘，艺人高超的雕版的刀法及腕底的版味尽显无遗；有时要加上一些手绘，有的手绘成分很大，除去墨色的线版之外，开脸点睛，上妆施粉，随类敷彩，全用手绘，但这种结合版画的手绘与单纯的绘画是完全不同的两种画法，技巧另类，意趣别样。

　　年画是一种民间画，它与精英文人画全然两样。年画艺人是农民，农民作画没有刻意的艺术理论，也没有学理的追求，只是把心中的东西直接画在纸上。就像远古的岩画，不写实，只写意写神；一切都是原发的，随性的，情感化的。呈现着大地人文的本色与生命的本真。

　　年画是一种共性的画。年画与其他民间艺术一样，不追求个性，却追求周围人们的认同。认同是共性的体现。只有被认同才能成立。任何一种站住脚的民间艺术都是与当地人们共同的人生向往、心理与审美长期"磨合"的结果，所以最终它体现的是民间文化最重要的价值之一，即地域性。表现共性而非个性是民间文化与精英文化最关键的区别。民间艺术之间不是艺人个性的相异，而是地域性的彼此不同。如朱仙镇之豪放、桃花坞之精巧、武强之雄劲、漳州之清疏，共同构成了中国年画彼此争奇斗艳的艺术世界。

　　民间年画又是一种节日的画。年画从属于年俗，自然与年的特定氛围一致。因而中国人的年画喜庆热烈，丰盈饱满，艳丽夺目，这是唯年画才有的。

　　年画还是一种传承的画。年画的画面和图案，以及制作手法是代代相传的。虽然传承过程有所新创，但他们绝不会放弃任何一块古版。一些画面终岁不改，一些制作手段

《乾隆十年历书瓶花图》→
95×55cm　清代
桃花坞木版年画

始终不渝，表达着艺人们对祖传文化的恪守和对传统的挚爱，因使中国年画具有很牢固的传统性，积淀着悠久而深厚的历史人文。有的图像（如纸马）甚至含有活化石的意味。

这样一种形态与性质的年画，自然极其独特。

三、内涵

年画看似简单，内涵却非同小可。

一句话应先讲清楚，年画是中国普通百姓特别是广大农民的精神天地的可视的呈现。

古代的中国人，精神世界里位置最高的是神灵，因而神灵之像（神像）是年画的主项。年画中的神像并非宗教偶像。虽然各种宗教（佛、道、儒）的主神常常会在年画里出现，但没有严格的宗教意义。在科学蒙昧时代，人们将自己命运的安危祸福交给想象的神灵主宰，然后设法与之对话，这便是民间崇拜的由来。老百姓的神灵世界相当模糊，而且更相信一个十分原始的概念——万物有灵。因此，人们不但把现有各种宗教的神佛拉过来，还创造出大量的无法理清的地方神和行业神。北京印制过一百种神像俗称"京百份"，滑县李方屯将《全神图》由七十二像扩大到八十三像，白族的本主一村一位或几位；至于各地纸马上的神像更是不可胜数，相当一部分今天已经无法辨识。每逢除夕之时，家家户户屋里屋外到处贴满"各司其职"的神像；平时难得一见的神仙，此刻全围在身边。以神像们构成的庞大的神灵世界，带来一种强大的安全感；特别是在这旧去新来、充满未知的时刻，在心理上给自己以稳定与安慰。

同时，年画又是人间生活的理想国。

年画中一大内容是展示人们自己的生活。这种生活是男耕女织，美妇胖娃，风调雨顺，五谷丰登，花红草绿，人丁兴旺，家畜健壮，连年有余，发财还家，衣锦还乡，金榜题名，日进斗金等等。当然，这并不是生活现实，而是一种理想的生活图画，祈盼中的梦境。年画很少写

《麟吐玉书》　32×58cm　清代　杨柳青木版年画

实。在这特定的迎新之日,人们心里全是理想的图景。如果想知道中国农民千百年来的梦想,就去看他们的年画,他们都已经画在画上了。

年画还是墙上的舞台。

年画是老百姓画给自己看的,古代老百姓的日常文艺大餐莫过于看戏,故而戏曲故事题材的年画最具观赏性。一幅戏曲年画贴在墙上,会被人们时不时指指点点说上一年。大戏难得来到村里,戏画天天都在屋中。中国戏曲年画不仅数量大、戏出多,而且不同产地的年画往往取材于当地人们喜闻乐见的地方戏。比如武强取材于老调梆子、河北梆子、武安落子,晋南多取材于蒲剧、铙鼓杂戏、洪洞道情,滑县取材于大弦戏,凤翔取材于秦腔,桃花坞取材于时令小调等等。于是,大量民间戏曲及其剧目可视地保存在中国年画中。有的年画现在还在印制,画上的剧目甚至剧种却已然消泯了。

年画更是大众的自我教材。

年画中还有一种内涵不容忽视,就是教化。劝善戒恶,催人奋进,敬老爱幼,伸张正义。自古农村社会无人管束,全靠精神与道德传统自律，靠一种自我教育。饶有意味的是，这种教化题材的年画更不是谁来说教，而恰恰是从人们自己耳熟能详的历史典故与传说故事中选出来的。比如：二十四孝，孔融让梨，雪中送炭，将相和，孟母择邻等等。于是，从中可以明白古代农村社会超稳定性到底由何而来。

由上述中国年画之内涵，即可知其包藏之大之深之周全。它实际深藏着中国根基性的人文本质，民间哲学以及国民性。

这些都将是我们探究的话题。

四、艺术

中国年画因其民间性、农民性、自发性、集体性、节日与风俗性，在艺术上自成体系；不论是造型、色彩，还是表现方式都是独特和独有的。

在造型上，强调饱满丰腴，健旺阳刚，宁肥勿瘦，宁动勿静，处处显示新岁来临之际，对生活兴旺与生命活跃的渴望。鸡要雄鸡，猪要肥猪，娃要胖娃，果要硕果；在年画中，所有形象都是充满活力的生命符号，都是理想化的象征，甚至连人物的表情，也都是笑口笑眼。中国人过年时是忌口角与哭相的。阳刚、快乐、健康、活力四射是年画造型的精神元素，也是造型原则。

在色彩上基本上是主观的，没有写实和自然主义的成分。民间色彩充满人文意义。在民间，红色是喜庆的颜色，象征火暴、热烈、喜庆和欢乐，所以红色是年画的主色，也是年的主色。很少年画没有红色（除去嘉庆四年乾隆驾崩时杨柳青的"断国孝"年画是一特例）。黄色是从属于金的富贵之色，也是年画主要使用的颜色。绿色和紫色在年画中是作为红黄的对比色使用的，以使红黄更强烈和更鲜活。

追求鲜亮夺目是年画的色彩观。为此，年画用色的特点：一是使用原色，很少用复合色；二是运用对比色，极少用谐调色。民间所用颜料多是矿物与植物颜料，朱丹、品红、品绿、槐黄、烟黑等，色彩更加艳丽照人。原色是有限的，因此着色时，要将色彩相互错开，各种色块一边交错一边对比，从而达到丰富和斑斓。

在表现手法上，不尚写实的民间艺术，充分使用象征、比喻、夸张和拟人的手法，一方面使形象得到有力的强调，一方面加深了内涵的厚重。

特别需要强调的是谐音形象的使用。中国民间艺术中最广泛使用谐音形象的是年画和剪纸。谐音形象巧妙地利用一种事物相同的读音，依声托事，另寓他意。这些谐音形象的寓意都含着吉祥祝福之意，谐音形象在民间被视为吉祥形象，人人熟知，喜闻乐见；每每见到而"破解其意"时，都会从中获得别样的审美愉悦。千百年来，人们积累了成百上千种谐音形象，它们布满在年画的画面上，大大加强了年画的吉祥意义、装饰美和人文的原重，并使中国年画在人类绘画中别具一格。

当然，还有那些藏画诗、花鸟字、俏皮话图、灯谜画、连环图等——这些都是唯有民间年画才有的饶有趣味的艺术方式，因而使年画与广大百姓"快乐相处"，并一直百般受宠地活在民间。

五、样式

中国民间年画还有着十分丰富的种类和体裁样式。由于年画是风俗性的，什么时间什么种类的年画贴在什么地方，皆有俗规。比如全神像和家堂画要挂在中厅或迎面大墙的中央，多为立式；门神与门画要贴在大门和房门上，常为一对，分贴左、右两扇门板上；各类神像全有指定位置，灶神在灶台上方，家畜神在槽头之上，田祖在粮屯上，送子观音在新婚夫妇的居室里，不同地区往往还有不同规矩，纸马就更是如此。至于各类风俗、戏文、历史故事和装饰性的年画则可依个人意愿贴在屋内墙上，多为横幅（三裁或贡尖），也有的是对屏和四条屏。

由于中国地理不同，文化不同，"五里不同风，十里不同俗"，各地方都有自己"独家"的品种与样式。山东杨家埠和高密冬天冷，墙体厚，窗子两边墙的侧面要贴"窗旁"，上贴"窗顶"，墙角背光的地方贴圆形的年画，俗称"月光"；晋、鲁两地的桌边喜欢粘贴"桌围"，沿着炕的墙上贴一圈"炕围";临汾绛州一带碗柜上沿还要贴一条印着戏文画的"拂尘纸",既遮尘,又美观;漳州一带连蜡烛座上也贴上印着五色的"色龙"。此外,天津杨柳青的"缸鱼"、武强的"灯画"、凤翔的"窗画"、滩头的"窗格画",绵竹的"门笺",桃花坞的"斗旗"与"月宫"等都具有该地区特定的自然人文的含义。

人们以如此丰繁的各色样式、各类内容的年画把自己包裹其中,使自己进入了一个理想化与浪漫化的花团锦簇之中,美滋滋实现了心中的"年"。

六、产地

年画制作在中国是产地化的,也称"画乡"。画乡是一片神奇的土地,可是年画之乡还有些特殊性,它通常要有两种非凡的手艺,一是画艺,一是雕版的手艺,所以许多产地的源起都与古代刻书业的雕版印刷有关。宋金几大雕版印刷中心如南方的苏州、金陵、徽州、建安与北方的北京、平阳和聊城,后来这一带都有年画的产地出现,其年画风格与刻书风格基本一致。如苏州的精细与建安的疏放。

最早的年画产地应在宋金时期。早期产地以纸马铺为主,比方汴梁、平阳、绵竹等。及至明代中期开始多了起来,年画的题材与体裁渐次丰富,重点产地有杨柳青、苏州、凤翔、潍县等。在21世纪初调查产地艺人传承谱系时发现,杨家埠的杨氏、滑县的韩氏、凤翔南肖里的邰氏、杨柳青的戴氏早在明代就立案印画,这些产地后来都发展为风格独具的地区的年画中心。到了清代中期,年画需求日大,新生的产地蜂拥而起,所制作的年画覆盖全国;即使东北和西北地区少数没有产地的省份(如黑龙江、吉林、辽宁、新疆、宁夏等)也能得到充足的年画供应,足见当时年画习俗势头之盛。

这期间一些年画文化圈形成了。一是京津,以杨柳青年画为核心,供应京津、华北和东北;一是燕赵,从武强为中心,向南至豫北,多印信仰类年画;一是齐鲁,山东为年画产地最多的省份,以杨家埠影响最大；一是晋南，中心是平阳；一是江南苏州、扬州、无锡、杭州等地，以桃花坞为首；一是四川，三大产地（梁平、夹江、绵竹）联手覆盖川地；一是西南，潮州、漳州、福州并跨越海峡影响到台湾的米街；一是安徽，北至阜阳南至歙县连成一线。当然还有一些地区性的中心，如广东佛山、陕西凤翔、湖南滩头、湖北老河口等。

年画产地传承方式是家族式的。传男不传女，不传外姓，这也是古代民间一种原始的"著作权"的自我保护方式。这样的家族式的代代相传有助于文脉不断。非物质性的技艺传承凭借口传心授；物质性的遗产最关键的是祖传老版，年画艺人将世袭的古版视若生命。

年画产地的生产方式是家庭式作坊。一般在秋收之后开始，一家老小一齐动手，父子合力，婆领媳作，而且分工明确，有的印画，有的晾画，有的上色；老辈艺人负责关键部位，如开脸、勾眉、画须、晕染；小辈晚辈则填色和刷底色。即使开店，也多是前店后厂，外地画贩上门买画，然后批发与贩运到外地。

年画是季节性的。年画制作有周期性。依民俗，张贴年画通常是在腊月二十四"扫房"之后，张贴灶王是必须在祭灶日（腊月二十三）之前。制作年画的周期是从每年秋收后到腊月中旬这一季度里。

年年此时，中华大地无数画乡便拉开大幕，演绎出农耕社会这种普通农民神奇的艺术生活，以无比瑰丽的生活想象创造出数以亿计的天堂化的人间图画。

中国木版年画走过了长达千年的历史，到了近代（1840年后）遭遇到外来文化的冲击，特别是新颖而便捷的石印技术的传入，直接导致传统的木版年画陷入急剧的瓦解期；随后便是社会的更迭与时代的转型；在迅猛的现代化大潮中，年画作为古老的风俗方式，面临着将从生活淡出和被丢弃的现实。

对文化自觉的关键，是在它将要消失的时候。错过了这个时机，便会时不再来。但我们是有这种文化自觉的。

始自2002年的中国民间文化遗产抢救工程，以年画作为率先项目,从历史学、人类学、民俗学、美术学等多学科角度上,对其展开历史上空前的全方位的田野普查,继而进行分类、研究和档案化的整理。前后用时十年,投入人数近千,终于完成了中国木版年画所有产地活态遗存的全记录和数据库。这项工作有助于一些已入绝境的产地,从历史与文化高度认识到自己所拥有的遗产的价值,并致力恢复,重获新生。如今大部分产地被列入国家"非遗"名录,艺人传承重续香火,年画博物馆纷纷建起,一些产地兴办起一年一度的年画节,致使人们树立起自我的文化信心。

正像中国的年最能体现中国人的人文形象那样——这种中国的年所专有的图画,最能从中看到中国人的精神天地与心灵向往。

很少一种民间艺术包含如此之多的文化元素,即中国的纸文明、雕版印刷、绘画艺术、民间文学、民间戏曲、民俗和农耕生产及其生活。

很少一种民间艺术具有如此众多地域个性、地域崇尚与审美,以及相互迥然的表达方式。

很少一种民间艺术以如此浪漫和充满想象力的方式表达自己的精神理想,以完全光明的方式抒发心灵,以自己的笔一年一度去点亮生活。

当然,对它深层的解读,在我们的研究中刚刚开始。

没有研究,我们就不可能真正地拥有它,更不可能真正地传承它。

(本文为《中国木版年画传承人口述史丛书》而作)

以画过年

天津人有个传统，每逢大年来临，便屋里屋外花花绿绿挂些画儿，用这种大年特有的吉祥图画装点节日，美化生活，彰显内心的向往，这是多么好的艺术化的习俗。

天津人不只是买画来挂，还自己动手画、亲手印，这个地方的人又是多么富有才艺和生活情感啊！

也许有人会说，别的产地不也是这样吗？比方山东的潍坊、河南的开封，还有苏州与上海，也都像杨柳青这样都能画能印这种鲜活美丽又招人喜爱的画来。可是，知否——天津的年画并不只是杨柳青的木版年画！

天津人在用木版印制年画之前，就用笔墨丹青手工来绘制年画；在木版印刷渐渐退出生活舞台之后，天津人又改用石印、铜印、胶印的年画过年。在百年漫长的岁月中，此地人非但没有放弃和丢掉这个美好的文化传统，反倒不断以新的面目、方式、题材与形象，使自己的年文化一直光彩四溢，同时保持了年画的长盛不衰。在中国诸多产地的木版年画走向枯萎之时，天津人的年画就像自己身上的衣裳那样，一个季节换上一套自己喜欢又光鲜的行装。

这到底缘自此地人年的情怀太浓太盛，还是因为这个商埠的人头脑灵活，善于纳新，才永葆了年画的活力？

《消逝的花样——进宝斋伊德元剪纸》封面

不管怎样,中国年画史的三个时期——古典时期、改良和石印时期、新年画运动时期,天津都是一个风光无限的地方。可以说,天津年画史是中国年画史一个清晰的缩影。

为此,我们将各个时期天津年画的杰作与经典收集起来,举办展览,以史实演示上述的观点。这是一次前所未有的年画展,也是对本地重要文化遗产一次学术的挖掘。

由于不少展品属于绝版与孤本,首次露面,十分珍罕,而且这样一次来自公私珍藏的汇集也很难重复,因选取若干,甾印成集,留做纪念,亦供研究。名为展览图录,实辄天津年画之经典集萃。

这里,特别要感谢天津博物馆、天津杨柳青博物馆和诸多年画收藏家的鼎力支持。正是他们慨然捧出历史大鸟飞去时所遗落的每一片珍奇羽毛,才使我们有幸把这只消失在时光隧道中的美丽大鸟完整地复原在面前。

(本文为《以画过年——天津年画史图录》而作)

天津年画史述略

天津年画包括杨柳青镇的木版年画，但不只是杨柳青年画，还有改良年画、石印年画、胶印年画和新年画等等。如果依照其出现的时间顺序把它们排列起来，即可清晰地看到天津的年画史，并界限分明地显现出三个阶段：一、古典时期；二、改良和石印时期；三、新年画运动时期。下面分而述之。

一、古典时期（明万历年间—1903）

这一时期基本上是杨柳青的木版年画。

应该说，在杨柳青木版年画诞生之前就有了年画。那是一种手绘的年画，由民间画工来画，基本上属于国画范畴，使用者多是富裕人家。然而，这种年画一旦成为大众的需要，成为民俗的必需品，木版印刷年画就应运而生了。因为印刷可以批量复制，需求太多，自然求助于印刷，而古代的印刷只有木版印刷。

天津的木版年画起源于津西杨柳青镇、南乡炒米店等三十六村，以及津东之东丰台一带。根据少量的古老的年画遗存和用其戴氏年画家族的第九代传人戴廉增（1735—1795）的年龄向上推算，杨柳青的年画大约在明代万历年间（1573—1620）即已出现。

《天津鼓楼》 36×110cm 民国 天津万和石印年画

　　明代的杨柳青镇称"古柳口"。凭仗子牙、大清和运河的交通运输之利,经过清代三百年的发展,及至光绪年间已成为拥有七千户人家的殷实富足之地,年画得以蓬勃发展,渐渐成为驰名北方的年画重镇。一时镇上聚集的成名的画工与雕版师达数百人。南乡三十六村竟然呈现"家家会点染、户户善丹青"的景象。此地人何来如此的艺术才华?

　　杨柳青是一片神奇的土地。年画的全盛时期,知名的画店画庄星罗棋布,家庭作坊相互比邻,知名的画师出没于街头巷尾。杨柳青镇上有一句老话叫做"杨柳青年画——一年鼓(活了)一张",这句话道尽了此地人的自豪与艺术的神奇。

　　杨柳青年画不仅体裁多样,而且形式丰富。它与其他产地如武强、朱仙镇、桃花坞不同的是,那些产地多是套版,少有手绘;杨柳青却拥有完全的手绘、半印半绘和完全的套版等各种手法齐备的技艺。杨柳青年画还有"春版"和"秋版"之分。这两种"版"与制作的季节密切相关。春季作画时,时间充裕,各地来买画的人少,可以精工细制,这时做的画叫"春版"或"细活";秋天各地批发画的贩子都来了,不能细画,所以"秋版"的画多是"粗活"。春版的细活价钱贵,主要是富裕人家买；秋版的粗活便宜，专供寻常百姓家。

杨柳青刻版工艺极其高超，有些线版的刻工精美纯熟，亦劲亦畅，深厚老到，版味十足，其精品可以达到毫无瑕疵的地步，堪与明版小说插图相媲美。

杨柳青年画水准之高归功于天才的画工。

画工的才能首先是创造才能。据说杨柳青年画鼎盛时期，每个画工一年最少画出新稿七八十种，多达一百六七十种。这种创造力匪夷所思，这样的创新精神谁能竞争？

杨柳青年画的题材种类最多。从朝衣大像、神话传奇、民俗生活、时样节景到花卉博古，种类齐备。其中戏出故事、神话传说、美女娃娃等几个主要类别，内容之浩繁，花样之繁盛，谁都难以望其项背。杨柳青艺人笔下的画面膨享饱满，情节诱人，细节极丰，趣多耐看；有的历史和社会生活的画面，场面宏大，结构复杂，人物众多，各尽其态，所以杨柳青素以贡尖（整张纸）的大画最为驰名。再者，此地画工的画法纯熟老练，色彩丰富又协调，下笔轻巧又考究，人物开脸的技巧十分高超。在各个产地中，杨柳青的画诀最多，也最富于经验性。

精致性是杨柳青年画的最大特点。其缘故是杨柳青年画夹峙在京、津两地之间。京城为国家政治中心，官宦贵族成帮成群，高宅深院鳞次栉比；天津则是北方最大商埠，巨商大贾和富户豪门散布全城，这些官家与商家过年时，都要张贴杨柳青年画。宫廷文化崇尚精美，富豪人家追求华贵，客观上促使了杨柳青年画的精工细制走向极致化。

绘画性是杨柳青年画的另一个特点。较比各地年画，杨柳青年画最有画意。无论是线条、设色、笔墨都像绘画那样考究。其根由无疑与其紧挨着京城相关。皇城内院派的画家实力雄厚，院派素以画技高超著称；同时北京又是辽金以来木版刻印的中心，雕版高手代不乏人，这些都是杨柳青人能刻善画的技术资源与来源。杨柳青本土画家、曾入宫为慈禧画像的高桐轩（1835—1906）就是极具院派风格的民间画师。

这种地缘文化的影响在杨柳青年画早期作品中看得最明显。比如，乾隆年间齐健隆出版的《抚婴图》、《金玉满堂》及嘉道年间的绘本《吸烟美人》等，几乎就是院体人物画的力作，也是中国版画的经典。对杨柳青年画产生过重要影响的还有文人画家，一些知名的文人画家曾来到杨柳青，其中留下足迹最深的当属上海画家钱慧安（吉生，1833—1911）。钱慧安是活跃在上海和江浙一带广受欢迎的文人画家，曾为杨柳青画了百余种画稿。他笔下的人物清癯秀雅，勾线辗转顿挫，个人风格鲜明，深具清代晚期的时代气息。钱慧安的画风给杨柳青带来一股审美新风。

天津古典时期的年画，唱主角的是杨柳青年画。杨柳青年画最大的特点是在历史进程中善于吸收其他各类绘画、雕版以及社会的新的因子，总是主动地与社会与大众的需求相融合，故而在长达三百多年的漫长岁月中一直保持着活力与魅力。

从艺术史来看，乾嘉盛世的杨柳青致力吸收京城院体画派和雕版印刷的技艺，创建了自己精致典雅、丰繁华美的早期风格。题材为社会各界欢迎的历史典故、小说戏曲、仕女婴戏等。道光以后，京、津两地市井生活迅速壮大，年画在年俗的事项中愈来愈必不可少，需求量倍增。普通百姓喜爱的戏曲故事、民间传说、乡土生活题材，以及年俗应用的门神、春牛、灶王、诸神、纸马、灯画等大量出现；种类之繁多，不胜枚举。在技术上，写意风格就渐渐成为主体。粗制滥造的现象也随之发生。这一现象是它被后来的石印年画大潮推出历史主流最重要的内因。另一方面，随着中西冲突频繁，西方人及其文化的涌入，从生活景象到身边风物都发生骤变，一个崭新的时代开始叩响杨柳青古老的年画作坊。对生活形态一向敏感的杨柳青艺人，情不自禁地将时代崭新的社会图像与人物的众生相搬到画上，送进人们的视野。

天津人的年画进入了一个全新的时期。

二、改良与石印时期（1903—1949）

这一时期的天津年画闯进来两个新角色：改良和石印。改良是内容上的；石印是印刷上的。

这一时期的重要背景是社会转型。整个中国社会开始转型，天津是当时转型的中国最前沿的两个城市（上海和天津）之一。

1860年，天津开埠，前后经历了1858年第二次鸦片战争和1900年义和团运动。西方列强几次打进天津城。社会的腐朽羸弱激发出变革的呼声。从政治上的变法、思想的维新到社会的全面改良形成洪流，势不可挡。

在这样的时代背景下，1903年，著名文化人彭翼冲在上海创办的《启蒙画报》，公开和明确地提出"改良年画"的概念。显然，当时进步的文化人已经看到影响力巨大的年画应是进行社会进步教育的有力工具。

辛亥革命后，直隶（河北）巡按公署天津教育司从官方角度着手推动年画的改良。杨柳青的名店戴廉增、齐健隆等积极响应。改良年画一边整理传统年画，从中选中符合时代的有教益的传统年画，加入新的解释性的话语，翻刻新印；一边请民间画家创作具有时代意义的新年画，提倡男女平等、爱国自强、教育维新、根除劣习、文明进步。画面人物都是时尚新人，无论服装款式，还是乘坐的火车、汽车，叫人眸子一亮。改良的年画一时颇受欢迎，一起跑就跑到了年画的前沿。

改良年画的代表作《荣耀图》值得一提。这幅画是"直隶行公署教育司"批准印行的一幅时事题材年画。作者王宝珍，戴廉增画店印制，体裁为贡笺，木版彩绘。以象征手法描绘国家危难当头，痼疾缠身难耐，于是高呼工农商学兵团结一致，为国分忧排难，振兴中华。可贵的是，画上四五百字长跋，充溢着强国的激情。画面左边还注明此画作者王宝珍兼"演唱者"，看来这就是当时流行的"带唱年画"了。长跋是时调小曲的唱词，可以边看画边读唱词。这幅年画则更像一幅宣传画。它充分表明杨柳青艺人的社会良知和对国家命运的参与意识，还隐隐使人感到五四运动的前夜社会思想冲突和激荡的气息。这是一幅极其难得的改良年画的经典作品。

同时，天津年画发生了另一个天翻地覆的变化——就是石印年画的到来。

随着入侵的西方势力所向披靡，各行各业的先进科技也迅速进入中国，它给年画带来的巨变是舶来的石印印刷对传统的木版印刷的冲击。

西方早在1798年就发明了石版印刷。上海最早使用石版印刷在1876年，主要是天主教堂用来印制宣传品。天津最早使用舶来的石印印刷是英籍德国人德璀琳，他于1886年创办了英文报纸《中国时报》。天津人自办的第一份石印报纸是严复等人于1897年创办的《国闻报》，这也是中国人自办的第一份现代平面媒体。严复翻译的英国人赫胥黎著的《天演论》就发表在《国闻报》上。

从1897年到1907年短短的十年，天津报刊如雨后春笋般竞相涌现，一时竟有五十六家。像那种随报赠送、有图有文、传播时事、为人们喜闻乐见的《醒俗画报》，就是采用的石印技术。这种石印较比传统的木刻版印，快速便捷，画面精致，真实感强，而且价钱低廉，其传播速度也跟得上时代的要求；从审美上说，石印还带来新的审美愉悦乃至新奇感。一时人们称这种新鲜的石印画为"洋画"，称卖这种石印画的画店为"洋画店"。这样一来，它很自然就替代了手工刻绘的传统年画了。

在石印最初涉入年画时，只是石印墨线稿，在形式和内容上有的还仿制百姓熟悉的木版年画，相当于老年画的线版，余皆手绘填色。但转眼间彩色的石印就把年画中的人工彩绘全部顶替下去了。

新兴的石印年画几年间就进入了全盛时期。天津城中最早承印石印年画的为霖记，跟着富华、华中、协成、德隆、鸿记、振记、金华、商益、源和、永兴等大大小小的印刷厂就纷纷涌现出来。进入二三十年代，天津的石印年画形成极大阵势，其中以富华最具规模。这些印刷厂使用的是从日本与德国进口的印刷机。1937年抗战前，单是富华印刷的年画达3000万张。天津各印刷厂每年生产的年画总量达7000

张。这些年画近销华北，远的卖到西北、东北和内蒙。经营石印年画的画贩有的就是当年营销杨柳青年画的老客户，有的则是新加入的画商。他们每年刚刚过了夏天，就从内蒙古的包头、黑龙江的满洲里和海拉尔、辽宁的沈阳和新疆的迪化等地跑到天津来采购和订货。紧随其后的是经营这种石印画的画庄的出现。天津人做生意的脑筋活，这些画庄既出面组织本地画画的高手创作年画，又着力安排印刷，还兼带着装裱业务，又批发，又零售，再加上品种样式的不断开发，条屏、通景、镜心、扇面，应有尽有，画庄一时成了天津时髦的买卖。最有名气的画庄是德裕公。至于大大小小的批发店，则布满了锅店街、娘娘宫、针市街、袜子胡同一带。

同时，石印的月份牌在上海、天津、青岛、沈阳等地一并崛起。月份牌年画原是一种商业广告画，题材以时装美女为主，使用擦笔水彩画法，效果像照相，十分真切。始自民国，采用公历计日月，便产生了对月历和日历的要求。聪明的画商就把全年的日历表印在画面上，既可观赏，也能使用，还能做广告。月份牌画在各地流行起来，自然进入了石印年画的行列，成为石印年画的一种。

那个时期，印刷技术更新很快，接踵而来的铜版年画、胶版年画，印制效果更为精美和逼真，相继成为一时机印年画新的主角。

在这种时代的嬗变中，一边是传统的年画艺人放下画笔，古老画版尘封不用，代代相传的画诀渐渐忘记；一边是广义的年画并没有消亡。腊月里，人们还是把五彩缤纷的年画高高兴兴地贴在墙上，只不过换成石印、铜印或胶印的画儿了。

三、新年画运动（1949—20世纪80年代）

新中国成立后，1949年11月26日，中央人民政府文化部颁布的第一号文件就是《关于开展新年画工作的指示》，毛泽东亲自修改过这份文件，文件中强调"改造旧年画"和"反映现实生活"。这个文件对于年画的革命性的改变具有决定意义。

转年（1950年），权威性美术杂志《人民美术》（《美术》杂志的前身）在"创刊号"上就刊载了五幅新创作的以现实生活和时代新风为主题的年画，标名"新年画"。跟着第二期竟是"年画"专号。一些著名的美术界人士叶浅予、蔡若虹、王朝闻等发表文章，主张和推动年画的革新，许多文章都用了这样一个具有划时代意义的名词：新年画运动。

由美术界权威人士发动的新年画运动包括：一、对各个产地年画情况的全面摸底；二、对传统和创新年画的内容与形式开展研讨；三、举办新年画画展；四、组织画家创作。虽然这个新年画运动带有准官方的意义，但得到了公众的热烈呼应。这是因为新年画运动带来的春天般新生活的气息，满足了那时充溢着理想和生活热望的大众心理。1950年，各地出版新年画的数量巨大。上海、北京、天津、太原、石家庄等城市都超过了五十万张，各类题材近二百九十种，全部采用机印。于是，年画史的一个新的时期即已到来。

新年画运动与改良时期不同，改良时期的年画作者基本上是民间画工，新年画运动的作者全是专业的画家，专业画家成了年画创作的主人。

历史地看，解放后开始的新年画运动有着深远的背景。这个背景可以向后延伸到抗日战争与解放战争期间（40年代）。那时，一些大城市的专业文艺家涉入边远的解放区和抗日根据地，就对那里乡土气息浓郁、群众喜闻乐见的年画艺术抱以极大热情，并努力使年画成了革命思想与抗日主张的宣传品。1947年，周扬、萧三和艾青等人在东北书店出版的一本小小的民间艺人的采访录《民间艺术与艺人》中说："今天，改造民间艺术在边区已经成为一种普遍的活动。"此时，他们就已经开始创作新的年画了。这种宣扬抗日和爱国、描绘新生活的年画受到人们的欢迎。老百姓亲切地叫它为"解放画"，专业的艺术家则称它"新年画"。

在五六十年代，愈来愈多的中国画（尤其是工笔人物画）画家涉足于新年画创作，年画的专业水平日渐提高。文化部设立全国年画奖，以推动新年画运动。随后，年画作为专业绘画的一个门类得到确立，并成为美术学院的学习和研究的方向之一。

天津美术出版社于1954年8月成立，年画是该社的主要业务之一。1960年又成立以画乡"杨柳青"之名命名的杨柳青画社，专事年画的研究、创作和出版。在50与60年代，天津的新年画运动如火如荼。一批优秀的年画画家涌现出来，一批批精品佳作家喻户晓。这些出自高水平的专业画家之手的年画，十分注重年画特有的通俗性、趣味性和喜庆的特点，又注重贴近生活，追求题材的新鲜感，人物心理刻画得细腻而深入，以及形象的优美与真实。在艺术上，新年画既有国人喜见的传统的工笔画法，也有深受大众欢迎的舶来的水彩画法，还有对传统木版年画的形式与技巧的探索与借鉴，这些作品行销全国，影响远深，很多名作留在那一代温馨的记忆里。从1954年至1965年，天津出版的新年画达六百种，印数近七百万张。

新年画运动始自20世纪50年代，勃兴于60年代，文化大革命中受到重创。文化大革命后，百废俱兴的80年代一段时间曾大有复兴之势，全国一度出版的新年画高达数亿张，天津的年出版量达到1亿张！但好景不长，终因社会转型和生活变化的剧烈而无法持续新年画火热的局面了。短短一二十年的新年画运动的时期，却是天津年画史一个重要的历史阶段和新的辉煌。

值得注意的是，年画从民间走向殿堂，由业余走向专业，由百姓主动的自娱（或半自娱）走向被动的欣赏，由手工艺术品走向工业性艺术产品。新年画运动致使的改变是双刃剑，此中的得失还有待探索与研究。

这一阶段，天津传统的杨柳青年画在保护和传承上是相当不错的。这包括传统技艺的传授、资料整理、古版翻刻、创新发展，产生了一些传人和新人。然而在那个时代，各个产地都把木版年画仅仅当做民间美术，并没有视其为文化遗产，故而原产地原生态的文化遗存——尤其是非物质文化遗存处于自生自灭状态，并渐渐消亡在人们的视野之外。

20世纪90年代初，在杨柳青镇偶尔还可以见到寥寥几个村民设地摊出售木版年画，无非《灶王》、《五大仙》、《农家忙》等。虽然粗糙，却是农民手工自制原发的作品，可称作传统木版年画的尾声与绝响。

直到21世纪初，社会又进入一个新的转型期。对非物质文化遗产的保护渐成人们的自觉。杨柳青木版年画已列为国家非物质文化遗产，霍氏一家等被列入中国民间文化杰出传承人。杨柳青镇建立了自己的年画博物馆，并完成了年画遗产的科学普查。而同时，胶版年画由于不适合现代人家居，市场渐渐冷落下来。那么，天津年画史是否迎来一个新的转型和新的时期？未来年画将是怎样一种形态？会是一个工业化背景下传统手工备受珍惜，甚至成为历史经典的新时代或新时期吗？我们正在思考。

反正活的历史一定会以新的观念和新的姿态出现。

闯关东年画

如果从文化的角度看山东人闯关东那个壮举,一个饶有兴味的问题一定会冒出来——这千千万万的山东人给关东带去了哪些齐鲁的文化,他们的文化被那片冰雪大地吸纳融合了吗?

闯关东是求生渴望所驱使的普通民众的迁徙,它带去的肯定不会是精英文化,而是随身的乡土文化。精英文化是自觉的,民间文化融化在温暖的生活与情感里,往往是不自觉的。可是,只要生活融合了,文化就会生出根须,往那块陌生的土地有力地扎下去。那么怎样才能找到闯关东所特有的文化踪迹呢?

如果你认真去寻找一种东西,那种东西一定也在找你。关键是它出现时,你是否识出它来。

多年来,在走南闯北的文化抢救中,每到一处,我都会挤出时间去看看当地的古董市场。一个个过往的时代像一只只历史的大鸟。大鸟飞去,那些散落四处的美丽羽毛,常常出现在一些古董店里。一盏锈迹斑斑的油灯或一枚笔画模糊的老印章,一张告示揭帖,一件式样别致的坎肩,一件形制奇特的小器物,往往会唤回一片消失在时光隧道中过往的情景,激活我们对那只飞去的历史大鸟无边的想象。

年画是年时应景的装饰,也是消费品,用后便弃,不会存藏,因而不管历史上制作的规模如何巨大,遗存却总是寥寥。在20世纪末,各地古董市场已鲜有古老的年画及老版出现，但进入21世纪，大量的老年画忽然源源不断涌现出来。每过眼前，竟发现大多是山东几个产地的风格。山东是年画产地最多的省份，大产地有四个：杨家埠、高密、平度和东昌府。如今，这些产地的古版年画早已是一画难求，怎么会一下子蹿出这么多来？尤其是高密的画，数量居首，很多画种画法从未见过。比如"扑灰"的"对美"，常常在身上或脸上刷一道很厚的明胶，好像涂了一层漆，极其光亮，是怕磨损还是为了更鲜亮？还有一种木版印绘的戏曲人物，以武戏居多，市场上称作"刀马人"，先前也很少见过。画中人物脸胖眼长，身躯肥硕，版线很细，以暖洋洋的水红色手工渲染，背景常刻印一些方点状的深深浅浅有灵气的小格作为装饰——这都是未曾谋面的画风与画法。如果画上不是清清楚楚署着高密某乡某村，谁敢说是高密人画的？再一问卖家，都说是"从东北进的货"。这些画怎么都跑到东北三省的民间了？

　　这使我联想到从19世纪末到20世纪初，俄罗斯植物学家科马罗夫。他在沈阳和吉林等地就买到过大量年画，现今收藏在俄罗斯的国家地理协会。2004年，我在访俄期间钻进圣彼得堡一个窄如巷子的小街深处，寻到这个闻名世界的地理学会，在学会的资料室里受到热情接待，有幸看到那批一百多年前来自中国的民间杰作。我轻轻地一页一页掀动着码在桌上足有一尺多高的古版画，仔细辨识这些画的产地。中国北方各个年画产地竟然一处不缺，这表明东北三省广大的民间一直是中国木版年画巨大的市场，千千万万闯关东的山东人无疑是创造这个市场的生力军。

　　为什么说是"市场"而不说"产地"呢？因为照以往专家们的说法，东三省本身没有年画产地，它只是一片广阔无边的消费年画的世界。连《辽宁省志》都说他们那里一直到民国年间也没有专业的年画艺人，故而从来没有人去东北研究年画。连画都是外来的，还研究什么呢？

　　然而在过去，专家们多从民艺学和美术学——很少从文化学来研究年画。

　　直到近些年东北地区一些古董市场年画渐渐走红，专事年画收藏的人日见其多，才使我们想到它背后一个重要的不可忽视的人文背景——闯关东。

从清初至民初这二百多年间，两三千万山东人一批批前赴后继地奔赴到广袤又肥沃的东北大地谋生。民俗是一种无法丢弃的顽固的文化心，而且情感浓重的山东人一定还把故乡的习俗作为乡情乡恋最深切的表达方式，于是盛行于齐鲁民间的年画便被千里迢迢带到这里，一年一年渗入到本地岁时的生活里。

从近代出版的一些东北的方志（例如从黑龙江的《兰西县志》、《桦南县志》、《宝清县志》到辽宁的《桓仁县志》，吉林的《白城县志》、《农安县志》、《榆树县志》等等）看得出，腊月底都有张贴年画和门画的风俗，这些地方恰恰就是山东人闯关东的落脚地。

可是，山东人闯关东是漫长的二百多年啊！东北三省使用的年画一直都是山东人从老家捎去或是由关内供应的吗？既然东北有那么巨大的年画需求，山东人会不会把他们的作坊搬过去，甚至在那里也形成一些小产地？我这样推测是因为很多年画产地的源起都始自一些心灵手巧的外来艺人把刻版印画的手艺带过来。会不会有一种我们从不知道的"闯关东年画"？

我把关于"闯关东年画"的想法告诉给家在吉林的中国民协副主席曹保明，请他下去先摸摸情况；弄清楚闯关东年画到底是一种文化传播的现象，还是东北曾有过年画作坊和产地——只不过我们对此无知？曹保明是保护东北民间文化的一员大将，人熟地更熟。田野工作是他的强项，他写过不少关于猎手、渔夫、伐木与驯鸟高手的口述史，都是田野记录的上品。

一天，曹保明忽然来电话，他兴奋地大喊大叫把我的手机变成了扩音器。他说他接到我的电话，立即对"闯关东年画"做了专项调查，经过艰苦努力，居然有了成果。他们在吉林北部挨近黑龙江的白城的通榆竟然发现了木版年画的作坊！这可是民艺学的一个大发现，它能填补东北三省没有年画产地的历史空白吗？

白城地处科尔沁草原。满人入主中原后，把这片草原划给曾经有助清王朝的蒙古贵族。后来，蒙古贵族大块大块地把草地出卖给来开荒播种的山东人，这里就成了闯关东的热土。山东人在栽种生活时，无意中栽种了文化，年画也扎下根来。

曹保明的调查结果，印证了我们的推断不谬。通榆年画作坊的历史可以上溯一百年以上。上一代故去不久的知名的年画传人有刘长恩（1931—1996）、刘佩行（1953—2006），就是山东济南历城千佛山人。如今健在的年画传人李向荣以及剪纸艺人高静，祖籍也是山东，登州人。据他们说，制作年画的手艺是曾祖一辈"闯关东"时带到草原上来的。这些都证实了此地的年画制作与闯关东的直接关系。

据初步调查获知，李向荣一家所擅长的年画全是中原的传统题材，诸如门神、灶王、神像、戏出故事、历史人物、神话传说、娃娃仕女、吉祥图案等等，一样也不少。他们自己刻版，自己印刷，连染纸也自己做。他家印制的年画行销远近很多地方，连周边的包拉温都、瞻榆、糜子荒一带的蒙古族村子也挂他家的年画。可惜由于历史久远和文化大革命之难，世代相传的数百幅古版全劈成碎木烧了。没有版就没有版画的生命，从此也就中止了年画制作，一些年画艺人全改行了。如今，传人李向荣还是技艺在身，工具依存，但空无画版。去年，通榆木版年画曾申报省级非物质文化遗产，由于历史资料匮乏，未能被认定为"遗产"。

为此，我请曹保明对"闯关东年画"做继续延伸调查。一是扩大普查范围，进行地毯式文化搜查，重点是找寻年画制作的传人与后代；二是对白城博物馆现藏的为数不少的民俗年画进行鉴定，找出确定无疑的本地作坊的年画遗存；三是从东北各地的古董市场和收藏家手里找寻物质性见证。一俟材料充分和明确，我们会在吉林或黑龙江什么地方召开"闯关东年画"学术研讨会。至于闯关东年画的艺术特色，以及画中东北地区的人文内容，都需要下一步深入地研究与探讨。闯关东年画肯定是一个尚未开发的文化矿藏。

尽管这只大鸟已经远去，消隐在逝去的时光里；我想，我们一定会缀拾所有遗落的羽毛，在时光隧道中描绘出它往日雄健的影像。

我对这一田野工作充满热切的期待。当然，我们还要努力。

东丰台年画

提到天津的年画，一准就说杨柳青，是否知道天津还有一个年画重镇——东丰台？

东丰台是今天宁河县的丰台镇，在天津版图的最东边，地处海河水系下游，近临渤海湾。这里地广土肥，水源丰沛，光照充足，是天赐的鱼米之乡。在漫长的历史进程中，积淀了深厚的农耕文化。民间花会、制陶、年画、剪纸、草编、面塑等，都是此地百姓喜闻乐见又擅长与精通的民间艺术。同时，东丰台又置身京、津、唐三市间的腹地，宁河、丰润、丰南、宝坻、玉田的交界处，自古以来就商贾云集，货物流转，因之其地域文化传播四方而远近驰名，其中最突出的是东丰台的木版年画。

东丰台木版年画的起源与北方的雕版印刷密切相关。木版年画出现于明末，兴盛于清代中期，极盛时期全镇的年画作坊多达五十余家。那时，镇上集中一大批才高艺湛、擅长刻版与绘制的年画艺人，还有精通营销的精明的画商。到了清代末期，天津西南的杨柳青年画走向鼎盛，不少丰台人便跑到杨柳青炒米店开设画店，其中义盛发、永和德、增兴、永庆和、成泰长等名气都很大。丰台人店多势众，擅长买卖，经营得力，再加上独特的画风与高超的印绘技艺，颇受市场钟爱，在杨柳青你说炒米店有"丰台帮"之称，势头颇健，一时与来自河北地区的另一个著名的年画产地武强的"武强帮"构成争强斗胜的局面。人称武强年画为"河西货",东丰台年画为"河东货"。

东丰台年画具有北方乡土质朴厚重的气质。虽然与杨柳青镇相距不远,但其画风——尤其是早期的画风与杨柳青却相去甚远。杨柳青年画的受众多为城中市井人家,东丰台年画的需求者都是乡间百姓,所以它在题材、造型、构图、色彩等各方面都有很浓的地域和乡土的特点。东丰台年画传人董静说:"拿胖娃娃抱大鱼举例,杨柳青人画的鱼多是金鱼,因为城里的人喜欢观赏金鱼,可是买东丰台年画的都是农民,守着河岔水沟,没有金鱼,只有鲤鱼,所以东丰台年画中的鱼全都是大鲤鱼。"

东丰台年画以套版为主,局部手绘,特别是面部和手部,画法为写意。套版一般为六块版,红、绿、黄、紫、蓝,外加一块黑色的线版。蓝色多是品青,绿是品绿,红是品色玫瑰精。不用调和色,只用原色;着色很重,对比强烈;设色不是"随类赋彩",而是把有限的五六种颜色相互错开,以造成缤纷斑斓的色彩效果。人脸染得十分浓艳,施粉厚,红色重,不像杨柳青年画脸颊晕染细腻而淡雅;东丰台年画中的人脸像戏剧打脸,追求强烈的视觉感染力。其画版直线多,曲线少;色块多,线条少,因之结构紧凑结实,画面具有整体感与分量感。这正是乡土艺术魅力之所在,也是我由衷喜欢东丰台年画的缘故。

东丰台年画很重视勾眼点睛。东丰台年画的眼睛是要手绘上去的,一般分"活眼"和"死眼"。神像多为"死眼",上下眼皮是一条横线,中点一个黑点,像"工"字,因为神仙的表情必须庄重;但娃娃美人多为活眼,上下眼皮画成曲线的月牙状,再点睛,以表达人物的表情与神气,因为娃娃美人这种凡人的眼睛必须灵活,有活气儿。东丰台人把杨柳青年画中那种弯成花瓣状左右顾盼的眼叫"凤眼",但东丰台人不画凤眼,只画活眼。于是,两地年画风格立时区别开了。

东丰台年画题材不广泛。早期年画多为民间崇拜的神像,主要是灶王、财神、门神和全神。后来渐渐出现一些神像之外的世俗题材,如娃娃美人、吉瑞图案、耕织图、王小卧鱼、埋金得子,以及戏曲内容

（如《三岔口》、《白蛇传》）等，颇受百姓的热爱。

从文化板块上划分，早期的东丰台年画不论题材，还是艺术风格，更接近河北的武强年画，而非杨柳青年画。可是自从清代中期以后，东丰台人到杨柳青炒米店开店卖画，开始接受正值全盛时期杨柳青年画的影响。当时，杨柳青的画店作坊林立，画工众多，产量惊人。在地理位置上，杨柳青又毗邻京津，受都市精英文化影响，画法崇尚工笔国画，画风崇尚精细；各地不少画师名家来到杨柳青镇授徒传艺，并为画店设计画稿，其题材变得日益广泛，年年都有大量的新画涌现，广泛受到欢迎，这便使北方很多年画产地都效仿杨柳青。

此外，杨柳青年画一个重要销售目的地是内蒙古、东北和新疆。这些地方本身都没有年画产地，却都有张贴年画的习俗和巨大的需求。杨柳青年画销往这些地方的必经之地恰恰是东丰台，然后经唐山转销到东北和西北。这样一来，北方年画业的风水就转向东丰台了。那些在杨柳青炒米店开画店的东丰台人纷纷撤回老家去，反过来，杨柳青各大画店的人马都跑到东丰台开设分号，甚至把画版画案也搬过去。东丰台渐渐成了中国北方一个十分重要的年画集散地。

同时，带来的负面效应使强势的杨柳青年画对东丰台本土年画构成了巨大的冲击。杨柳青年画题材多，做工细，销路好，东丰台年画为了生存，只好向杨柳青年画一边倒了。有的干脆仿刻杨柳青的画样和画版，致使杨柳青画店刻制新版时常在版边边栏着意镌刻一排"预先通知，丰镇同行，忌翻此版，小号谢谢"的字样。这是民间艺术史常见的同化或兼并的现象，其原因是民间艺人对自己的艺术特征并不十分清楚，为了生存很容易就放弃自己，没有文化上的自觉。这样一来，东丰台年画与杨柳青年画的风格界限渐渐变得模糊，致使人们长期误以为东丰台年画是杨柳青年画的一个分支，把它们归为同一个艺术体系，忽视了东丰台年画的独立性。

东丰台年画由盛而衰是在日本侵华期间（20世纪40年代），冀东沦陷，日伪政府强行掠夺东丰台画店的大量古版，运往关外，以充作满洲文化，来混淆我民族意识，这使得东丰台年画伤筋动骨。

此后，由于社会变迁，文化大革命破坏，地震灾难，再加上生活方式的转变，到了20世纪70年代，东丰台年画已鲜有制作了，传承人寥寥无多，到了消亡的边缘。

记得那时候，我为了单位裱画的业务，一度常去丰台镇，那里有两位裱画师傅手艺很好，而且物美价廉。在镇上听说这一带曾经是年画之乡。出于个人爱好，到处去寻觅老画古版。这一来才知道，不少古版被用来盖猪圈，或者由于版面有凸线，当做搓衣板使用，眼看着这一珍贵的文化遗产在走向历史的虚无。

幸亏这些年人们有了乡土文化的保护意识，镇上也有人开始着手发掘、收集和整理本地的年画。更幸运的是，一家传承有序的百年年画老店"义盛发"，居然还有传人在。这位传人叫董静，在刻、印、画等方面全面掌握东丰台年画和家族的艺术传统，能够独立完成年画的制作，在挖掘整理地域传统与发扬东丰台年画地域风格上比较自觉。近年来，他已把"义盛发"重新恢复起来，年画市场前景很好。目前，东丰台年画已被列入第一批天津市非物质文化遗产；2008年，董德伟、董静叔侄还被认定为具有代表性的东丰台年画传承人。

年前我跑了一趟丰台镇去看望董静先生，还看到他用心珍藏的老版老画，以及正在进行年画制作的生气勃勃的小作坊。一时心里透出亮光，因为我感觉到东丰台年画的复兴有了希望。

大地拾花

在着手对中国年画遗产普查成果进行档案化的整理时，我们就设计了本卷——《拾零卷》，这一卷不可或缺。

中国木版年画遗产的存在形态是产地化的。它不是靠一个或几个传承人单门独户地代代相传，而往往是一个村甚至相邻的一些村落群体制作；它的传承方式是集体传承与家庭传承的结合。一是因为制作程序复杂，多工种，比如画稿、刻版、印刷、手绘，有的地方还要自制颜料，甚于自制特定的纸张，如绵竹、滩头、夹江等，这就需要许多人合作完成；二是需求量大。在我国，贴年画的风俗不仅普遍，而且必不可少，即使在没有年画产地的广阔的内蒙古与东北地区，也都有岁时贴年画的习俗。然而这种技术含量高、操作又复杂的艺术生产不是谁都能做的，常常是一个产地供给周边十分宽广的地域。这种巨大的需求反过来又促进一个产地的规模、活力和走向成熟，乃至风格的形成。一种独特的民间艺术的风格往往是那个地域特有的文化心理与集体审美"要求"出来的。

为此，在历史上我国年画产地遍及全国。除去青海、西藏、内蒙古、新疆和东北没有年画产地，其余各省都有或大或小的产地。大的产地声名赫赫，其影响往往覆盖全省，甚至跨省。故民间有"四大产地"或"六大产地"之说，不过版本不同罢了。这些产地的特点是制作规模较大，产量高，底蕴雄厚，技艺精良，品种繁多，风格独异又迷人；在历史的传衍中不绝地涌现出卓越的艺人，而且关键的是至今还保持着一定的传承活态。

这种产地有杨柳青、桃花坞、杨家埠、武强、朱仙镇、绵竹、凤翔、高密、滩头、漳州、佛山、内丘、云南、临汾、绛州、平度、东昌府、滑县，以及小教场等（小教场早无活态，属于另类）。

我们对这类产地采取"专集"方式，一般为一个产地做一集。当然，这些产地在时代的更迭和生活的变化中，多已消解萎顿。不过，由于往日的庞大与厚重，种种遗存与记忆仍然可观。

除去上述这种产地，还有另外一种。

这一种多为地域性的，其影响基本不出自己疆界——小至周围几个市县，大到自己的地域文化圈。制作与生产规模比较有限，没有对外销售与传播的张力。当社会生活发生剧烈变化时，便被冲散。可是这种产地的年画往往具有自己独特的乡土精神、文化内涵与审美气质。连信仰的神灵（地方神）和张贴习俗都为自己所独有。这又恰恰是在文化普查中应该特别加以重视的。

由于这种产地原本不大，资料有限，难以单独立卷，故采取结集方式，以统一的体例收入这本《拾零卷》中。

然而，这些地域性的规模较小的产地现今的境况比我们预料的糟糕得多。

在全国年画地毯式的普查与收寻中，虽然获得不少令人惊喜的重要的发现，如在滑县、内丘、云南大理等地。但对这种小型的地域性产地——二十余个省市近三十余个产地调查时，多数产地已无活态存在。特别是曾经颇有特色的产地，如安徽阜阳、福建福安、陕西汉中、广西桂林与南宁、湖北孝感、贵州安顺、山西襄汾与洪洞、江苏扬州、江西南昌、云南丽江等地，其年画基本消亡，成了昨日黄花。尤其汉州、阜阳、徽州年画历史上颇有影响，风格独特，有许多"独门绝技"，如果还有活态，一定会单独立卷的。

历史地看，木版年画的消亡并非始自改革开放后的现代文明的冲击。首先是20世纪初以来时代生活的变迁,固有观念的瓦解,舶来的印刷技术的冲击,动摇了这种传统手工的民俗艺术的根基;随后是从50年代的"移风易俗"到60年代的"砸烂四旧"。60年代的人为破坏是颠覆性的摧毁,不少产地因此土崩瓦解。进入社会开放的80年代后,木版年画应是待兴与复苏的好时机,但由于时隔太久,村落的传承群体已经瓦解,家庭传承亦多中断,前辈传承人大多年事已高,很难接续;另一方面是传统的画版大都在文化大革命中被消毁,而画版是年画艺术代代相传的物质载体,没有画版,无本可依。比如苏州桃花坞曾经势拥中国年画的半壁江山,文化大革命中所有画版付之一炬,如今古版已是"一版难求"。而近二十年古物市场的活跃,促使小商贩走村串巷,收买劫后残余的老画老版。乡间百姓对这些不再应用的老东西缺乏保护意识,纷纷卖掉。

这给我们此次的普查带来的困惑是:一方面原产地多是人亡物空,以致无法找到其"历史面目";另一方面很多老画老版散见于各地古玩市场和年画收藏者手里,但多数不知来路,难分产地,混杂一堆。这几年,各地开始有了保护"非遗"的观念,一些产地想恢复年画制作,可是没有老版,没有凭借,便到各地古物市场上寻购,而这些产地由于传承中断,认不清哪些是自己的,致使这些重新恢复起来的作坊的画版与年画的图样真假混杂,常常可以见到这个产地印的是别的产地的年画。

故而在整理本卷时坚持的原则是:

一、产地以活态为主。哪怕还有一两家小作坊,一两位传承有序的艺人。因为有传承人才有记忆。记忆是"非遗"的重要内容,甚至是"非遗"本身的一部分。

二、如该产地已无活态传承,但还有古版古画的遗存,并有重要的口头记忆,也收入本卷,因这些古版古画同样有散失的可能。比如安徽阜阳与河南卢氏就属这类。地处豫西的卢氏年画属朱仙镇年画体系,曾名噪一时,但如今已无人接续,失去活态,剩下的只有十四块老版,无论造型与线刻皆敦厚雄美。还有江西樟树的年画,虽已失传,但其遗存《仙班龙凤舟》、《灶神》等富有珍罕的地域文化价值，故也收入本卷，作为一种历史信息存录下来。但如果对产地的普查一无所获，哪怕这个产地曾经有相当影响，也不能见于本卷。因为本卷是普查实录，而非资料大全。

三、凡收入本卷的图版，皆经过专家甄别确认。

四、本卷体例为每产地分为图、文两部分。文即概述该产地的历史、嬗变、习俗、题材、体裁、工艺、传承以及审美特点，图即画与版，包括老版老画、老版新印和老版新刻新印。老版老画为历史遗存，老版新刻与新印属传承活态。

这样，本卷共收入十三个省市和地区的十九个产地的资料。

本卷各产地都是各地民协普查成果。这些成果无法体现产地历史的辉煌，却表明21世纪初民间年画产地濒临消亡的真实情景，为那些目前一息尚存的年画产地的保护提出严峻的挑战与紧急的警告。

还要提到的是，本卷中的澳门纸马与台湾台南米街年画部分都是过去大陆学者较少涉及的。此次纳入全集，意在呈现中华民族这一独有的民间文化的绚丽多样，而多样性才是中华文化的本质。

由此想到《拾零卷》的"拾零"二字。"拾零"乃是整理资料时，将一些零散却有一定价值的东西拾缀起来，另编成册。其实民间艺术不应有主要与次要，不论规模大小，体量如何，都是那一块土地独自的创造，相互不能替代。不论是漫山遍野亮丽的山丹丹，还是几朵在青草中婆娑摇曳的小小的矢车菊，皆堪我们以心相惜，那么本卷的"拾零"不就是"拾花"吗？

珍惜大地上每一朵奇异的花，每一个依然活着或曾经活着的生命，这便是本卷的意义。

（本文为《中国木版年画集成·拾零卷》而作）

为义成永画店立档的意义

我们一直说昔时的杨柳青画店林立，但对杨柳青画店的历史却没做过研究，也不曾有人写过任何一个民间画店的历史，包括鼎鼎大名的戴廉增与齐健隆，这表明昔时对年画的研究多为艺术研究，而非文化研究。如果20世纪有人动手去写戴廉增与齐健隆的画店史，那一定会使我们对年画的认识更鲜活更充分。可惜现在想写也无从找到材料了，因为知情者大多辞世，遗存亦大多消散。那两个曾经叱咤风云的老店，如此只剩下一双响亮却空洞的名字。

还是在十年前，开始全国年画普查时，我组织过一支杨柳青年画调查小组，经由年画艺人、玉成号传人霍庆有带领，拜访了镇内南赵庄的杨立仁。那次才听说历史上有一个画店叫义成永。但当时杨立仁年事已高，不再制画，家中又没有多少遗存，义成永画店没有给我留下任何印象。

后来引起我兴趣的是两件事：一是由市民协副主席马仲良带队对杨柳青年画进行拉网式普查时，发现一批年画老版，雕刻华美，品种齐全，数量亦大。这是杨柳青年画近三十年最大的一次发现。这批古版的原收藏者竟是南赵庄杨立仁的侄子杨仲达，应是"义成永"旧物。由这批古版可见这个义成永画店当年的规模与水准非同一般。二是日本学者三山陵主编《中国木版年画集成·日本藏品卷》时，在早稻田大学博物馆发现了一批年画，时间为民国初期，多为三裁，都是彩绘的戏剧与民俗年画。这批画竟然完全是义成永画店出品，画面上清清楚楚有义成永的戳记。

这使我十分惊喜。一边发现了古版，另一边发现了年画成品。于是，这家早已沉没在历史尘埃中的杨柳青镇南的老店——义成永，渐渐五彩缤纷地浮出了水面。

然而，正待我们思谋着手对义成永深入挖掘时，义成永所在的南赵庄及整个"南乡三十六村"陷入城镇化的迅疾到来的狂潮中。没想到，本来应该井然有序的活态调查与推动，却变为终结性的抢救，而且必须在南赵庄消失之前，进行全面的彻底的一网打尽的文化调查。我将这项紧迫、艰巨又必须严谨以待之的工作交给了我的博士研究生王坤。以她在滑县年画抢救的表现，我相信她可以做好。

在经历了我院对杨柳青镇内画乡"临终抢救"的四个月后，她把这份调查报告交给我时，竟然出乎我的意料的好。她非功利的治学精神，一丝不苟的研究态度，还有一种责任感，都在书稿里显露出来，令我高兴。更让我注意的是她的调查与整理的方式。她将田野考察与文献考证，口述调查与实物搜集，原始记录与研究思考结合为一体。我一直认为，物质文化遗产要注重文献与实物，"非遗"还要注重"活"的部分，因为"非遗"多存在于人的口头、行为与记忆中。这样，口述的方法就必不可少。由于以前学术界从来没有从文化学、遗产学角度调查与研究年画，方法多囿于文献与画作。因此说，王坤的做法是颇有新意的。

这样一来，她便将义成永画店从几近湮灭之中一点点挖掘出来了。她调查细致，资料丰富，整理得井然有序，颇有义成永画店史的意味。

在画店史方面，我见过荣宝斋的店史。但荣宝斋是城市经营性的画店，义成永是民间作坊式的画店。在民间，画店不仅包括这一艺术制作与营销的全部内容，而且是其文化传承的真正载体。一个画店是一个案，个案却往往能反映一种本质。虽然这是一份田野调查的报告，由于她在整理上着重于画店历史的角度，使这报告有了画店史的性质。应该说，这报告已经为义成永建立起一份画店的档案了。

我希望她能由此深入下去，可否写一部杨柳青的画店史甚至一部杨柳青的年画史呢？因为杨柳青年画虽名闻天下，却至今没有一部年画史呢。

从已有的成果上再努力，就是攀登；这也是学术和人生真正的路了。

我期待着。且为序言。

（本文为《义成永画店田野调查报告》而作）

临终抢救

"临终抢救"是医学用语,但在文化上却是一个刚刚冒出来的新词儿,这表明我们的文化遗产又遇到了新麻烦。

何止是新麻烦,而且是大麻烦。

十多年来,我们纵入田野,去发现和认定濒危的遗产,再把它整理好并加以保护;可是这样的抢救和保护的方式,现在开始变得不中用了——因为城镇化开始了。

谁料到城镇化浪潮竟会像海啸一般卷地而来。在这迅猛的、急切的、愈演愈烈的浪潮中,是平房改造,并村,土地置换,农民迁徙到城镇,丢弃农具,卖掉牲畜,入住楼房,彻底告别农耕,然后是用推土机夷平村落……那么,原先村落中那些历史记忆、生活习俗、种种民间文化呢?一定是随风而去,荡然无存!

这是数千年农耕文化从未遇过的一种"突然死亡"。农村没了,文化何有?皮之不存,毛将焉附?无皮之毛,焉能久存?

刚刚整理好的"非遗",又面临危机。何止危机,一下子就鸡飞蛋打了。

那么原先由政府相关部门确定下来的古村落呢?

只剩下一条存在的理由:可资旅游。很少有人把它作为一种历史见证和文化财富留着它,更很少有人把它作为文化载体留着它;只把它

2011年底为抢救即将推平的杨柳青年画产地"南乡三十六村"而写的一本书《一个古画乡的"临终抢救"》

作为景点。我们的文化只有作为商业的景点——卖点才有生路，可悲！

不久前，我挺身弄险，纵入到晋中太行山深处，惊奇地发现连那些身处悬崖绝壁上的一个个小山村，也正在被"腾笼换鸟"，改作赚钱的景区。这里的原住民都被想方设法搬迁到县城陌生的楼群里，谁去想那些山村是他们世世代代建造的家园，里边还有他们的文化记忆、祖先崇拜与生活情感？然而即便如此，这种被改造为旅游景区的古村落，毕竟有一种物质性的文化空壳留在那里。至于那些被城镇化扫却的村落，则是从地球上干干净净地抹去。半年前，我还担心那个新兴起来的口号"旧村改造"会对古村落构成伤害。就像当年的"旧城改造"，致使城市失忆和千城一面。

然而，更"绝情"的城镇化来了！对于"非遗"来说，这无疑是一种连根拔，一种连锅端，一种断子绝孙式的毁灭。

城镇化与城市化是世界性潮流，大势所趋，谁能阻遏？只怪我们的现代化是从文化大革命进入改革,是一种急转弯,没有任何文化准备,甚至还没来得及把自己身边极具遗产价值的民间文化当做文化,就已濒危、瓦解、剧变,甚至成为社会转型与生活更迭的牺牲品。

对于我们,不论什么再好的东西,只要后边加一个"化",就会成为一股风,并渐渐发展为飓风。如果官员们急功近利的政绩诉求和资本的狂想再参与进来,城镇化就会加速和变味,甚至进入非理性。

此刻,在我的身边出现了非常典型的一例,就是本书的主角——杨柳青历史上著名的画乡"南乡三十六村",突然之间成了城镇化的目标。数月之内,这些画乡所有原住民都要搬出。生活了数百年的家园连同田畴水洼,将被推得一马平川,连祖坟也要迁走。昔时这一片"家家能点染,户户善丹青"的神奇的画乡,将永远不复存在。它失去的不仅是最后的文化生态,连记忆也将无处可寻。

我们刚刚结束了为期九年的中国木版年画的抢救、挖掘、整理和重点保护的工作,才要喘一口气、缓一口气,但转眼间它们再陷危机,而且远比十年前严重得多、紧迫得多。十年前是濒危,这一次是覆灭。

我说过,积极的应对永远是当代文化人的行动姿态。我决定把它作为"个案",作为城镇化带给民间文化遗产新一轮破坏的范例,进行档案化的记录。同时,重新使用十五年前在天津老城和估衣街大举拆迁之前所采用过的方式,即紧急抢救性的调查与存录。这一次还要加入多年来文化抢救积累的经验,动用"视觉人类学"和"口述史"的方法,对南乡三十六村两个重点对象——宫庄子的缸鱼艺人王学勤和南赵庄义成永画店进行最后一次文化打捞。我把这种抢在它消失之前进行的针对性极强的文化抢救称之为"临终抢救"。

我们迅速深入村庄,兵分三路:研究人员去做重点对象的口述挖掘;摄影人员用镜头寻找与收集一切有价值的信息,并记录下这些画乡消失前视觉的全过程;博物馆工作人员则去整体搬迁年画艺人王学勤特有的农耕时代的原生态的画室。

通过这两三个月紧张的工作,基本完成了既定的目标。我们已拥有一份关于南赵庄义成永画店较为详尽的材料。这些材料有血有肉填补了杨柳青画店史的空白；而在宫庄子一份古代契约书上发现的能够见证该地画业明确的历史纪年，应是此次"临终抢救"重要的文献性收获。

当然，最关键的目的，还是要见证中国城镇化背景下农耕文化所面临的断裂性破坏的严峻的现实，以使我们由此清醒地面对它、冷静地思考它，将采用何种方法使我们一直为之努力来保证文化传承的工作继续下去。

本书以图文方式呈现我们此次"临终抢救"所做的一切，并直言我们一代文化人面临的问题，以及所感所思。

应该说，这是我们面对迎面扑来的城镇化浪潮第一次紧急的出动。这不是被动和无奈之举，而是一种积极的应对。对于历史生命，如果你不能延续它，你一定要记录它。因为历史是养育今天的文明之母。如果我们没了历史文明——我们是谁？

文化诘问·第五章

我们的观念与方式

今天,与各位专家学者共同研讨抢救和保护文化遗产的观念与方式。为了强调当代"非遗"保护的重点在田野第一线,因此我们把今天的会议主题称作"田野的经验"。

自20世纪中期以来,"非物质文化遗产"这个概念渐渐进入了全人类的视野,被全人类所重视,这在遗产学上具有一个非常重要的、里程碑式的意义。从对物质文化遗产的保护认识到对非物质文化遗产的保护,是人类遗产观上的一个伟大的进步。我常常想这样一个问题:如果我们现在还没有"非物质文化遗产"这个概念,没有"保护非物质文化遗产"的观念,那么半个世纪以来,在全球化、工业化、商品化、城市化飞速发展的时代,人类的非物质文化遗产至少要损失一半,甚至比一半还多。所以,它的意义非常重大。

可是,非物质文化遗产不是在博物馆里面,不是在书本上,它是在生活里,是一个生命。它不见得是看得见摸得着的,但是它在你的血液里,并时时要以美轮美奂的、富于魅力的方式表现出来。所以说,非物质文化遗产是无所不在的,它在我们的生活里面。我们只拿分类学是解决不了非物质文化遗产存在的极其复杂的问题。它整体地、活态地存在着,并影响着我们的生活方式和思维方式,是我们生命里的非常重要的内容。我们的田野,实际上就是我们的生活。也许我们过去有一种误会，我们是城市人，认为田野就是农村。我们离开城市到农村去，才是去做非物质文化遗产的调查、抢救或保护。实际上，我们每个人身上和周围都有文化历史的积淀。我们在田野之中。当然，我们工作的田野远远不是个人生活其中的田野，是广阔的田野。世界上，这么多的国家和民族都有非常灿烂的文化遗产，都有独具特色的田野调查的经验，我们需要交流。

在20世纪末，人类遭遇到了共同的重大问题，就是全球化、工业化、城市化。我们中华民族的田野上的五十六个民族的民间文化全面受到现代化的冲击，全面濒危。我们民间文化工作者认为，我们有一个责任——要去抢救和保护。但是，在几千年的农耕社会里形成的民间文化到底有多少种、有多少形态，我们并不清楚。我们必须把这个"家底"全部搞清。所以，从2002年年底开始，正式启动了"中国民间文化遗产抢救工程"，要对九百六十万平方公里上的五十六个民族的所有的民间文化进行系统、全面、地毯式地普查。这个普查，实际上是一个大型的田野调查的工作。它不同于以前的专家个人化的调查，而是一个集体行为，面对的是全民族的文化遗产。它既要对过去文化的创造者负责，也要对未来文化的享受者负责。这是我们这代人文知识分子神圣的责任。就像传递火炬一样，我们要把前一代创造的文明之火接过来，完整地交给下一代。

中国民协开展的这项田野调查有以下几个特点：一、集体性。二、多学科。既有民俗学、文化学、历史学、美术学、美学，也有人类学的方法和视角。三、多种方法。它不仅要用传统文字的、照相的方法，还要用声音和动态图像的方法。因此，我们在做任何项目和任何领域的调查之前，先要做一本《工作手册》。必须是统一标准、统一规格，出来的成果才是严格、科学和系统的。我们做的传承人普查、认定和命名，中国民间文学、中国木版年画集成、剪纸集成、彩塑集成、唐卡集成、服饰集成、民间美术普查集成，以及古村落及其民俗志调查等项目都有《工作手册》。因为这个普查不只是我们专家做，还要动员当地人来做。只有当地人重视了他们的文化，文化才能保护下来。不能只靠专家来做，如果人们对自己的文化不重视，一旦专家走了，文化照样消亡。所以说，我们必须在当地做普查的培训工作。比如说，中国民协副主席余未人在做《中国民间美术集成》示范卷《贵州卷》时，就在当地搞了很多的培训班，所以他们才能够把贵州省的九个地区、八十五个县、两千多个村庄全部普查了一遍。他们的普查成果《中国民间美术集成·贵州卷》最近在美国获得了一个大奖。我们还在普查的基础上，建立了民间文化遗产抢救工程档案数据库。

此外，我们肩负着一个责任，就是呼唤全民的文化自觉。我们国家确立"文化遗产日"，就是促使公众在这样一个文化的节日里重温、亲近、熟悉与热爱自己的文化。这件事就是文化界呼吁的一个结果。保护不仅是专家的保护，专家还要促进全民的保护。只有全民的保护，文化遗产才能真正保护下来，因为文化遗产是属于全民和全人类的。同时，保护各自民族珍贵、独特的文化遗产，也就是在保护人类文化的多样性。这是世界上所有文化学者共同的目标。让我们为这个共同的目标而努力。

理论要支持田野

首先要表明，这不是一般意义的学术会议。在我国，关于民间美术分类的专门的研讨似乎从来没有进行过，那么今天为什么要拿来研讨？说到这里，就必须面对当今民间文化的学术现实——

近两年，民间文化的学界一个重要的动向是重燃对田野的激情。书店里，展示各种田野调查成果的出版物层出不穷；在获得全国性的民间文化"山花奖"的理论著作中，优秀的田野调查的作品也日见其多。这表明愈来愈多的文化学者投入了这场旨在摸清文化家底的普查运动，从书斋走入田野，去拥抱那些濒危的文化生命。然而，在这样令人鼓舞的文化形势下，却存在着诸多令人堪忧的问题。

首先是专业研究队伍十分薄弱，不少民间文化领域根本没有从事研究的专业人员。许许多多民间文化事项——不论是独特的民俗还是卓越迷人的民间艺术，还是学术的空白，甚至从来没有进入研究者的视野。比如古民居这样博大的民间遗产，直到今天还只是为建筑学家们关注，而没有民俗学家和人类学者的涉入。它们是我们的盲点和盲区。因此在现代化狂潮中，大批古民居、古村落和城市的历史街区被推土机推去，彻底消失，我们却浑然不觉。进而言之，在很多民间文化门类中，至今没有公认和通用的分类法。最严重的门类是民间美术。

由于我国幅员辽阔，自然条件不同，民族众多，长期历史形成的

田野是我们工作的立足点

文化板块错综复杂,民间美术缤纷多样,不可胜数。然而民间美术的分类却一直模糊不清,乱无头绪。长期以来,学者们或依从习惯,或自行其事,对于这个基础性的问题只有不多几位学者做过专门研究,但没有得到深入研讨并被普遍认可,这就极大地限制了对于千头万绪的民间美术全面和总体把握与认识。而长期以来,民间美术的研究置身在美术研究和民俗学研究中间的夹缝里。民俗学的主要对象是民俗

田野是我们工作的立足点

与民间文学，对民间美术关注甚微；而美术界一直把民间美术放在主流之外。民间美术研究处境尴尬，人员很少，力量薄弱，无法建立起严谨的理论体系。这样，当我们用以应对当前普查所得来的中华大地上极其丰富和浩瀚的美术现象时，必然捉襟见肘，力不能支。换句话说，当我们把从田野普查之所获搜集起来时，却没有一个统一的标准的分类法来进行整理，最终只能还是各行其是，其成果必然就会参差不齐，缭乱无序。这就是最近我们要进行一系列民间文化分类研究的缘故。

应该说，是田野普查，是民间文化本身的要求——或者说是逼迫我们用理论支持它。如果理论总是远离对象——如果最后都不能回到对象本身，甚至不能解释对象，这种理论只是一种书斋的奢侈而已。

当前，民间文化的研究正在活跃起来，这是数十年来未有的景象。究其缘由，乃是全球化时代的一种必然。面对全球化的霸权，各民族

田野是我们工作的立足点

的文化全都身陷危难；全球化的本质是消解人类文化的多样性，而各民族自身的精神传承依靠的正是自己独有的文化。因此，一旦人们对此觉悟，产生自觉，民族民间文化就必然成为全社会的文化焦点。中国究竟是一个文明古国和文化大国，在全球化席卷而来时，并没有需要太长时间就深切地关注对自己文明传承及其保护等一系列重大的问题了。

  但我们必须清楚，民间文化是在它危亡之时受到关切的。所以，我们首要的工作是抢救和保护，工作的前提是普查。普查包括摸清家底的调查和分类化的整理。其实这些工作都是学术性很强的工作。故而我们的学术研究和学术理论首先是支持田野的调查工作。没有可靠的坚实的理论和学术的支持，田野成果便会良莠不分，年代不明，价值不辨，并全部混杂一起。民间文化与精英文化的一个很大的不同是，精英文化历来一直有鉴别和著录，分门别类，井然有序，而民间文化至今仍是落英满地。我们普查的最终目的是使这"中华文化的一半"——民间文化，像精英文化那样整理出来。如果没有理论和学术为后盾，最终一定是杂乱无章，事与愿违。

为此，民间文化理论的当代需要是实效性、应用性和工具性的。不管我们心中的理论大餐如何精美，现在最需要的是收割庄稼的镰刀。其实这些最现实的工具理论——比如分类法，也是学术建设的基础与根本。反过来说，如果我们连这样的理论也无法提供，能说我们有着很高超的理论能力吗？

于是，今天我们将诸位学者请来进行研讨。诸位都是民间文化和民间美术研究的大家，在分类方面各有卓见。我们并不指望一次研讨会就能用理论将这样一个极其复杂的问题解决。因此，展开各自的见解，交换观点，归纳思路，启动思辨是这次研讨的目的。我相信，一种规范的、标准的、通用的分类法会由此渐渐诞生。

正在进行的民间文化的抢救与保护及其田野调查，向我们的理论研究发出呼唤，提出挑战，也激发着理论的活力。应该说，获得了发展的千载难逢的良机。而理论发展的最佳途径则是深入田野实践，发现问题、研究问题、解决问题。从田野中所获得的不仅是作文章的由头，而是融入它脉搏跳动着的生命。让我们在理论研究与田野调查的互动中，促使普查与研究的双丰收，推动民间文化事业的整体发展。

发现《亚鲁王》

在多年来全国民间文化遗产抢救中,最大的快乐是发现。

前年初夏,身居贵阳的文化学者和作家余未人在电话里激动地告诉我,她那里发现了苗族的长篇英雄史诗,一时我感到她的声音兴奋得闪闪发光。但我的脑袋里还是响着一个疑问:这可能吗?

始自20世纪初,中国文学和文化界的有识之士发动的一轮又一轮民间口头文学的调查中,不断有收获涌现,我们数千年古老的中华大地文学蕴藏之深厚真是无法估量,然而自《格萨尔王传》《伊玛堪》和《江格尔》等搜集整理完成之后,很难想象还有不曾知晓的一个民族的长篇英雄史诗会横空出世。特别是在现代化和城市化高速推进的今天,随着传统生活的骤变、农耕聚落的瓦解和现代传播方式革命性的强力入侵,无形地依附于口头的文学比任何文化遗产都消失得快,而且像风吹去一般无声无息。怎么还会存在一部体量巨大的史诗?

最初,我和中国民协抢救办对此所知尚不明晰。经那里的学者初步判断,这部史诗的内容为广泛流传于苗族生活地区的始祖亚鲁王的创业史。字数至少一万行,至今活态地保存在贵阳西南紫云等六县交界的麻山地区,并伴随着原始的"祭祀"包括"砍马"习俗的仪式中。然而传承歌手年岁较大,其中能较完整地唱诵的年长者已九十三岁。尤其这一带使用的"西部苗语"相当艰涩,外界难懂,能在第一线进行搜集和调查工作的只有一位年轻的苗族大学毕业生。

余未人的信息明显有告急和求援的意味。我深信余未人的文化功底与学术的判断力。当即与中国民协罗杨、向云驹二位研究决定由我学院"非遗"中心立即派出一个小组，成员包括研究人员、摄影家及向山东电视台求援而来的影视摄像人员，火速奔往贵州余未人那里报到。同时，中国民协决定给予必要和有力的资助。

在贵州麻山地区前沿的调查紧张、艰难又有效。尽管当今社会仍然没有我们所期盼的文化自觉，但在《亚鲁王》抢救上却幸运地得到各方面必需的支持与合作。

首先是以余未人为代表的一些学者和作家的积极参与，这极为重要。对于一大宗自然存活于田野中的口头文学遗产，首先需要对其性质与价值进行判断；而在收集与整理过程中，又必须具备学术的眼光与能力。余未人他们始终坚守在遗产抢救的前沿，这就保证了《亚鲁王》如此浩繁的工作有条不紊地进行下来。

另一关键因素是《亚鲁王》的收集与翻译者杨正江。直至今天，能够通晓西部苗语，又能以拼音式苗文笔录并译成汉文的人，只有这位出色的苗族青年。他最早发现麻山地区的《亚鲁王》，最先认识到它非凡的价值，并一直在田野里千辛万苦，甚至形影相吊地默默工作着。本地域、本民族文化的先觉与行动者是最至关重要的。单说苗族，多少古老的村寨由于不知晓其珍贵的服饰遗产的文化价值，而被国内外的淘宝者轻而易举地搬卸一空？可以说没有杨正江和一些当地有识之士的努力，就没有今天出版的汉、苗文本史诗《亚鲁王》。当然，这中间也有余未人在文字上一遍遍地精益求精而付出的心血与辛苦。

再有便是紫云县政府、贵州省文化厅、省"非遗"中心与京津文化单位、大学及社科单位纷纷伸出援手。文化遗产是一个民族精神性的公共遗产。共同爱惜和保护，使其达到永存与共享，乃是我们理想的境界。尽管现有的力量尚十分微薄，但各方共同的努力已使我们欣喜地感受到了。

经过专家判断，史诗《亚鲁王》所传唱的是西部方言区苗人的迁徙与创世的历史。史诗主角苗人首领亚鲁王是他们世代颂扬的英雄。由于崇拜至深而具有神性的亚鲁王，不是高在天上的神偶，而是一位深谋远虑、英勇豪迈、开拓进取、有情有义又狡黠智慧的活生生的人。为此，千百年来才会与代代苗人息息相通，在东郎的吟唱中有血有肉地活在他们中间。

史诗开篇宏大，具有创世意味。通篇结构流畅大气，程式规范庄重，节奏张弛分明，远古气息浓烈，历史信息密集。细细读来，便会进入远古苗人神奇浪漫又艰苦卓绝的生活氛围中；大量有待破解的文化信号如同由时光隧道飞来的电波繁渺而至。

从这部长诗的价值看，无论在历史、民族、地域、文化，还是文学方面，都是无可估量的。

专家认为，正是由于麻山地区地处偏远，外人罕至，语言独特，交流不便，又信息闭塞，直到前几年才有电流连同电视信号通入山寨。故而说亘古以来，麻山苗人几乎在自闭的状况中生活着。更由于他们世居于荒岭僻野之间，在乱石块中有限的土地里种植谷物，生活状况十分原始，精神信仰便成了他们最有力的支柱；这位顽强坚忍、从不妥协的亚鲁王的精魂才一直是他们浑身筋骨中的力量，这便是《亚鲁王》数千年传唱不绝的根本缘故。

苗人的关于亚鲁王之说，广泛流传其聚居地，但在其他地区多为故事、传说和短诗形式，唯麻山地区以长诗传唱。是否其他地区原先也是长诗，因与外界交流得早，渐渐萎缩了？这只是猜测。然随着全球化与信息化时代的高速发展，麻山地区与外界渐渐相通，这部浩瀚的活态史诗及相关习俗与仪式必定难以避免地迅速走向瓦解甚至消亡之路。我们正处在这时代更迭的转折处，抢救存录便成为首要的工作。无形的、动态的、只在口头流传上依存的遗产变得极不可靠，只有转化为文本才有确定性，这也是本书出版的最重要的意义之所在。

现在出版的《亚鲁王》只是第一部，凡一万两千行。调查重点为紫云县的六个乡镇，也是《亚鲁王》活态存在的中心地区。紫云县这六个乡镇属于麻山地区，而麻山地区又涉及六个县，另外苗语西部方

《亚鲁王》封面

言区的不少市、县也都有《亚鲁王》的传说,显然还有大量的搜集整理工作尚待去做,其规模与体量尚无法估计。目前,人力与财力的缺乏仍使工作力度不尽如人意;特别是从已调查的资料看,在数百东郎口中,其保存内容不一、版本不一,甚至说法不一。如何记录与整理是日后工作难度要点之一。

依我之见,《格萨尔王传》为藏族史诗,《江格尔》为蒙古族史诗,《玛纳斯》为柯尔克孜族史诗,这些民族皆有文字,也有手抄本。而《亚鲁王》为苗族,无文字,从无抄本,一切都是由经过拜师仪式的"东郎"口口相传。由于记忆各异,或传唱中各自的发挥,致使流传"版本"与内容纷繁多样,这也正是口头文学活态存在的特征。我想,当前急迫的工作应是对《亚鲁王》做更彻底和全面的普查与存录。存录的主要方式是用文字和音像记录,将其原始生态原真地保存下来。这样一说,本书的出版仅仅是《亚鲁王》搜集整理的开始,而非大功告成。

我国文学史上第一部作品是《诗经》，即民间口头文学集。这表明口头文学是一个民族文学的源头。此后，虽然我们的文学史向着文本化与精英化发展，但口头文学在民间仍充满活力，直至今天；然而，谁曾想到与《诗经》前后时代差不太多的一部口头文学《亚鲁王》居然活在田野里，而且还没有进入我们的文学史呢。

本书的出版，标志着《亚鲁王》的一只脚已迈进我们的文学史，中国文学史因此增添了它的分量。

发现《亚鲁王》的意义还不止于此。

在它舒缓沉雄、铿锵有力的诗律中，清晰地呈现出苗族——这个古老民族的由来与变迁的全过程，活生生地见证了中华民族在上古时代相互融合的曲折进程。这部口述的诗化的民族史还是苗民族精神与生活的历史经典，是其民族文化所达到的历史高峰的令人叹为观止的见证，故其意义远远超出文学本身。

它的发现是当代文化遗产抢救的重大收获，使我们备受鼓舞与激励。

让我们迎接这一迟到的民族文学的瑰宝吧！并接续把《亚鲁王》未了之事认真做下去。

感谢为这部中国口头文学巨著的诞生付出努力和做出贡献的各位人士。

是为序。

（本文为《亚鲁王》而作）

活着的遗产
——关于民间文化传承人的调查与认定

一

人类一边前进，一边把它创造的精神财富留在遗产里。这种遗产就是文化遗产。文化遗产的存在形态极其丰富和繁复，当代人共同认定的区分方式是分为两大类，即物质文化遗产和非物质文化遗产。

物质文化遗产是物质性的、静态的、看得见摸得着的，以物为载体的，它首要的价值是对远去的历史文化做确凿的见证。非物质文化遗产主要是非物质的、无形的、活态的，以人为载体的；它依靠人的口传心授而世代相传，因此它是活着的历史，也是我们精神生活的一部分。

自觉地传承这种非物质文化遗产的人就是传承人，他们是非物质文化遗产的主角。在人类尚没有"文化遗产"的概念之时，广大民间各种世代相传的文化中，唱主角的也是这些传承人。他们就是数千年来一直活跃在民间的歌手、乐师、画工、舞者、戏人、武师、绣娘、说书人、各类高明的工匠以及各种民俗的主持者与祭师。这是一种智慧超群者，才华在身，技艺高超，担负着民间众生的文化生活和生活文化。黄土地上灿烂的文明集萃般地表现在他们身上，并靠着他们代代相传。有的一传数百年，有的衍续上千年。这样，他们的身上就承载着大量的历史讯息。特别是这些传承人自觉而严格地恪守着文化传统

《中国民间文化杰出传承人调查·认定·命名工作手册》及《中国民间文化杰出传承人名录一》书影

《传承人口述史丛书》书影

的种种规范与程式，所以往往他们的一个姿态、一种腔调、一些手法直通着远古。常常使我们穿越时光，置身于这一文化古朴的源头里。所以我们称民间文化为历史的"活化石"。

传承人所传承的不仅是智慧、技艺和审美，更重要的是一代代先人们的生命情感，它叫我们直接、真切和活生生地感知到古老而未泯的灵魂。这是一种用生命相传的文化，一种生命文化；它的意义是物质文化遗产不能替代的。

有史以来，中华大地的民间文化就是凭仗着千千万万、无以数计的传承人的传衍。它们像无数雨丝般的线索，闪闪烁烁，延绵不断。如果其中一条线索断了，一种文化随即消失；如果它们大批地中断，就会大片地消亡。

二

人类的非物质文化遗产基本上是农耕时代的产物。可是当前人类的文明正由农耕文明向现代的工业和商业文明转型。工业和商业文明要根本性地改变人们的生活内容和生活方式，民间文化是一种生活文化，它必然首当其冲受到冲击和排斥，一部分被工业文明淘汰掉，一部分被商业文明转化为商品。这是全球性的问题，无论多么古老迷人的文化也得不到豁免权。我们所面临的这种转型又与急转弯式的社会变革紧密相关。工业和商业文明几乎是横向地"杀入"到农耕社会中来。看上去，它更像一种文明的宰割。随着快速进行的乡镇农村的城市化、生活的现代化，原先固有的文化便被视为时代的弃物而撇在一边。在人们迟迟没有把农耕文明的创造当做遗产时，它们就已经支离破碎，大量地飘失与流散了。

其中最令人忧虑的是传承人的锐减。其原因，或是传承人年事已高甚至离世而去；或是无人承续，后继乏人；或是后人弃农经商，进城打工，改换身份等等，都致使传承线索的中断。这是今天我们深感中华大地的文化日渐稀薄甚至空洞的缘故，也是我们要尽快认定和着力保护传承人的根由。

三

　　保护传承人的前提是认定传承人。对传承人全面、细致和快速的普查又是认定的前提。

　　此次展开的对全国五十六个民族的民间文化传承人的普查，得到了中宣部的直接支持，定名为"中国民间文化杰出传承人调查、认定和命名"。该项目属于中国民协主持的中国民间文化遗产抢救工程中一项重要与核心的工作，起始于2005年3月。项目对象是杰出的民间文学、艺术和手工技艺传承者三大类。这些传承人应是技艺高超、历史悠久、传承有序，并为某一地区特有的民间文化传承人的优秀代表。

　　由于这项工作事关对历史的总结与今后的保护与传承，规范性、程序性、严格的学术鉴定和认定是必须遵循的工作原则。

　　对传承人的调查是正在进行的民间文化遗产抢救性的田野普查中展开的。经过近两年的有条不紊的工作，已产生第一批"中国民间文化杰出传承人"，凡一百五十三项，一百六十一人，都是经过普查发现、申报推荐、专家鉴定、调查核实和网上公示等严格的程序才最终被认定的。他们是中国民间文化各个领域中杰出的传人，是活着的历史精华。传承人得到了国家一级评定标准认定的同时，他们所传承的文化也被认定。中华文化的家底在他们身上被一件件认清，非物质文化遗产保护的目标也被具体地锁定。

　　为了使这项关乎中国文化传承的重要工作得到更确凿的延伸，我们对所有认定的传承人生活的文化背景、地域特征、民俗习惯及其传承史、口述史、技艺过程、艺术特点和代表作，按照统一格式进行进一步的调查与整理。建立完备的档案和数据库，并以图书方式加以表现。本书即是其中的一种。

四

　　必须强调，尽管传承人在非物质文化遗产中至关重要，因为我们对传承人之所知十分有限。对其保护的力度，抵不上它消失的速度。

　　在这第一批传承人的调查中，就多次遇到过闻讯而去，却已人亡艺绝的憾事！特别是这批传承人经过专家鉴定上网公示是一百六十五位，但在公示的过程中已有四位辞世，目前剩下的是一百六十一位。超过八十岁的十八位，年纪最大的是纳西族东巴舞者习阿牛（九十三岁）。

　　一旦失去传承人，非物质文化遗产就不存在。传承人去后，只有遗存。遗产的非物质性就转化为物质性的了，因此说非物质文化遗产比物质文化遗产脆弱得多。它的关键是传承人的脆弱。所以，抢救性的普查、科学认定以及切实有效地保护传承人，才是保护非物质文化遗产的关键。

　　我们留给后人多少非物质文化遗产，就看我们查清、认定和保护住多少杰出的传承人。如果失去传人和传承，这些遗产只有一个归宿，就是一动不动地躺在博物馆，并永远沉默着。

　　这是巨大又细致的工作是不能绕过又十分艰难的工作，并且是必须亲临田野第一线的艰苦工作，但这是我们必须承担的工作。

　　这桩至关重要的事刚刚开始，愿更多的人投入其中。

为大地之花建档

在我国民间文化遗产抢救工程启动后的第三年（2005年），我们发轫了民间美术遗产的普查。这是历史上首次对民间美术遗产做出的整体性的盘点，旨在将这宗重大的历史文化财富全面摸清，整理有序，以利传承。

此项工作的姗姗来迟，缘于我国民间美术过于丰繁，深不见底，浩无际涯，动手之前要有充分的准备。

从历史的长度看，我国民间美术的起源何止于一两万年？在遥不可及的远古时代的那些石器、岩画、玉件、骨雕和彩陶上，华夏先人匪夷所思的艺术想象与造型能力，足使今天那些自诩为如何先进的现代人叹为观止。艺术的本身从无先进与落后之分，只有高超与平庸之别。在那漫长而曲折历史不断的嬗变中，我们的先人还创造了无以穷尽的审美语言和审美形态。可以骄傲地说，中华民族是尚美的民族。

从地域的宽度看，幅员辽阔的神州大地山川各异，气候相差，物产多样，再加上历史经历和民族的不同，各地文化相去甚远。民间美术是生活艺术和民俗艺术。创造者是普通百姓，他们没有任何美学的主张，只是将生活的情感与向往随心所欲地表现在身边的事物上。民间美术因之无所不在。从各类建筑及所有构件，到生产工具、祭祀法器、风俗用品、像俱什物、服装首饰、游艺玩具、家居饰品等等，它们在天生富有艺术才华的华夏先人的手中都可以化为至美的作品。所涉及的材料和制作工艺又极为多样。雕刻、绘画、刺绣、烧造、冶铸、印染、编织、漆艺、吹塑、剪贴等等，数不胜数。同时，它们因时代而异、因地域而异、因民族而异，其种类难以尽知。单说刺绣，表现在各民族的服装上，便不下数百种；仅是剪纸，遍及全国，各地迥异，风格万千。再说雕刻，由于材料不同而区别的就有石雕、木雕、玉雕、牙雕、骨雕、角雕、竹雕、砖雕、核雕、瓷雕、蛋雕、漆雕、微雕等等；单是石雕，由于地域不同，又有多少种？

谁能说出中国美术遗产究竟有多大？

民间美术本质地区别于精英美术，它不是个人的单独创作，它是大众的共同创造和世代相传的。精英文化提倡个人独来独往的精神，民间文化的价值表现在本地域百姓的集体认同，它往往是一个地域审美的整体表现，或者说民间美术最能体现一个地域的审美共性，它们都是其所在土地上看得见的乡土个性。那么，整个民间美术不是华夏民族外化的精魂吗？

从艺术的本身看，中国民间美术具有举世无双的艺术魅力。它鲜明的东方气质、浓烈的乡土色彩、神奇的想象和斑斓的多样性，都是一望而知的。在唐宋时期精英美术形成之前，各种艺术皆为民间工匠所为。到了宋代，文人画的出现促使了绘画的精英化。但书画之外的各种必须通过手工制作的艺术——包括雕塑——一直没有出现精英层面。中国一直没有西方意义的雕塑家。这一点，中国和西方是不同的。中国把书画之外的艺术（美术）划给了民间，所以工艺一直在民间，它一直是百姓的艺术手段。心灵手巧的中国人便在生活中将它发挥得淋漓尽致。民间美术由心生发，伴随情感，无所拘束，所以浪漫的想象是其艺术主体。夸张、写意、象征和拟人是最常用的手段。理想化的内容、张扬的情感、对比的色彩、超时空的结构、意象化的造型和图案化的形象是中国民间美术的基本特征。我国民间存在着一整套完整的、丰盈的、独特的审美体系，它与精英文化完全是两种审美体系，与西方的审美更是相去千里，可惜我们至今还没有一部中国民间的美学史。其缘故是我们面对的学术对象——民间文化太博大太纷繁了。

但是未等我们充分认识它，民间文化却发生了灾难性的变化。

自20世纪，人类社会已经开始由农耕文明向工业文明转型的步伐。始由80年代，我国的这种转型一出现，便具有"遭遇"的色彩。由于改革是从"文化大革命"造成的文化虚墟中开始的，一种猛烈的社会急转弯使得本来已经相当脆弱的文明在延续上出现了断裂之虞，而迎面扑来的又是全球性物质主义的市场经济的冲击。

民间文化面临的困境是：一方面是它赖以依存的农耕社会迅速瓦解；民间艺术是与生活同在的艺术，皮之不存，毛将焉附？另一方面辄是民间文化的创造者并不知道他们所创造文化的珍贵。于是上述的民间美术大量和急速地消失着。传人去了，其艺了结；遗存散了，历史空寂。因此，我们把这次紧急和应急的民间美术遗产的普查，当做是一次"终结性的盘点"。我们要将这繁衍了上万年的大地之花彻底地搜寻一遍，为其立档，为其制谱，使之永存。

鉴于中国民间美术遗产无比的驳杂，前提的工作是做好分类的标准。我国民间美术学者在分类上一直是各行其是，缺乏一种通用的规范的统一的分类标准。倘若如此，普查一旦开始，便会陷入乱无头绪。因此，急需一种便捷、科学、标准化的分类法，从而使我们田野普查得来的成果井然有序。因此说，无论在纯学术的建设上，还是工具性的应用上，必须对分类法先一步进行研究和确立，不能回避。

中国民间美术分类研讨会于2005年8月30日至31日在天津大学冯骥才文学艺术研究院举行。与会者皆是国内知名的民俗学与民艺学的专家。值得高兴的是，这次充满学术压力的研讨会没有泛泛议论，走入空谈，而是富有成果地认定了一种具有应用性和可行性的分类法，即从张道一先生提出的"二分法"入手，进行多级分类的方法。这次研讨会对即将开启的民间美术遗产的普查颇有贡献。本《集成》的样卷本"贵州卷"，正是以这种分类法为依据，结合本地遗产的特殊性，来理清极其芜杂的普查成果的。

需要说明的是，按照联合国教科文组织的概念，文化遗产包括物质的和非物质的。这种纯客观的物理性的机械的区分方式在学术界至今存在歧见。因为非物质的文化遗产也有物质性的部分，而且不同门类的文化遗产的物质内涵大不相同。作为民俗和民间音乐舞蹈，它活态的非物质的进行过程是最重要的；作为民间美术，它物质的创造结果才是最重要的。故此，本次民间美术遗产普查将着眼点落在物质性的遗存本身上，而把对相关的传人的调查放在另一大型项目"中国民间文化杰出传承人"之中。

本次普查以省为单位，要求地毯式的拉网普查，不留死角。对所有美术遗存都要进行表格化的文字登记，并以品质优良的照片作为视觉文本共同存录。然后，分类整理，建档保存。此外还要记录这些遗存应用于生活的种种影像，以使所保存的档案具有更宽广的人类学的价值。每省的普查结果都要建立完整的遗产档案，以纸面的卷宗和信息库两种方式保存，并精选一册以上大型图集出版，名为《中国民间美术遗产集成·××卷》。

本次普查的组织由中国民协各省分会负责，组织相关专家学者和志愿者。普查在专家学者的指导下进行，对成果的甄别和整理必须由专家学者来做。经费来自两个方面：一为地方政府，一为社会各界支持。冯骥才民间文化基金会将负责社会的集资工作。

为了做好这次全国的民间美术遗产普查，特意选择贵州省率先进行。贵州民族众多，遗产丰厚，学者实力强。此次承蒙贵州市委宣传部门鼎力支持，学者全力劳作，历时一年半，爬山涉水，历尽艰难，将三十几个民族上千个村寨的遗产全部锁定和摸清，终于将该省的民间美术遗产一清二楚地把握在心中。为此，才有这样一部完全是第一手资料的学术性极强的高质量的图集。堪为全国各省民间美术遗产的普查做出示范。

如前所言，本次中国民间美术遗产的普查为前所未有。虽然古往今来，不少专家都做过许许多多民间美术的田野作业，但大都属于专项的和个体的。像此次这样全面的、整体的、拉网式地搜索大地之花，尚属首次。这也是民间美术遗产遭遇全球化和现代化冲击的极其濒危之时,当代文化界做出的富有高度文化责任感的令人感动的选择。我们不能叫后人对先人的天才创造茫然无知。也就是说,我们一定要为中华民族的民间美术遗产留下一部完整的档案。

我们共同的日子

个人一年一度最重要的日子是生日，大家一年一度最重要的日子是节日。节日是大家共同的日子。

节日是一种纪念日，内涵却多种多样，有民族的、国家的、宗教的，比如国庆节、圣诞节等等；有某一类人如妇女、儿童、劳动者的，这便是妇女节、儿童节、母亲节、劳动节等等；也有与生产生活密切相关的，这类节日都很悠久，很早就有了一整套人们喜闻乐见、代代相传的节日习俗，这是一种传统的节日。比如，春节、中秋节、元宵节、端午节、清明节、重阳节等等。传统的节日为中华民族所共用和共享。

传统节日是在漫长的农耕时代形成的。农耕时代生产与生活、人与自然的关系十分密切。人们或为了感恩于大自然的恩赐，或为了庆祝辛苦的劳作换来的收获，或为了激发生命的活力，或为了加强人际的亲情，经过长期相互认同，最终约定俗成，渐渐地把一年中某一天确定为节日，并创造了十分完整又严格的节俗，如仪式、庆典、规制、禁忌，乃至特定的游艺、装饰与食品，来把节日这天演化成一个独具内涵与情氛的迷人的日子。更重要的是，人们在每一个传统的节日里，还把共同的生活理想、人间愿望与审美追求融入节日的内涵与种种仪式中。因此，它是中华民族世间理想与生活愿望极致的表现。可以说我们的传统——精神文化传统，往往就是依靠这代代相传的一年一度的节日继承下来。

然而，自从20世纪整个人类进入了由农耕文明向工业文明的过渡，农耕时代形成的文化传统开始瓦解。尤其是我国，在近百年由封闭走向开放的过程中，节日文化——特别是城市的节日文化，受到现代文明与外来文化的冲击。当下人们已经鲜明地感受到传统节日渐行渐远，日趋淡薄，并为此产生忧虑。传统节日的淡化必然使其中蕴含的传统精神随之涣散。然而，人们并没有坐等传统的消失，主动和积极地与之应对，这充分显示了当代中国人在文化上的自觉。

近五年，随着中国民间文化遗产抢救工程的全面展开，"国家级非物质文化遗产名录"申报工作一浪高过一浪地推行；2006年，国家将每年六月的第二个周六确定为"文化遗产日"；2007年，国务院又决定将春节假期前调一天，把除夕列为法定放假日，同时三个中华民族的重要节日——清明节、端午节和中秋节也法定放假。这一重大决定，表现了国家对公众的传统文化生活及其传承的重视与尊重，同时这也是保护节日文化遗产十分必要的措施。

节日不放假必然直接消解了节日文化，放假则是恢复节日传统的首要条件，但放假不等于远去的节日立即就会回到身边。节日与假日的不同是因为节日有特定的文化内容与文化形式，那么重温与恢复已经变得陌生的传统节日习俗则是必不可少的。

千百年来，我们的祖先从生活的愿望出发，为每一个节日都创造出许许多多美丽又动人的习俗。这种愿望是理想主义的，所以节日习俗是理想的；愿望是情感化的，所以节日习俗也是情感化的；愿望是美好的，所以节日习俗是美的。人们用烟花炮竹惊骇邪恶，迎接新年；把天上的明月化为手中甜甜的月饼，来象征人间的团圆；在严寒刚刚消退、万物复苏的早春，赶到野外去打扫墓地，告慰亡灵，表达心中的缅怀，同时戴花插柳，踏青春游，亲切地拥抱大地山川……这些诗意化的节日习俗，使我们一代代人的心灵获得了多么美好的安慰与宁静？

谁说传统的习俗全过时了？如果我们不曾知道这些习俗，就不妨去重温一下传统。重温不是模仿古人的形式，而是用心去体验传统的精神与情感。

　　当然，习俗是在不断变化的，但我们民族的传统精神是不变的。这传统就是对美好生活不懈的追求，对大自然的感恩与敬畏，对家庭团圆与世间和谐永恒的企望。

　　这便是我们节日的主题，我们为此而过节。

　　由此，我们便有了编写此书的初衷。在刻下恢复传统节日之际，将各个时代各个地域的传统节俗收集起来，供大家了解。有的久已废弃，且从中可以体味到古人的用心；有的至今还沿用，则使我们更明了它的意蕴与初衷；有的尚可采纳，不妨摹习，恢复传统，丰富节日。每节一册，以应时节；配图插画，为了直观。由于时间仓促，疏漏错误在所难免，敬希诸位明白人多多指正，以便不断修正和完善，使之成为一本普及传统节日文化工具性的小书。本书的目的是为了大家过好我们的节日，保持民族优良的文化传统。为了今天，更为了明天。

藏族唐卡普查的必要性

始于2003年的中国民间文化遗产抢救工程，自发端之日就将藏族唐卡的抢救列为重点项目，随即对藏区现存的唐卡绘制之乡进行同一学术标准的地毯式普查，并将普查成果编制成完整的文化档案，陆续出版。

为什么要将唐卡列为这次抢救首批重点项目？

一

从宗教学看，唐卡是藏传佛教神圣的法物；从美术学看，唐卡是中华文化中一朵极其宝贵的奇花异卉；从文化学和人类学看，唐卡则体现着藏民族特有的无比美丽的精神方式和文化方式。

藏族人民具有高超的绘画才能。可以说，艳丽五彩的绘画是他们喜爱的一种语言。这种语言在藏族神奇地通用和通行着。理想的佛国，神话的故事，世间的万物，心灵的悲欢，智慧的认知，都可以用色彩和形象来表达和诉说。从寺庙、居室、墙壁、家具，到一切宗教乃至生活物品，都是他们抒发精神想象和绘画才情的地方。其中，最极致地显示其绘画禀赋与水准的当属唐卡。

唐卡，又称"唐喀"，是藏语音译，即在布面或纸面上绘制的佛像，然后装裱镶缎，安轴成画，悬挂在佛龛中供奉。藏族美术史家康·格桑益希先生认为唐卡起源于早期教徒布道时使用的卷轴画。使用起来却灵活可变，用后又易于收藏。

关于藏族唐卡的起源，一般依据于五世达赖喇嘛所著《大昭寺目录》的一段记载，文中说："藏族第一幅唐卡是法王松赞干布用自己的鼻血画了一幅白拉姆女神像，后来蔡巴万户长时期果竹活佛塑造白拉姆神像时，作为核心藏在神像腹内。"松赞干布所画唐卡已无迹可寻，但唐卡由此渐渐兴起应无疑问。现在珍藏在大昭寺、桑耶寺等处的吐蕃时期的唐卡便是明证。在随后的赤松德赞和赤热巴巾时期，大力地弘扬佛教，唐卡得到了发展的机遇，如一株树木开始蹿枝生叶，迅速成长。

经过宋、元两代，进入明清时期，中央政府采用敕封西藏首领之策，明封八王，清封达赖、班禅及各呼图克图，这些措施给西藏地区的社会带来安定，经济文化得以发展，唐卡随之进入自己的成熟期与辉煌期。

在画技与画风上，唐卡一直受东、西两方面的文化影响。一是来自印度和尼泊尔的域外之风，一是来自中原的汉风。前者随佛教东传而来，后者则是源源不断的汉藏交流。这两种文化一直在西藏画风中发挥积极而有力的影响，这种影响随处可见。然而，到了明、清两代，经过无数藏族画师们的努力，在融合了梵式与汉风之后，终于将具有独自的民族气质和审美特质的唐卡鲜明地确立起来，并使自己成为藏传佛教的艺术象征与文化符号。

这一历史阶段唐卡的重要特点是：

（一）唐卡的社会化

随着佛教的兴盛，唐卡从宗教场所——寺庙与僧舍，走向民间百姓的经堂。唐卡的内容便很自然地从佛国扩展到民俗生活，农耕、天文、历法、医疗、药物、器具、生物、肖像、世俗以及吉祥纳福等内容的唐卡纷纷涌现。它大大扩展了唐卡的功能。在其宗教神圣的供奉意义之外，还有教育、传播、欣赏乃至装饰等社会与生活的价值，因而成为藏区人民喜闻乐见、不可或缺的宗教崇拜的象征物和审美的艺术品。

（二）画派的涌现

任何时期和地区绘画繁荣的标志都是不同画派的异彩纷呈。由于各地历史、教派和风情的不同而造成的藏文化自身的多元，致使其唐卡的画风各不相同，渐渐形成了画派，到了唐卡的全盛时代便愈加明显地表现出来了。大致地说，最早出现的突出画派是江孜画派，继而是前藏和后藏的不同风格次第形成。前藏的唐卡构图严谨，刻画精工，善于刻画人物的内心；后藏的唐卡设色华丽，笔力饱满，属工笔重彩一类。此间勉唐、钦则和嘎赤三大画派各立门户，影响深远，彼此区别一目了然。其余诸派皆有名师，且各有源流，各具特色；在构图、造型、设色、技法方面，皆富有独自的魅力，相互不能取代，而且全都是人才济济，高手辈出，许多精美绝伦的画作名垂青史，流传于今。在数百年发展中，各画派的画风又不断嬗变，支流迭出，共同构成唐卡艺术斑驳灿烂、令人目不暇接的繁盛景象。

（三）行业的职业化与技术的专业化

这一时期，由于寺庙内外对唐卡需求日增，因而促使画工队伍不断壮大，早期唐卡的绘制是一种分散的个人化的作坊方式，自五世达赖阿旺罗桑时期，将画工组织起来，为寺庙绘制唐卡。布达拉宫扩建时，曾组织六十六名画师、三百名画工绘制唐卡。各寺院都以所藏唐卡之多，以示佛事之盛。一些寺院所藏唐卡往往成千上万，于是一种名为"拉日白吉社"的民间画工职业化的结社组织应运而生。在这种集中绘制的背景下，画工们的画技得到交流，日见精进，经过长期的集体认同，形成了严格的画式规范和评价标准，促使了技术的专业化和形式的定型。

(四)种类的多样化

　　成熟期的唐卡，不仅内容丰富，画艺精湛，有的作品堪称精美绝伦，同时在绘制样式上也渐为多样化。大致为止唐和国唐两种。"止"为"绘"，"止唐"即"绘制的唐卡"，因画法与设色不同，分为彩唐、金唐、黑唐、朱红唐多种；"国"为"彩绸"，"国唐"即"绣制的唐卡"，因手工不同，分为彩绣、刺绣、贴绣、织绣、堆绣、缂丝等等，工艺纷繁，各尽其美。此外还有便于普及的版印的唐卡。其藏语的名称非常繁多。

　　唐卡的尺幅大小不一，最小为一二十厘米，普通为一米上下；最大的唐卡当属五世达赖圆寂后，摄政桑结嘉措主持制作的《无量光佛》，高55.80米，宽48.81米。此外，为了适应盛大宗教活动的需要，以数十幅乃至上百幅为一套的唐卡也出现了。

　　然而，对唐卡如此厚重的历史意蕴，深邃的宗教思想，百科全书式的藏文化内涵，高超又丰富的画技画风，以及浩瀚的实物遗存，历史上从未有过全面的调查与整理。也许由于昔时的田野调查多为学者的个人行为，只身孤力，难以胜任如此广阔又艰辛的工作；这些画乡又散布在西藏、青海、四川、云南诸省，多数地区在偏僻的高原之上，虽然学界都承认唐卡是中华民族民间文化中顶级水准的艺术品种，却至今没有一部全面掌握和研究唐卡的专著，因此，对此家底，无人能知。

　　还有值得关切的问题是，唐卡一直为中外艺术收藏家所注目。特别是在当代社会进入全球化，旅游业成为时髦的文化产业的时代，致使对神奇又神秘的西藏文化充满好奇的游客与日俱增，历代珍贵的唐卡流失于藏区本土势不可免，令人深深忧虑。同时，被称做非物质文化遗产的各地唐卡代代相传的制作技艺，以及传承人的现状，我们所知寥寥，几近为零。在全社会快速的现代化转型期间，哪些已经中断失传，哪些仍属活态，哪些急需加以抢救和呵护，这些正是我们急须在此次普查中弄清的。

如果我们现在还不知道它的存在，将来就一定不知道它是何时失去的。

因此说，对藏区唐卡的普查不但是必需的，而且是要加紧的。

二

对藏区各地唐卡的普查工作从2004年正式展开。在长期历史中形成的画工聚集之地有两处，一是各大寺院，一是各地画乡。寺院对画工管理严格，制作程序井然，唐卡的保存也较好。因此，我们将此次普查的重点主要放在产地化的民间画乡。除去西藏地区，还有西藏、甘南、迪庆、德格八邦、年都乎、吾屯和玉树藏娘等，这些都是十分古老的唐卡制作之地，并都存在活态的传承。

我们采用的调查的学术立场、方法、内容和标准，与中国木版年画、中国民间剪纸两个系列完全一致。

首先是跨学科的角度，包括文化学、民俗学、民族学、人类学和美术学。以立体和整体地把握文化遗产的生命存在，其内容包括历史变革、自然环境、地域民俗、文化现状、艺术特征、代表作品、制作流程、工具材料、传承谱系、销售方式以及相关传说。此次调查是地毯式的，不留死角；主要调查对象与方法是传承人口述史；记录方式为四合一，包括文字、摄影、录音、录像，以全面了解这一遗产的历史与现状。最终目标是为这一遗产制作文化档案。一为大型图文形式的书籍《中国唐卡艺术集成》，一为《中国唐卡艺术数据库》。

三

在上述工作正在进行中，一个重要的古老的唐卡制作之乡——玉树地区发生了严重地震。玉树藏娘地区历史文化积淀深厚，国家级文化遗产多处。唐卡风格个性强烈，制作技艺迥异他乡，历代画工传承有序。但这次地震使这些文化遗产受到严重损毁与破坏,这对于本就处于弱势而濒危的"非遗"无疑是雪上加霜的打击。

唯使我们感到些许安慰的是,担负玉树藏娘地区唐卡调查的青海省民协以及专家学者和相关人士,经过多年非常艰辛的努力,付出极大代价,已将这一地区唐卡的田野普查全部完成,并进行了学术整理,制成了文化档案。现在,我们加速将这一珍贵的成果推出,为了及时给当下的玉树"非遗"保护提供科学依据;无论是这一地区传承人的全面信息,还是遗存状况,本书都具有十分可靠的第一手资料的价值;同时,本书的出版也是为了给受灾的玉树人民尤其是藏民以精神的支持,使他们能从这宗值得自豪的宝贵遗产中汲取力量,重建美好的物质与精神的家园。

由此,我们更看到自己肩上工作的意义以及紧迫性,并致力把面对的每一项"非遗"的抢救与保护抓紧,并做深做细,做得踏实。

沉默的脊梁

人身上最承重的是脊梁，但脊梁隐藏在后背里看不见。它终日坚韧地弯成弓状，默默地承受着背上沉重的压力。有时，在过重的负担下，脊骨会发出"咯吱"一响。可是只要脊梁不断，便会把任何超负荷的重量扛住。从来没有一个人的脊梁是被压断的。

本图集的人物全是这样，他们是民族文化事业的脊梁。当全球化的飓风把我们的文化遗产吹得纷飞欲散之时，这些人毅然用身体顶上去。他们不在世人们关注的范围内，故而既没有迎面送上来的香喷喷的花束，也没有频频的雪亮的曝光。他们远离繁华闹市，身在荒野或大山之间，孤立无援，形影相吊，财力微薄，却倾尽个人之所有，十数年乃至数十年如一日，为民族抢救和守候住一份实实在在的灿烂的遗产。如果没有他们，明日的中华文化版图将会出现许多永无弥补的空白。

他们以舍我其谁的精神，把整个民族的文化使命放在自己背上。他们是用身体做围栏，保护着我们的精神家园。这种行为有如文化的清教徒，所以他们不求闻达，含辛茹苦，坚韧不拔，默默劳作。然而，今天我们把他们推到社会的台前，不只是为他们鸣冤叫屈，呼唤公平，而是张扬一种为思想而活着的活法，一种对文化的无上尊崇的感情，一种被浅薄的商业化打入冷宫的高贵的奉献精神与使命感。

本图集中这些当之无愧的文化守望者，有的与我早早相识，一直是我钦敬的朋友；也有的东西南北各在一方，心仪已久，却无缘相见。不管对他们知之或深或浅，这次仔细读了他们的事迹，仍为他们非凡的文化行为和卓然的业绩深深打动。由此深信在我国首次"文化遗产日"里，他们将以强大的感召力和人格魅力，呼唤出更多的文化良心与文化情怀。

由于民间文化守望者都是沉默的行动者，我们知之不多，挂一漏百，在所难免。故此，深望本图集将引起社会关注这真正的精神一族和文化一族，让整个社会都能感到脊梁在为我们负重和使劲，并促使各种力量汇集到民族精神的脊梁中来。

"非遗"博士生的学术利器

当我收到向云驹教授刚刚完成的《非物质文化遗产学博士课程录》书稿，一时心情可用"惊喜"二字。何以言之惊喜？

应该说，我国对非物质文化遗产的理论研究为时不久，由始而今也不过十年左右。然而，其理论建设进度之快，成就之大，显示了民间文化界学术实力与能力的深厚与强劲。"非遗"理论是全新的，甚至是"前无古人"的。虽然它的理论对象是民间文化，但与原有的民间文化理论大不相同。从理论的出发到理论的目的，从诸多概念到研究范畴与方法都大相径庭。进一步说，"非遗"是人类社会进入文明转型期才出现的概念与观念。它具有不容回避的历史的使命性——文明的保护与传承。这就必须站在全新的观念与立场上，审视民间文化，进行自成体系的理论研究与建设。这种建设具有学科性。于是，"非遗"学的概念油然而生。近些年，"非遗"学的著作开始出现，这表现我们文化界的学术敏感与创造力。当然，也正是蓬勃的"非遗"抢救与保护的文化现实激活了我们的学术。

"非遗"学不同于传统的民间文化学。作为传统的民间文化学对象的民间文化是相对稳定的、几近静态的；然而转型期的民间文化（"非遗"）却是充满冲突和变数的。当一名民间文化学者转入"非遗"研究，便会强烈感受到民间文化的现时性和传承的至高无上。民间文化研究包括过去时,"非遗"研究只针对现时的活态;失去活态便不再是"非遗"。这样,"非遗"带来的理论挑战是一方面渴望工具性的支持,一方面要从全新的观念给"非遗"以通透的学理的阐译。

早在2004年,云驹最先、凿空般地写出《口头与非物质文化遗产学》一书,对"非遗"的概念、内涵、特征、分类、价值、调查方法及相关的国际经验进行了全面理论梳理时,给我们展示出从未见过的一片清新的学术空间,当时我曾撰文,称之为"平地筑起的大厦"。那部书已初具"非遗学"的面孔。同时,给全国性民间文化遗产的抢救与保护以很大的理论支持。

那时候,云驹在中国民协主持抢救工程工作,担负着大量、繁重、千头万绪的事务,包括组织、管理与学术研究工作——当然,这也使得他成为对民间文化的当代命运了解得最广泛、最直接、最真切的人之一;这便使他得天独厚般地视野开阔,资源充沛。十年来,他一边工作在文化抢救的第一线,一边坚持自己的思考与写作,其"非遗"理论日益成熟,渐而成为站在当代"非遗"学研究理论前沿突出的一位。

在我的学院"非遗"研究中心成立后,便请他助我一臂之力。我们多年共事于文化遗产抢救中,痛感到专家队伍的单薄和人才的匮乏,培养年青一代学人则是当务急需,也是必须做的头等大事之一。由是,云驹欣然接受天津大学教授的聘请。

在他由中国民协调入《中国艺术报》之后,我深知主持这样一份高端的文化报纸会怎样的辛苦,除非遇到极重要的教研与学术问题需要商议,不愿打扰他。谁料他竟为我——也为当今培养"非遗"的学子"制定"出一件最急需的学术器具——《非物质文化遗产学的博士课程录》。

这部针对博士生教学的著作,从哲学、美学、方法论、本体论几个方面与角度对"非遗"加以深入的理论阐述与拓展,追究其学理与本质,此中诸多方面极有创见,而且逻辑紧凑,相互关联,已然构形一部遗产学的深层框架。我看得出,这既是他多年担任博导授课的总结与深化,更是理论上向前迈出的重大的一步。可以预见,一部真正具有学术价值的非物质文化遗产学指日可待。

  此中，令我尤为高兴的是，尽管云驹现在从事媒体工作，仍然没有放弃对民间文化的关注与理论的钻研。这表现他对这一重要的民族文化事业的热爱与责任。热爱是一位文化学者必须拥有的情怀；责任是成就一位真正的学者挺身而立的筋骨。

  感谢云驹，是为序言。

（本文为《非物质文化遗产学博士课程录》而作）

我们的母亲六百岁
——为天津建城六百周年而作

我们在城市的怀抱里出生长大,城市是我们的母亲。如今我们的母亲六百岁了,这意味着什么,我们要为她做些什么?

六百岁是六个世纪啊。这是怎样久远和漫长的历史长度?如果拿人的生命来衡量,至少有二十五代人从生到死,代代相传,用不停歇的双手与无穷的智慧,才在海河两岸原本荒芜的大地上创造出这个举世闻名的都城。天津不仅是当今八百万人的,它是二十五代人的,二十五代人是多少人?

祖祖辈辈所创造的不仅是它宏大的规模、雄厚的实力和广阔的影响,还有它非凡而独特的历史。对于任何城市,历史都是最具个性的无形遗产。这遗产的精华是包蕴其间的独自的历史精神。历史精神不在历史书上,而是活生生地表现在这"一方人"的集体性格中。

城市的文化分做三个层面。表层的文化是可视的城市形态,包括建筑;中层的文化是种种特有的习俗、艺术和方言;深层的文化是这地域的集体性格。天津人的性格异常鲜明。他爽快炽烈、急公好义、人情浓厚、逞强好胜、机智幽默、大大咧咧、务实守矩,等等。表层而可视文化似乎可以再造,深层而无形的文化却是历史的专利。一个城市一旦生养出这种深层的文化——形成了人的地域性格,这个城市便有了灵气,有了精神,有了真正的不变的魅力。

而三层文化融混一起，便是这座城市特有的气息。这气息如同直沽老酒，烁烁发光，醇厚醉人。

一代代天津人在这种浓郁的地域文化气息中朝朝夕夕，耳濡目染，熏陶其心，浸润其骨，连血液里都带着这种文化因子。这是城市母亲馈赠给我们的一种基因。

我们每个天津人身上都有这种文化基因，不管自觉还是不自觉。平时发现不到它神奇的效力，可是往往身在异乡异地，碰到老乡，开口一说天津话，一股乡情热烘烘涌上心头。乡情是一种在一个怀抱中养育出来的亲情。再往深处说，也包含着我们对乡土共同的与生俱来的爱。

十年前，我在日本东京的日中会馆举办画展，其间东京的一些文化人邀请我作演讲，题目是《关于天津的文学》。其中几位听众是东京"天津地域史研究会"的成员，他们还出版过一本分量很重的《天津史》。我演讲一停，他们的一位成员——一位女士便问我："你很爱天津吗？"我笑一笑说："你们也很爱天津。但我比你们更福气一些——天津也很爱我。"

我没同他们故弄玄虚。

城市就像母亲那样，不仅为我们遮风挡雨，供给我们衣食住行，还给我们天光水色，四季的风，迷人的城市景观，以及许多亲朋好友，难忘的往事和如画的人生片段。在城市网状的街巷中，每一个人都可以找到自己过往的路，个人弯弯曲曲的历史。在岁月蹉跎中，我们都遇到过挫折与不幸，我们的城市母亲决不会弃之不顾，因为你生活中的转机、曙光、幸运、贵人、福祉，以及种种珍贵的人间真情，也都是在这里获得的。而城市母亲全都有心地为我们记忆下来，一点一滴也不会漏掉。不信，就去生活过的老街老巷老屋里转一转，连自己也忘却的细节，她却会帮你记住、再现、复活。这便是城市母亲爱我们的方式。

爱是需要用心体会的，尤其是那种默默无言的爱。

只有感受到城市对我们的爱，我们才会加倍地去爱她。

当然，任何城市、任何地域的性格都有缺欠。但是，如果你连它的缺点也宽容了，那才是真正的爱。爱不是只爱它的优点，而是爱它的全部。因为有缺欠的事物才是真实的。

可是，我们对自己城市是不是所知极其有限？我们只知道自己有生以来短短几十年中的母亲，并不清楚她遥远的过去。她的诞生、童年、青年与成年。她的经历与遭遇，光荣与屈辱，幸运与危难。她曾经是否妩媚迷人？是否一度辉煌？或者饱受风雨的摧残而遍体鳞伤？甚至整个城池陷入过一片火海，一片地震后的瓦砾，一片漆黑一团的压抑中。我们不能无视她的历史，这历史也是我们生命的一部分。

于是在城市母亲六百岁的日子里，我们怀着庄重的情感面对她的全部历程。追寻她的过去，也探询自己的由来，引她的光荣为我们的自豪，将她难忘的苦难转化为激励我们奋进的动力。弄清楚怎样去爱惜她的遗产，坚守她的气质，超越她的缺欠，将未来的灯接通在深厚的历史根脉上。而不是在全球化和一体化中迷失自我，让我们母亲清晰的形象消失在当今世界流行的千篇一律的靓丽又单一的面孔中。

我们的母亲六百岁。一个人一百岁已经很老，一个城市六百岁却能够依然年轻。因为我们一代代人可以通过努力不断地让她充满活力，永葆青春。应该说今天的天津处在一个空前的兴旺期。但历史的机遇从来都是与责任联系在一起的。我们既是城市的享受者，也是城市自觉的创造者；爱和被爱是情感生活的两面，它们合在一起，才是一个美好的整体。于是我们找到了纪念母亲六百岁的最好方式：主动地去爱我们的城市，心中永远放着她，并为她而奉献。

（本文为《六百岁的天津》而作）

沽上的年味

若说中国大城市的年味,首推应是津门。记得十年前的腊月三十,北京一些现代派画家硬拉我去参加他们的开幕式。我说,你们这些家伙为了反传统,专挑这个日子搞画展,叫我大年三十也过不舒坦。在那个画展上,青一色全是照猫画虎地克隆当代西方,以及肤浅又空洞的胡涂乱抹和装腔作势,叫我大倒胃口。从画展走出来,由于北京禁炮,街上只有平时那样的汽车喇叭声和人声;店铺也很少扎彩挂灯,几乎看不到任何年的气息。

我急着回家过年,驱车在高速路上疾驰。待车子过了廊坊,一种极其特殊的景象出现了——路上一辆车子没有。冬日的阳光把长长而笔直的公路照耀得像一条亮光光的河,居然还有几只麻雀远远地落在道路中央,待我的车子过去才惊慌地飞起来。很快我明白,人们都回到家里准备过年了。于是一种年的感觉袭上心头。

傍晚时车子下了高速,进入市区。街上车少人稀,一些店铺闭了门,提早下班,回去忙年;心急的孩子们已经开始"劈劈啪啪"点响了除旧迎新的鞭炮。天津人醉心于大红吊钱,即使搬入新居,一排排公寓房的玻璃窗上,依旧飘动着红艳艳的镂花剪纸……不知不觉间,那种一年一度年的情感又把我无声而温暖地抱住。

此地人自小就生活在这种年的气息里。那贴在门板上吹胡子瞪眼的门神，擦得几乎看不见的窗玻璃，祭祖时燃香的气味，奢侈之极的年夜饭，苦苦盼了一年的压岁钱，翻天覆地走街的花会，笑嘻嘻地作揖拜年，以及纷飞雪花中耀眼的红灯笼……使这些寒冷的日子热烘烘闪着光亮，使平日的种种不快化为乌有，并使来年总是朦朦胧胧含着希望。

每个人都有些难忘的故事，与年相关，被年记忆。

每个人家都有些老友故人，平日不见，一年一次穿着新衣走上门来。

年，就这样把生活中的情意串联下来，也把一种美丽的传统一遍遍地加深。

天津是个码头，码头的人心胜；天津是个商埠，商埠喜好人气儿；天津是个市井的城市，市井的人崇尚生活本身。于是这个华夏民族最大的生活盛典——年，便在这块宝地上得到滋养，加倍地放出光芒。

当整个社会跟着时代朝着现代工业文明转型之时，中国人到底是把年的文化拥在怀间，还是撇在一边任其冷落与衰微？天津人似乎没有搭理这些争论与担忧，照旧有滋有味过大年。在各大城市一窝蜂地禁放鞭炮之时，天津依然故我，保持着自己城市的个性与传统。每逢除夕子午交时，仍旧是万炮升空，倾城同乐，一片祥瑞与欢庆。这就招致北京人纷纷开车来到天津过年瘾。

如今，沽上年的风情，已经传播四方，近十年里逢到腊月，中央电视台就要到天津来拍摄年俗。

去年敬一丹他们来天后宫前拍摄剪纸市场时，我指给她看一种邮票大小的剪纸和福字。凭着她记者的敏感，她对这小东西很感兴趣，却不知何用。我告诉她，这是专门贴在电脑上的。小小又鲜红的剪纸和福字往上一贴，年的意味便被点染出来。这是天津人的创造。天津人多有心，多主动，多能耐；他们设法让自己的年文化占领一切新生事物；同时让不断涌进生活的陌客融入自己不变的气息之中。

年，所要表达的就是一种生活情感。祖祖辈辈的天津人创造了大量当地特有的年俗和年的物品，让高密度的年文化把自己围在中间，并营造出年的气氛，唤起对生活的热爱与珍惜。

在当前猛烈社会转型之际，年所受的冲击不可避免，年的传承遇到挑战。为此，本地的文化人自觉地承担起弘扬传统的使命，联合政府与媒体，举办一次次具有鲜明的沽上特色的民间花会、年画节、剪纸大赛、空竹表演，以及今年在宫前举行的盛大的灯谜活动。

在这里，由今晚报社发起，邀集本地文化学者和民俗专家，挖掘地方年俗，展示沽上传统，为世人奉上一部津门年文化的图文大观。这些学者与专家中，有老天津通，有青年学人，一样都对本地文化心怀挚爱。去年他们曾经一起合作过《六百年的天津》，那本书中宽阔的文化视野、渊博的才识和精美的图文方式，引起公众颇大的兴趣。那本书也成为津城六百年纪念时尊贵的礼品。此次再度合作则是致力于周全和翔实地展现沽上的年文化。从年的种种礼仪、规制、讲究、禁忌到生活中一切特有的年的方式，几乎应有尽有，没有疏漏，全部包揽。这些年俗，有些至今传用，有些中断已久，作者娓娓道来，为了使我们在饶有兴趣地温习传统中，从文化情感上与先人接通那条缤纷的文脉。

在这金犬闹春之时，祈望本书能给我们带来许多乐趣与知识，也让外地人了解到天津这里一份厚重又迷人的年文化。

且为序。

（本文为《天津卫过大年》而作）

城市的传家宝

我们每个人手中都有传家宝。

传家宝是上辈留给我们的，或是祖辈一代代传给我们的。这传家宝，有时是一件稀世的古董珍玩，有时是一份记载家族荣耀的证物，有时是一门绝代的手艺或醒世的箴言。这种传家宝是家庭的，也是个人私有的。

还有一种传家宝，它不是个人私有的，是集体共有的。每一个民族和国家都有它的传家宝。比如长城和卢浮宫、林肯的《就职演说》和孙中山的《天下为公》等等。每一个城市或村落也有传家宝，它也是公有的。这种传家宝，它有时是一个历史遗迹，一幢具有重要见证意义的建筑，一项此地独有的民俗，或是显示一方水土独有的精神、情感与审美的艺术。

前一种传家宝是个人私有的财产，后一种传家宝是大家共有的财富。它通常被唤作"文化遗产"。个人的传家宝自己珍爱；公共的传家宝大家共同珍惜。

一个城市愈悠久、经历愈独特、文化愈深厚，它的传家宝就愈多。传家宝体现着这个城市的分量和文化上的含金量。如果上海没了外滩、南昌没了岳阳楼、宁波没了天一阁、北京没了四合院，它的分量是不是会一下子轻了一大块？

1994年考察天津老城的志愿者们

然而城市的传家宝与个人的传家宝也有不同的地方，个人的传家宝长辈会说给你；城市的传家宝需要我们去认识，需要用历史的、文化的、审美的眼光去认识它，用心灵去感应它。如果没有这种心灵和眼光，无知于文化，便会视珍宝为寻常，甚至视为"无用"而随手抛掉，这是最可悲的事。

我们不能只关心个人的财富，而不关切公共的遗产。因为这遗产是我们为之自豪和自信的凭借，是我们乡情的支柱。我们每个人对它都有责任。从文化的尊严上讲，文化遗产是人们共有的财富，任何个人都没有权利随心所欲地抹去它。

我曾经写了这样八个字，放在我的工作室，作为我和工作室诸位同志的座右铭：前世之宝，后世宝之。

为此，本书的目的便是将天津这座城市传家宝盘点一番。纵向便是始于远古，及至今朝；横向则是历史遗址、自然遗存、重要建筑、生活名品、文化经典、独家民俗。然后总揽一起，分章描述，图文相配，缤纷呈现。这样它就称得上天津城市传家宝的一册宝典了。

自2004年春节，今晚传媒集团别出心裁创编"贺岁书"。一年一本，已有三年，取材皆是津门本土历史与生活文化，显示出对故土的浓情厚谊。而图书出版之日，又刻意安排在国人最大的节日——春节，也就是人们的生活情感分外高涨之日。于是，这本贺岁书便成了津城节日的亮点。从这高雅的贺岁书中，可以温习往昔，充实自己，从而更爱生活，更爱我们的城市。

为写好此书，津门文人雅士出力不小。本书作者既有老一辈专家，又有新生代学人，他们都是学识渊博，知之深广，且又各倾所知，各尽其力。本书责任编辑魏新生先生更是不惜心血，为寻觅一帧插图，宁肯踏破铁鞋。为此，才有这般迷人的情景出现：津门年年书贺岁，人手常捧贺岁书。

新书出版，我祝"今晚贺岁书"一直编下去，也使津城的年更加有滋有味。是为序，亦为记。

（本文为《津门传家宝》而作）

今又贺岁书

年又来了,年的情怀又来了。

年的情怀是岁月的情怀,生命的情怀,文化的情怀。

岁月的来去,生命的消长,生活的得失,我们无法更改,只能顺应。于是一代代人创造并积累了许多美好的理想化的方式来安慰与温暖自己的心——这便是年的风俗与文化。然而,我们自己为这个传统的年做点什么呢?

年年书贺岁,今又贺岁书。

每逢年之将至,《今晚报》文化部诸君,邀集本土的文化人,撰文合集,以书贺岁。从书的选题到内容,都取自脚下的这块土地,即由故乡的热土里刨地三尺,找出有滋有味的话题来,挥笔舞墨,亦图亦文地编制成书,为的是温习以往,亲近根脉,体验城市在长久岁月中酿成的醇香的文化美酒,使传统的节过得更有兴味。

于是,年年推出一本贺岁的新书。掐指算来,五六年竟有五六本之多。放在一起,竟是一部五花八门城市的文化图典。虽不是正史,却有历史的骨架,生活鲜活的血肉,以及浓郁的城市生命的气息,因而受到广大读者的认可与欢迎。年年贺岁书出来,都会扰起一阵小小的文化热潮。任何成功的努力,最后都会成为鼓励自己坚持做下去的一种动力。于是,戊子将去,己丑即至,一本新的贺岁书又花花绿绿并带着油墨与纸的芬芳摆在我们面前。这本书的题目饶有风趣,叫做《天津老画》。

天津老画,是天津的过去留在世上的画。

世上的画有两种:一种是画家们经意创作的画,好的画可以传之久远。还有一种是生活中不经意的画——或是刊登在报刊一角,表达一时的思考与感受;或是印在什么东西的包装上,美化生活新鲜的物品;或是一张风貌式的地图,一幅灯笼画,一帧时事的写真,一叠有花有草有人物的信纸纸封……过后却将那个时代审美的风习——像一首老歌老曲那样把昨天的生活的情感和气质都保存下来。

经意的画是艺术;不经意的画包含着的是文化。

然而,经意的事物会刻意保存,不经意的事物便随手丢弃,到哪里还能找到那些被一阵阵改朝换代的大风吹得无影无踪的历史碎片?曾经满街跑的胶皮,如今还能找到一辆吗?昨天家家户户都在使用的炉钩炉铲,到哪儿还能寻到一把?可是当本书的责任主编魏新生把这部书稿交给我时,使我大吃一惊。费了多大的劲,才把如此斑驳的历史细节全都收集一起?有的画儿,见所未见;有的画儿,早已不见;有的画儿,似曾相见。有的叫人一怔,有的叫人一惊,有的叫人好奇,有的叫人心动。它们一旦聚集一处,历史的形态就奇妙地呈现出来。城市的历史生活竟像复活了的生命一样可以感知。于是一本新的贺岁书,又加入我们城市的年文化中来。这正是:

> 油墨香中一岁除,
> 春风送暖入津沽。
> 但求年年年景好,
> 总有新版贺岁书。

(本文为《天津老画》而作)

龙年贺岁书

今年夏天,"今晚贺岁书"的执行编者魏新生先生来找我,研究今年贺岁书的选题。这套年年春节登台面世的贺岁书,就像春节晚会那样,早在伏天里就进入了筹备期。

策划选题是要费一番脑筋的,但这次未等交谈,魏新生就笑嘻嘻把一包照片交给我看,边说这是一位有心的年轻人拍摄的,照片的特别之处是将津城一些历史建筑与景观的"旧照"和"新片"对照起来。旧貌新容,相互对照,角度独特,别有意味。

这使我想起,十年前在巴黎的"中国兰"出版社的社长曾送给我一本同样的图书,叫做《巴黎的今天与昨天》,也是把同一个地方一老一新两张照片放在一起,相互对照,作者用这种方式来显示这座世界名城依然活着的历史。任何文明的国度都把自己的历史视为其独有的财富,自我享受并自豪地展示给别人。为此,这本图集惹得我十分喜爱,由此还对深爱自己历史文化的巴黎人心生敬意。

今天,我们的城市也有了这样的人、这样的观念与意识,并辛苦多年,完成了多达百组今昔相映的城市的视觉影像,令人心喜。

这百组照片,时跨百年。在这长长的百年间,时代更迭,物换星移,人事俱非,景象变化也各不相同;有的容颜已老,有的改头换面,有的复古重建,有的修葺一新,有的却十分神奇地一如昔时。从中我们可以读到历史的沧桑，昔日的风韵，时代变迁的印记与今人惜古之心意。这本别致的书，使我们换个角度，看到自己城市历史文化的丰富与厚重，还有被岁月"演义"后的风光。

魏新生先生还邀请此地一些学者和文化人，为其配文，解读个中内含和奥秘。这些文章都写得短小精悍，翔实生动，因将其中无形的蕴含唤发了出来。

如今"今晚贺岁书"已成为天津这座城市"节日文化"中的一个亮点。每逢佳节，出书一册，图文并茂，雅俗共赏。内容都是本城本市的风情典故，各色人物，花样生活——这也全是人们常常津津乐道或想了解、想知道的，因而受到大众的欢迎。《今晚报》坚持自己所创的这一文化品牌，一口气下来已经长达八年。渐渐形成自己的图书特色、装帧风格、开本大小、编辑方式，乃至一支实力雄厚的写作队伍，甚至"今晚贺岁书"还拥有一支"粉丝队伍"。每逢大年初六，图文作者与编辑同仁为读者举行"签名售书"仪式时，必是长队如龙，场面火爆。不少读者都家藏整套贺岁书，一本不少，它已成为本地一种文化收藏了。这样的文化现象在全国唯天津所独有，以这样的文化方式表达自己对城市的热爱也唯天津所独有；而一个城市的文化不正是需要这种有心的创造和在民众的情怀中渐渐沉淀而成的吗？

这样，龙年煌煌方至，新书乘兴又来，跟着便是以书过年的热闹场面。希望编辑们再接再厉，真正达到这样的景象：

年年相约好，岁岁捧新书，图文风雅事，津门成新俗。

（本文为《津门旧影新照》而作）

古今能人拜年来

近几年,《今晚报》的文化编辑们萌生编书的兴致,在忙碌的编务间隙,精心地编出一本本上好的图书;每逢春节,呈献于世,以书贺岁,是为雅事。由于书中内容多是天津本地的乡里珍闻、典故习俗和文化遗存。在如今这个愈来愈引发怀旧情怀的农耕的节日里,自然赢得人们的喜爱。同时,这种有图有画、别出心裁的"贺岁书",还给津门的春节平添一点年意、一点乡情、一点温馨,遂成为近年来津门年文化中的一个小小又耀目的亮点。

今年春节又至,这本贺岁新书捧出来的虽然依旧是天津人之喜闻乐见,却不是天津的事,而全是天津的人——能人。

每个城市都有自己的人物,比如闻名天下的历史豪杰,光照古今的文豪艺匠,或是妇孺皆知的各界英才。这些人物是一个地方的骄傲。然而,天津这地方有点特别,除去上边说的历史名人,另外还有另一类人物为百姓津津乐道。他们虽是普普通通的世间凡人,却身怀非凡的本领,有着令人称奇的故事。不光叫你听了见了叫好,还让你佩服和折服。他们是俗世奇人,市井英雄,身边的超人。如今,这类人物都被收到贺岁书中,五彩缤纷地拥到跟前拜年来了。

天津是有性格的城市。一个城市有特色不难,有性格不易。特色是指一个城市的外表长相,性格是指一个城市的性情品格。城市的长相表现在它的建筑和景观中，城市的性情则集体地体现在这个城市人的身上。

城市的性格都是一方水土养育成的。比如：天津城市形成较晚，此地人更多乡土的淳朴；天津地处燕赵故地，豪爽侠义之气与生俱来；天津自始就是商埠，辄必喜欢热闹，注重人气，人际亲切，生活味道浓郁；天津是个市井城市，平民意识强，不畏权势，这也是草根能人能够成为这里的社会偶像的缘故；天津还是北方顶大的码头，逞强好胜，讲里讲面，钦佩天下有真本事的能人，便是此地人共有的性格。京剧大师张君秋说："唱戏的只要闯过天津码头，到哪儿都不怕了。"这是说天津人最懂戏，口味高，而且就高不就低，看戏的标准也最苛刻。电影导演谢晋曾对我笑道："在天津连我上厕所小便时都有人找我签名。"他还不失大雅地说："我腾不出手来呀。"这话真说出天津人那股子热呼劲儿了。

天津这种"文化"就是专门滋育能人的，它逼着你必须有真本事真能耐，必须有绝活绝技。为此，在天津人口中说的和纸上写的人物，一概是这样的能人。早年戴愚盦先生写的《沽上英雄谱》和《沽水旧闻》不就是这样吗？

如今，这本贺岁图书依旧一以贯之地以赞美、夸奖、钦佩并夹带着幽默的口气，讲述这些本乡本土的能人，尤其还把当今身怀绝技的艺人（今称"艺术家"）收入其中，并啧啧赞赏，显示此地的文化气质和精神性格依然故我。再加上今晚报社文化部编辑们不辞辛劳，四处收寻精美图片，为本书增光添彩，相信这必定是鼠年春节津门读者的一道文化美餐。写到这里，我忽然神驰于明年，想到下一个春节、下一本贺岁书还会有什么如此美妙的选题吗？转念一想，我真是想得太远。反正春节年年过，一岁一新书，妙笔写如画，细看都是福。

福，即"祝福"，此乃"贺岁"之本意，亦"贺岁书"之本意也。

是为序。

（本文为《津沽能人》而作）

一代人脑袋里的老天津

　　一个人的过去深深留在自己的记忆里,一个城市的过去深深留在一代又一代人集体的记忆里。如果自己闭上眼,往事就开始"演电影";如果请许多人回忆自己的城市,城市的昨日便复活了。

　　今日的天津摆在眼前,可是要说说先前的老天津可就离不开回忆了。

　　记忆是不经意的,不是自觉的心理活动,然而记忆是有选择的;它像个筛子,凡是比筛子的眼儿大的东西就留在记忆里。那么什么东西比筛子眼儿大?金银财宝吗?不一定。拿城市来说,往往一道不复存在的街景,一种昔时独有的生活方式与习俗,还有那些再也见不到踪影的服装、器物、食品、玩具也都深藏在我们记忆的旮旯里。当初它们是活着的生活,现在却是历史的珍贵见证。

　　城市记忆里的东西有两种,前一种多是与其命运相关的大事件,这些大都写在城市史中;后一种则是小事情小细节,无形地存在于人们各自的人生体验中,别看它们无足轻重,只要把它们凑在一起,昨天的城市便有声有色地回到眼前。

　　城市历史是漫长的,它不间断地记忆在一代一代人的脑袋里,但每一代人对它的记忆并不一样。由于世事更迭,人换物变,时风相异,每一代人都有自己对城市特殊的体验与记忆。

　　由此,我想起一件事。

电视人崔永元是位连环画迷，我也一度对"小人书"嗜好如命。原以为我与他有相同的儿时情怀，可是后来发现我与他并非知己。他所痴爱的连环画大多是20世纪70年代出版的革命连环画，而我心中的"小人书"则是五六十年代的畅销书。原来我们不是一代人，心中之所崇尚的连环画家也不是同一辈。故而，就愈加看重张仲先生遗作的出版。张仲比我年长十几岁，他心里的老天津与我心里的老天津不同，而张仲的老天津与更早一些本地的民俗学者王翁如先生乃至更早的陆辛农先生脑袋里的老天津又大相径庭，宛如一帧又一帧不同时代的老照片。

每一代人把他们记忆里的城市写出来，留下来，都有价值。

由此而言，本书应是当代人对昨日天津温情的回忆。由于所写的是当代天津人共同的昨天的光景，必定会引发同感，触动联想，惹起对自己城市深切的情怀，这也是编者制定本书选题用心之所在。

算起来，今晚贺岁书已有五六本了吧，从《六百岁的天津》开始，随后是《津门传家宝》《天津老画》《天津人过大年》《津城老胡同》等等，至今犹然未已。每逢新春将至，今晚报社出面，邀集本地文人，选定一个大家共同感兴趣的题目，皆是本地风土人情，大家一起挥笔来写，并由编者魏新生先生配上各处收寻到的珍罕的插图画片。而且年年都赶在年前出版，既是着力弘扬本土的文化情感，又为春节增添带着书香的气息。在当今中国此乃一创举，今晚贺岁书已成了本地年文化的一个新品牌了。希望编者能够坚守这一文化佳事，致使贺岁书久唱不衰。诗曰：

> 人有贺岁片，
> 我有贺岁书，
> 津门创意好，
> 书香入年俗。

且为序。

（本文为《老天津的记忆》而作）

胡同，城市人文的根须

由高空俯望城市会有一种奇异又优美的发现，在稠密又拥挤的城市里，布满着粗细弯曲、发散状的街巷。粗的是街道，细的是里巷和胡同；其形其状，宛如大树的根须。粗的根脉清晰地穿梭在城市里，细的根须蜿蜒地扎入人们的生活深处。

最早胡同的出现，大约与人的群聚而居有关。人们居住一起，必须留出进出的通道，胡同便自然出现。而街道的出现大约与商业有关。买卖总是放在大家行走的地方，街道也就渐渐形成。因而说，街道是社会性的，胡同是生活性的。

人的日常生活，起居的习惯，个人的方式，全在这胡同里；还有人生的经过，包括婚丧嫁娶、生老病死也都在胡同里；有的人在里边要过上半生乃至一生。胡同是一种古老的社区，别看胡同口没有门，无关的人轻易是不会走进去的，因而胡同里边住着谁，怎样的一些家庭，外边的人一概不知，但胡同里的老邻居们彼此心知肚明。一个城市的大事情发生在街头，但这些大事情的主人公却往往住在某一条胡同里。因此说，胡同是城市最隐秘的地方，是最深的生活肌理，是最长最韧的人生根须，因而也是城市最丰富、最深刻的记忆。

如果没有这些胡同，城市失去的不仅是记忆，更是它的生命的丰富和厚重。然而，在当代城市的再造中，大量的胡同随同历史街区的推平而消失。城市的人文肌理一旦被抻平，就会变得漂亮又浅薄，宛如失忆者那样呆头呆脑。记得2000年天津改造估衣街时，要拆掉许多街区和里巷，这个地区是比天津老城的历史还要悠久的城市板块。我曾请一些朋友去做那里原住民的口述史，试图留下这个津城最古老区域珍贵的记忆，但我们的行动赶不上铲车的速度。当街区荡平，胡同消匿，原住民如群鸟一哄而散，无影无踪，如今站在那里怎么可能再感受到六七百年的历史沧桑与城市漫长的历程？怎么可能再听到那些老街老巷里的活的历史？

上述这些想法应是编写本书的缘起。所幸的是，本书的作者多是昔时老胡同生活的目击者，甚至亲历者，运笔行文，带着感受，便分外生动。他们所写，有的是往日的民间传说，有的则是个人的耳闻目见。如果不写下来，日久便会消散或遗忘。口头记忆是靠不住的，最可靠的方式是将其写下来，转化为文字。特别是书中不少故事的载体——老胡同，在城改中早已经无影无踪了，这本书便为我们城市文化保留下一份无形的财富。

津门胡同到底有多少，有人说数百，有人说几千，但无人能说清楚。数不清的胡同使这座城市庞博而深厚。胡同的形状千姿百态，里边的情味各不相同。虽然全有名称，却有的始终大隐于市而无人知晓，有的一度声名大噪而世人皆知；有的因人而贵，有人因事而奇；有的神秘，有的透亮，有的诡异，有的诱惑，众口相传，化为神奇。20世纪80年代，天津民间文学普查时，不少美妙的民间传说都来自胡同。

从城市文化角度看，胡同是个故事篓子，是众生相的数据库，是城市的人文老根。

因此说，这是一本生动又厚重的地域文化的好书，而今天作为"贺岁书"出现在我们眼前。在这个充满情感气息的传统的佳节中，它一定会给我们带来很深挚的精神回味和温馨的文化满足。

最后要说的是这本贺岁书。

自2004年津门六百岁之日，今晚报社邀我参加他们编写的贺岁书。由是而今，六年六册，中无断歇。所选题材，皆是津门故里乡土俚俗，以抒乡情；版本形式采用图文形式，以娱大众。连封面也一律采用鲜艳的大红色，以求火爆，强化年味。而且，每年还要在正月初六之日，邀集图书作者集体为读者签名，渲染城市的年的气息。用心可谓良苦是也。

中国电影有贺岁片，唯津门图书有贺岁书。这也是一种文化创造，或称新的"年文化"，为的是过一个"文化年"。

本书常务编辑魏新生先生原以《今晚报》文化部主任主持此事，今又以其创办的"今晚生生"文化创意工作室继而为之，不改初衷，力争做到：

年年书贺岁，
今又贺岁书。
好图添好景，
新书送新福。

愿这种为城市文化所做的好事长久地继续下去。

（本文为《津城老胡同》而作）

城市的童年照

这里所说的城市的童年照,是指人类有了照相术之后,最早被拍摄下来的城市影像。

那时的相机稀缺又昂贵,照相是件很奢侈的事情,所以世界上所有城市的童年照都极其有限与珍罕。

人类在1883年研制出胶卷,随后发明了第一台可以携带的相机;开始并不普及,直到1900年照相术才在欧洲传播开来。但远在东方的一座海滨城市天津却是幸运的——它早在1900年之前就有不少自己的童年照了!

这个"幸运"从何而来?

首先是第二次鸦片战争(1860年)后,天津被迫开埠与开辟租界,外国人来到天津。1895年前后,一些持有照相机的各国传教士、商人、随军记者,以及带着冒险精神的旅游者在陌生的天津看到了迥异于他们西方的另一个世界,天津独特的地貌人文也令他们极感兴趣,他们便举起手中的相机把这些新奇的景象拍摄下来,天津就有了最早的"童年照"了。

同时,天津作为刚刚建立的通商口岸,国际邮政必不可少。自从1869年明信片——这种十分便捷的通邮由奥地利开始采用,很快成为西方最受欢迎的通信方式。在刚刚流行起来的明信片上印上刚刚诞生的照片就更加时髦；照片和明信片是当时共生共荣的两种新事物。这样，充满"异国风情"的照片——天津的童年照就十分自然地被印在明信片上了。

各种机缘巧合，造就了天津这种特殊形式的城市的童年照。

明信片成了天津最早影像的载体，也是天津形象"走向世界"的传播工具。

于是，天津地方的胜迹、风光、街景、高楼、名桥、奇风、异俗以及世态百相与五行八作都被印在明信片上；在天津的外国人还把他们兴建的租界景象也印上去，寄给他们远在西半球的家人和友人。

近代最早被西方强迫开埠的一些城市如上海、武汉、广州的形象都曾出现在明信片上，其中最独特的当属天津。一是由于天津的租界多至九国，各自为政，建筑及其面貌与气质各具特质；二是近百年的天津是中西冲突的前沿，明信片鲜活又充分地映出了这些历史巨变的景象。

为此，天津童年照的明信片一直为集邮藏家所倾慕。我曾见过两位天津邮品的收藏家——哲夫先生和美国人麦克先生的藏品选集，已令我吃惊不止。然而这次一位地道的本土藏家赵建强先生捧出了他的藏品，叫我见识到小小的明信片居然包藏着如此宽广又丰富的老天津的历史形象。

集邮是赵建强先生的业余爱好。他开始涉猎广泛，近八年，他倾力倾心于天津——特别是早期天津的明信片，不仅数量惊人，多达四五千之巨；而且精粹珍罕，恐怕很难有人与之匹敌。

1900年，八国联军攻打天津，7月14日，天津遭到世所罕闻的血洗城池的浩劫。此后天津老城判若两地，连天津城墙也在1901年的《辛丑条约》中明文拆除了。这里选用的一批1900年之前的天津影像的明信片，应是世上仅存的古老天津的死面相了。比如天津的城墙和门垛、城楼、城门、鼓楼、街巷、文庙、炮台、海光寺、潮音寺、望海楼、北洋机器局、武备学堂、大清邮政局、北洋大学堂、三岔河口、戈登堂、德国俱乐部等以及清代末期的种种人物的姿容与神态，这些影像是极其珍贵的。如果没有这些照片，我们能单凭文献想象出老天津这些确凿的景象来吗？

赵氏所藏明信片的年代基本上是从19世纪末到20世纪中期。其中，特别可贵之处是，往往是一处景物多种角度，比如天津鼓楼，从东门里、西门里、北门里和南门里四个角度拍摄的都有，放在一起，使我们如在百年前老城中心转上一圈。再有，便是一种事物不同阶段，比如金汤桥，由早期的渡口与浮桥，到几经改建，直到当时颇为先进的平转式开启桥。从这些不同时期发行的明信片可以将城市的历史进程看得明明白白。

赵氏所藏这批明信片珍藏，不仅大大增添了天津题材邮品本身的厚重，还填补了许多历史事物图像的空白，为我们提供了大量的重要的历史信息。照片信息是文献信息不能代替的。照片是纯客观的，同时又是形象和直观的，它把我们一下子带进时光隧道，实实在在地看到和真切地感受到自己城市的昔日与童年——尤其是这些景象绝大部分都已面目全非甚至消失不在了。

这便是这本图书特殊的价值和意义。

于是，《今晚报》将它作为蛇年的重礼，精心装点，馈赠读者，以贺新年，同时为我市独有的贺岁书添光加彩，增其厚重。

有读者问："今晚贺岁书"已出了九本，是想一年一本把十二生肖全出齐吗？

正是！读者的想法正是编者的想法。最好的书都是编者与读者的不谋而合。

我们将会锲而不舍，再接再厉；今年蛇版，明年马版，后年羊版，只待猴版问世，将是全书的剪彩大吉。

（本文为《老天津的最早影像》而作）

一座名城的文化家底

本质地说，这不是一部一般意义的画集，而是大同这座中国雕塑的名都第一部视觉档案，也是城市的文化家底。

城市的文化家底，是指它在长期历史进程中积淀下来的文化财富；是那些历史经典，是必须继承的精神传统。

"文化家底"这个概念是21世纪初我们发动中国文化遗产抢救时提出来的。其原因是中国正在经历空前规模和猛烈的现代化颠覆，为了不失却传统和保证传承，必须抢先对各个城市和地域的文化遗存进行盘点，以认清自己的家底，从中找到城市个性化的文化基因，不使自己迷失于全球化的斑斓又芜杂的洪流中。这是一个城市、国家和民族在文化上必须做的大事。前人不曾做过，我们必须做。

为此，大同市政府要来做这件事。首先选择的是这座城市能够称雄世界的文化创造——雕塑。

世界上有许多雕塑之都，比如罗马、佛罗伦萨、雅典、开罗等等。它们都拥有浩如烟海的雕塑之作和举世闻名的雕塑经典。然而凡是在上述名城感受过"叹为观止"的人，来到了大同，面对着绵延三十里的世界文化遗产云冈石窟，或是走进华严、善化、云林等诸寺，瞻望昙曜五窟的巨佛、金塑二十四诸天和薄伽教藏殿的菩萨们，一样会受到那种鬼斧神工造就的人间至美的震撼。大同雕塑是一种艺术的极致，因

《中国大同雕塑全集》书影

被认定国家乃至人类的文化遗产。

　　大同历史上地处中原与北方少数民族交流的门户和兵家必争之地,它先后成为北魏、辽和金的首城或陪都。于是,鲜卑、契丹和女真这些终年驰骋在草原上的民族,都把他们的精神与气质注入到各自的雕塑中去。比方鲜卑的沉雄大气和契丹的刚劲清健,这就给大同的雕塑史带来风格迥异的时代性的嬗变。由于这里的北魏石窟的开凿与辽金寺观的建造大都是国家行为,其雕塑便具有示范性;同时山西古来又是中原雕塑的中心,大同的雕塑自然影响到全国。

　　自北魏至清代长达一千多年的岁月里,大同雕塑是一册厚重的艺术史,代无空缺。这种大同人司空见惯的艺术,渐渐潜入他们的血液,化为这个城市人人熟习的精神和审美语言,弥漫在人们的生活中;从建筑、家具、工艺装饰到日常身边各样的器物上,雕工刻艺随处可见。为此,我们不仅把雕塑看做这座城市的历史财富,更视为它的文化基因。一方面把它当做这块土地应当继承的传统,一方面将其认定为城市发展的文化原点和起点。于是，一项大型的盘点大同雕塑家底的工作就此展开。

盘点的目标是对大同的雕塑遗存进行全面普查，一网打尽。大同市政府深知，文化工作的质量应由专家保证。为此邀请国内重要的雕塑史专家、雕塑大家、摄影名家等，会同大同当地相关学者专家与专业部门，经过将近一年紧张而有序，甚至是夜以继日的工作，终于将大同历代雕塑遗存查明理清，拍摄登录，进而按大同雕塑的分布特征和艺术品种之不同，分成云冈石窟雕刻、寺观雕塑、建筑雕刻和馆藏雕塑四大类；在此基础上择其精华，以画集方式出版《中国大同雕塑全集》。按四类设四卷，有的两集，有的一集，凡四卷六集。

其中《云冈石窟雕刻卷》乃是世界文化遗产云冈石窟的专集，画卷般展示云冈的艺术精华；《寺观雕塑卷》包括上下华严寺、善化寺、法华寺、观音堂、悬空寺等寺观的精品力作，多处雕塑为国家重点文物，其中辽金雕塑为国内这一时期存世之极品，堪称国宝；《建筑雕刻卷》既有宗教与官府建雕塑的代表，亦有民居艺雕之力作，多处九龙壁都是国内罕见的这一题材建筑雕塑的顶级作品；《馆藏雕塑卷》为大同市博物馆之珍藏，既有出土精华，也有生活小品，尽显此地雕工塑手非凡的才艺。

本集作品多是首次面世，殊堪注目；即使是常见于画集的石窟与寺观的雕塑，由于此次分外注重内涵的发掘与艺术美的体现，着意遴选，注重角度，精心拍摄，迭出新意。

本集囊括这座城市各类雕塑代表作上千件，每件作品都经专家撰写说明，注明相关信息；各卷卷首皆有分卷主编所写的序文，虽属概述，却都是极富见地与学术价值的研究论文。应该说，这种对城市遗产进行如此大规模地整理、如此严格的学术整理和审美审视，对于大同是第一次，其他城市亦很少见。它表现了大同市政府对历史文化的尊重，对城市文脉传承的自觉，对此次普查要求的严格；为此，才刻意邀请相关专家出手相援，清点家底，理清文脉，寻找文魂，慎重行动。文化是精神性的事务，理应这样三思而后行。

我们参与这一工作是看重此事的意义，看重大同市政府非凡的城市理念，看重这种政府出头却信由专家依照专业方式来工作在当前的示范价值。有专家参与的保护才会是科学保护，有专家参与的发展才会是科学发展。

此外，本集的另一个意义是对一座城市历史雕塑的全面和整体的视觉展示。其甄选之精当，拍摄之考究，编审之严谨，印制之上乘，都是努力再三才达到的，因使这部画集具有资料、欣赏、收藏等多重价值。当然，如何使这些雕塑的受众更为广泛，还需要多方面的再努力。一座名城文化财富的真正主人是城市的百姓。只有它们五彩缤纷、生气盈盈活在百姓的精神生活里，并化为新时代文化的生命基因与动力，城市传统才真正能够传承下去，这也是此次整理大同的城市文化家底的终极目的。

相信现在大同人会说，我们有一份自己值得自豪的文化档案了；还会说，我们有一份中国雕塑之都坚实而确凿的历史见证了。

（本文为《中国大同雕塑全集》而作）

见证近代中国的一座名城

有时一座城市可以见证一个国家某一时期的历史,比如罗马见证罗马帝国,圣彼得堡见证沙皇时代的俄罗斯,北京见证清朝漫长的三百年。那么,能够见证近百年中国这段极其驳杂又多彩历史的城市当属闻名于世界的名城天津了。为什么?

天津,由于毗邻并像门户一样扼守着京都,在1840年之后,就成为由海上登临皇城的必经之地,这使它从一个本土城市陡然转化为国际性的都会。发达的西方列强带来当时世界上最先进的科学技术与城市设施,致使天津当仁不让地站在了中国城市现代化的前沿。天津由码头起家,胸襟博大,兼收并蓄,开放包容,是其特色。对于骤然涌入的西方现代文明,非但没有排斥,反而敞开怀抱,吸纳与融会。这样,不仅在军事、经济、交通、教育等方面,天津在中国举足轻重;一大批堪称"中国第一"的现代企业与事业纷纷起步于津门。在今天,当天津滨海新区开发开放纳入国家总体发展战略时,这座城市底蕴深厚的历史资源一定会发挥强有力的根基性的作用。

一座名城的历史资源的价值是多方面的,既有见证价值、研究价值,也有观赏价值、旅游价值;而这些价值又是共存和互动的,愈有欣赏价值就愈有研究价值,愈有见证价值就愈有旅游价值。天津旅游局是很有眼光的,他们慧眼识得天津这座城市丰富多彩的历史魅力及其多方面的价值，从旅游入手，依专家协助，对广博纷纭的历史进行细致而有序的整理，并分作历史大事、知名人物、风貌建筑、名人故居四个方面来归纳，最终构成的一部大型图书《近代中国看天津》。这部大书图文并茂，资料翔实，简明扼要，雅俗共赏，应是天津旅游部门所做的一项十分扎实的根本性的工作，它将使开发旅游时有根有据有信心，同时这部书又是社会各界和广大读者了解天津历史文化的一部赏心悦目的图典。它对天津城市全面建设应是一个文化贡献。

旅游是现代生活不可或缺的方式。从经济上说，它可成为一个地方的支柱性产业；从文化上讲，它是弘扬地域文化极具张力和实效的手段。区别于浅度的一次性旅游与深度的可持续的旅游的界限，就是旅游部门能不能从深层抓住自己拥有的文化之魂。

近代中国看天津——就是天津旅游文化的魂。现在抓住了，并以这套图册鲜明而美丽地表现出来。

我由衷地表示祝贺，并为之序也。

（本文为《近代中国看天津》丛书而作）

她为皇会立传

皇会是中华妈祖崇拜一个奇异的盛典，是北方的妈祖之乡天津重要的文化遗产，也是此地上一个遥远而美丽的文化的梦。这个延续了数百年的梦，曾经被留在许多本土的诗文书画中，也留在民间的年画与口头传说里。最著名的便是杨无怪的《皇会歌》和珍藏在国家博物馆那册巨型的《天津皇会百图》了。

不可思议的是，在津门举行皇会例行的七八天里，竟然举城若狂，万人空巷，香船云集于海河，中国的大城市何处还有这样壮观的民俗？

然而，随着社会更迭，时风嬗变，这种以民间崇拜为主题的皇会渐渐远去。历史上最后两次皇会分别是在1924年和1936年。

我手中有一些图书，都是1936年那次"最后的皇会"的纪实。一是《天津皇会考纪》，详细记载了那一次皇会的全过程。还有一些画报，如《北洋画报》、《玫瑰画报》等皆以图文方式呈现了当时皇会的盛况。这些情景全成了过往的历史了吧？没有。80年代改革开放之后，随着生活的宽裕、文化的百废俱兴，隔绝了半个世纪的皇会居然又渐渐复活起来。

复兴的皇会还是往日的皇会吗？尚有昔时的体例与风范吗？还会招致"红颜白发，迷漫于途"吗？还有那种虔敬之情和此地人逞强好胜的地域精神吗？

在全球化时代社会转型是不可抗拒的，文化必然随之改变。然而，社会的大文化要与时俱进地转型，历史文化反而要坚守原本的生态，保持自己的传统与精神，乃至于专有的方式，否则就一定会跌入时下流行的与旅游开发混成一团的文化媚俗了。那么什么是皇会自己的传统、精神与方式呢？在这种不能回避而必须思考的时代命题的面前，尚洁捧出了她的新作——《皇会》。

如果说前几年尚洁对皇会的学术工作主要是资料方面广泛的收集与精心的梳理，这一次则是深层的分研、研究、总结，从而提出自己的见识与理念了。

尚洁是民俗学界一名年轻又富有锐气的学者，用功很勤，学识扎实，文字清新，追求深度与品位。在她此前出版的《天津皇会》中，就已看到她严谨与沉静的学风，也正是多年的扎实的努力，使得她在这本书中跨出了一大步。

一份遗产后边应该有几个学者。如果没有学者，这遗产便会徒具其名，遭人乱用，甚至庸俗化地挥霍。学者对遗产的意义，是从精神文化层面把握它、挖掘它、弘扬它，不让它在市场时代中失却了它独有的精神本质。

可是，要想将皇会这宗庞大的遗产整理出来又谈何容易！在我看来它更像一项工程，但今天尚洁十分令人满意地完成了。

我们中华民族的遗产有多少。一位韩国的学者——也是联合国世界文化遗产的评委任敦姬对我说："地球上一半的非物质文化遗产在中国。"

可是我们许多的文化遗产一边正在消亡，一边连一个研究者也没有。天津的皇会应该庆幸有尚洁这样一位研究者；她在这个巨大的金矿里默默地开掘，并不断捧出金煌煌的果实来。

（本文为《皇会》而作）

执意的打捞

关于对进宝斋花样的兴趣，可以追溯到20世纪70年代初。那时，我所从事的摹制古画的工作被视作"旧文化"而遭到制止，一度到一家工艺厂做美术设计。那家工厂里都是60年代"公私合营"中兼并进来的各类手工作坊。一些小作坊到了工厂里就成了一个个小小的生产车间，其中位于南楼二层上的"剪纸车间"引起我的兴趣。一间方方正正的小屋里，四五个人，多是中年妇女，围在一张桌案上操作。我们通常说的剪纸并不是全用剪刀来剪，也使刀来刻。这里的剪纸就是一种刻纸。薄薄一叠纸固定在一个小蜡盘上，任由手中细长的尖头小刀转来转去，花儿草儿虫儿人儿随即就神气活现被雕刻出来。此前我见过的剪纸大都朴实厚重，极具乡土味儿，头一次见到这种剪纸，很小的尺寸，清新灵透；尤其阳刻的线条，简洁又精细，婉转自如，充溢着流畅的美。于是，这小小的剪纸车间常常吸引我伸头探脑地去看。直到后来才知道，这就是曾经驰名于津门的进宝斋的花样（一称"伊德元剪纸"）。然而，我在这工厂里只工作了几个月。由于打球膝部受伤，继而又埋头写小说，便离开这家工厂，遂与美妙又神奇的伊德元剪纸分手作别，手里却没留下一张这种剪纸。

80年代，一位与我同样热爱津门民间艺术的挚友崔锦先生送给我一本小书。书不重要，重要的是夹在书页中的十几张剪纸。崔锦郑重地告诉我:"这是进宝斋伊德元刻的。"崔锦是书画鉴赏名家,无论从他说话的口气里,还是在那些夹在书页中平整而发黄的剪纸上,都叫我感受到一种古老的文化气息。一时,我还想去十多年前工作过的那个工厂,寻访一下当年进宝斋中出名的剪纸艺人伊德元,捕捉这一过往的民间艺术的踪影。然而,我那时身在文坛热辣辣的漩涡里。80年代是文学的时代。我被数不清的文坛的事件包括我自己扰起的事件缠绕其中,以致拿不出一点时间去顾及这种剪纸了。但伊氏手中种种剪刻的形象与图案,却如同小精灵般留在我的心里。

直到21世纪初,我投入民间文化的全面抢救,进宝斋剪纸才站到我的面前。可是再去打听那个工厂的剪纸车间,却早已解散。伊德元先生也早在1971年就辞世了。待知此情,大有人亡歌息和人去楼空之感。尤其是那家工厂竟没有留存一件伊德元的剪纸,历史有时有情,有时绝情。有时匆匆离去,不留下一点点可以让人依恋的凭借。

然而,我写过这样一句话:"什么是缘分?就是在你苦苦寻找它时,它一定也苦苦寻找你。"

一天,一个年轻的朋友送我一包剪纸。没想到居然是进宝斋的作品,竟有数百幅之多!这位朋友是有心人,曾为收集进宝斋伊德元剪纸下过很大工夫。不单各类花样一应俱全,有些称得上是伊氏的精品力作。特别珍贵的是,还有一些进宝斋的艺人们当年的手稿画样,以及贴在绣片上尚未动手来绣的剪纸,从中可以看到当年妇女绣花的工艺程序。这些至少百年以上的藏品,有的旧暗发黄,有的历久弥新。它们的出现,好像是伊氏不甘心消匿于历史而跑来求助于我们了。

伊德元剪纸源自天津东城内文庙附近一家不大的剪纸铺,店主王进福,店名叫"进宝斋花样铺"。顾名思义就知道"进宝斋"的剪纸主要不是那种时令风俗之物,虽亦有窗花吊钱之类,但其强项是专门供给妇女衣装鞋履绣花的底样。由于天津是大城市,市井社会强大,妇女对绣花的花样需求甚巨。昔时的衣花,除去夹缬和蓝印之外,再没有其他印花手段。所以人们从身上的衣装到日用的织物(如鞋帽、衣裙、巾带、手帕、肚兜,乃至枕顶、瓶口、鞭掖、扇套、腰串、荷包、门帘、轴水等）上边的花饰，全部依靠手绣。千姿百态的花样就全依仗着剪纸艺人的不断翻新了。

伊德元，河北保定涞水人。早年入进宝斋随师学艺，学成后兑下师傅的店铺，店名依然使用"进宝斋"。风格技艺上师承老店古风，也有个人的创造。

由于进宝斋的剪纸主要供绣花使用，所以完全不同于一般的民俗剪纸。无论在材料、构图、结构、选材、造型，还是刀法，都要适合于衣物的装饰与刺绣工艺。首先是多用素白的宣纸，以便贴在有色的衣料上，只有用在浅色衣料的花样才用有色剪纸，这样易于分辨，便于刺绣；其次这种剪纸必须与绣品是1∶1原大，所以尺寸很小，有的小如花生，但十分精致，当今看来，张张都是艺术品。在题材上，除去象征多子多福的胖娃娃，很少历史故事和神话人物，一般多是惹人喜爱的花鸟鱼虫和吉祥图案。在构图上，讲究有姿有态，疏密有致，以求近看精美，远看明快，这也都是服饰的需要。天津是大都市，服饰图案崇尚雅致，这种城市审美便是伊德元地域风格的成因。伊德元本人天性灵巧，颇多情趣，他剪刻的形象清新灵透，意趣盈然，颇受市井大众尤其是妇女的喜爱。在刀法上，为方便刺绣，从不使用各地剪纸常用的"锯齿"和"月牙"纹，而是自创一种十分细小的镂空的纹孔，用来刻画形象生动的细节。伊德元还善于使用联结各部分的"阳线"，独出心裁地把这种功能性的线条变成优美流畅、婉转自如的装饰性的曲线，使画面具有特殊的生动的美感，绣在衣服上便分外优美和爽眼。伊氏的剪纸具有天津这种大城市的气质，崇尚丰富又追求雅致，特色十分鲜明，市井中人亲切地称之为"伊德元剪纸"。他的绣样还传入京城，对老北京扎花产生深远影响。

应该说，伊德元剪纸是我国剪纸遗产中一枝独特的花朵。

因之，我把它列入"中国民间美术遗产保护与研究中心"的抢救项目之一。经过中心研究人员长达半年时间努力的搜索、调查和挖掘，其现状却令人悲观。由于社会生活方式的改变，家庭化的妇女绣花已然消失，作为绣样的伊德元剪纸也随之消失。虽然20世纪中叶，有人曾试图变其功能，将其绣样改为工艺品，但终因未有强劲的市场支持而很快走向衰亡；现今伊氏的后代中已无人传承其艺，没有传人的民间艺术自然就中断了。

更遗憾的是，伊德元的妹妹原是伊氏剪纸的最后一位艺人，但在此次调查前的两年也辞世而去。倘若我们动手调查早两年，许多珍贵资料便可保存下来。如今在书中一些文章提到的端午中秋的伊德元剪纸世间何处能见？而活态的非物质文化遗产是最脆弱的，因人而在，也因人而去。一旦失去，顷刻间烟消云散，连口述史调查都没有对象了。

姚惜云先生所说的伊德元独有的刻纸刀法——筑，显然已经世无人知，化有为元。

由于社会转型太快，转瞬伊德元剪纸快要消失在地平线之下了。多年来，我国出版的各类历史剪纸资料中，从来未见伊德元剪纸的踪影。如果不再对它伸以援手，恐怕要从此绝迹于世了。

于是，我们要做的是一种执意的打捞，即寻找有关伊德元的一切尚存的有价值的资料，哪怕是文字性的只言片语，一帧旧照或三两页材料，全要收罗到手。我们几乎是踏破铁鞋，把残存于世的零星的史证一点点聚敛起来。于是，这宗几乎消失的宝贵的遗产便重新有模有样了。

本书将所搜集到的进宝斋花样（伊德元剪纸）选精摘萃，分类编集，同时配以当时津城妇女旧影以及各类绣件的实物图片，将使遗存的绣品与当年的剪纸花样相互对照起来，以呈现出历史的面貌，并使本书具有生动的历史感。

本书还辑录几篇史料性文章，都是"进宝斋时代"的亲身经历者的历史写实。作者皆为八九十岁以上的老人，其资料价值十分珍贵与难得。

我们这项工作很像打捞一艘沉船，不是救生，而是打捞。救生是抢救生命，打捞则是打捞遗物。但打捞也是一种抢救，是最后的抢救。

由于我们热爱前人留下的每一份遗产，我们的工作则是尽自己的全力。因为我们知道，为了历史就是为了未来。

是为序。

（本文为《消逝的花样——进宝斋伊德元剪纸》而作）

孝义皮影的家底

山西乃中华腹地，孝义是三晋腹地，大地上的文明深藏其间，历岁经年，终于养育出各种艺术精灵。孝义皮影便是耀眼的一种。

孝义是块神奇的土地，胸过汾河，背靠吕梁。此地人不单能耕善种，自给自足，还创造出各种艺术，或唱或演，亦雕亦画，以抒发情感，慰藉自己的心灵，其中戏剧尤甚，孝义皮影便是此中的精粹。

我国是影戏大国。神州四方，南北各省，皆有皮影。皮影的历史悠久，始于汉，兴于唐，盛于宋元，滥觞于明清。在长期发展中，由于各地风习文化的不同，皮影风格因地域不同而相异。皮影属于戏剧艺术，但不同于一般戏剧，它不是由人来表演，而是借助于雕刻出来的艺术形象，摆台设帐，投光为影，以影为形，随形演唱。它是雕刻、绘画、戏曲、音乐一种综合的艺术。这样，各地的乐调、民歌、唱腔、戏剧、雕刻、剪纸等艺术因子便深深地融汇其中，它成了一种地方民间文化的集合体。这便带着各地独有和强烈的特色，为人们喜闻乐见。在古代广大的乡间，这种有光有影有唱有演的东西，是本乡本土自娱自乐的文化方式，称得上是大众百姓的"彩电"，曾经给人们以无尽的文化享受。

然而，在全球化和现代化的冲击中，它却分外脆弱而首当其冲。它是综合的，缺一不可，只要缺少其中一项，无论是乐手、表演者，还是雕刻艺人，便即刻瘫痪和崩溃。然而随着社会生活的转型，农耕方式的现代化，农村人口的迁徙与身份的改变，特别是电视机进入农村家庭，这种受宠了千年的皮影遭到了空前无情的冷落。传承人老了，离去了，或者改从他业；那些老戏班里传世的家什被搬到古玩市场，成了卖品。皮影正在快速地离我们远去。

然而，在我们为皮影感到伤感和无奈之时，孝义似乎是一个例外。

这因为孝义一直有些人珍惜着自己的历史文明。他们不是像一般收藏家那样，只对昔时的神奇的皮影遗存感兴趣，而是着眼于这一古代艺术的文化整体。近二十年来，他们一直注意普查，深入挖掘，致力传承，并着手全方面的研究。由此还建造了一座专题的孝义皮影艺术博物馆。

现在，我们手里的这部书就是一个充分的证明。从孝义皮影的源起、流变、传衍、兴衰，到唱腔（皮腔与碗碗腔）、剧目、艺人、表现方式和雕刻手法、程序及种种特征，都有周详的记录、精细的分类和透彻的阐述。所收集的皮影及相关文物，不仅表现了孝义皮影历史文化之丰厚，艺术气质之强烈，还体现出本书作者——也是两代皮影专家所尽的心力。

现在拿这样一部厚重的书在手里，会使我们感到拥有了孝义皮影的一份家底。

我一直认为，每一种遗产后边都应该有几位专家。所谓专家，就是文化上的明白人。他们真正知道文化的价值在哪里，应该怎样保护与发展。他们不会叫文化遗产流散而去，也不会叫它们被商业化庸俗地挥霍掉。有他们在，我们才放心。

为此，我对这部书的作者表示祝贺。

且为序。

（本文为《孝义皮影戏史话》而作）

东北文化遗产的忠实守望者

近日，长白山森林号子通过评审已然庄重地入列"国家级非物质文化遗产名录"，这使我眼前出现了一个高大的东北汉子的身影——曹保明。大约三年前，我去吉林省参加国际萨满文化研讨会，曹保明作为吉林省民间文艺家协会主席，陪同我跑了一趟长白山区。在大山腹地一个叫白河的地方，一个巨大的森林贮木场里竖立着大片古老的运木架。我第一次见到这样的景象，高大、壮观、带着强烈的原始气息，令我震惊！保明说如今森林已不再大规模采伐，这些古老的贮木场很快便要消失。我对他说，这就是说这些东西已进入我们保护的范畴。这种贮木场是长白山特有的历史空间。它见证着千年以上长白山特有的伐木文化。我还说，当历史走了，就把它留给我们了，你可一定要为保护好长白山森林的文化多做些事，不能让它们在我们这一代人的手里消失。说过后我回来，由于工作繁忙也就忘了。可是年初，突然收到一本书，名叫《长白山木帮文化》，作者是曹保明。翻翻一看，他已经把关于长白山森林文化的书都写出来了，他的动作真像救火一样快啊。一种从书中散发出的炽烈文化情怀让我感受到了。更叫我高兴的是，他还把这长白山森林文化中一种灵魂性的东西——"长白山森林号子"制作成申报文本，申报"国家非物质文化遗产名录"。由于他的文化眼光、见识以及努力，长白山森林号子得到了专家评审组的一致认定。一种抓不住就会烟消云散的非物质文化遗产被他永久地确保下来。

从那次在长白山看贮木场以来，不过半年多的时间，除去写作，他还要付出多少辛苦去到大山里调查与研究？民间文化学者最至关重要的工作不就是田野作业吗？如果只坐在屋子里"坐而论道"，恐怕像长白山森林号子这样的非物质文化遗产早消失得连影子也找不着了。

多年来，许多次和他用手机联系，他都是人在山川之间；不是在荒芜人迹的深山老林里考察，就是在流水湍急的松花江和鸭绿江上放排采风。他几乎没有星期天和节假日，无论是冰冻三尺的严冬，还是酷热的盛夏，时不时离开城市，走到文化发生地去，和文化传承人交朋友，帮助原住民认识他们自己文化的价值。我一听到他人在山里，就羡慕他，被他感动。在这个充满诱惑与欲望的时代，这样的一种为了精神事业而倾尽全力的人已经不多了。但是正因为有这样的人，东北那边一部分民间文化遗产才得以保护下来。如果没有曹保明这样的文化的守望者，许多文化遗存就会转瞬即逝。很多地方不是转眼间只剩下一片荒芜，连记忆都没有留下吗？一块文化失忆的土地是苍白的。也许我们现在还不能明白这些文化及其守望者的价值，但我们不能等到明天才明白。

因此我也在想，其实我们也应该重视一下像曹保明这样的学者。多少年来，他在民间奔走，随手写下的著作就有几十部之多，但从不张扬自己，仍是朴朴实实地为抢救和保护民族文化默默工作着。如果我们的每一种文化遗产都有一位像曹保明这样的守望者，我们就会放心；如果我们文化的事业能有一批像曹保明这样的人在基层努力工作，那样才能真正繁荣与发展起来。当然，对那些不记回报肯于为文化事业而献身的人，我们也应有责任去帮助、爱惜和重视他们。因为他们是我们事业的中坚力量。

妈祖研究的独特视角

近年来，随着妈祖祭典被列为国家的文化遗产，妈祖文化的研究热开始升温。妈祖是中华民族的海神。经过沿海各个地域近千年不断的民间创造，其积淀的文化博大丰厚。然而从文化学角度看，妈祖绝不只是单纯的信仰偶像，妈祖文化也不只是信仰文化。它斑斓而深邃的内涵，正是学者们致力开掘的。在这之中，蔡长奎先生以独特的视角所获得的研究成果，引起了关注。

蔡长奎在天津天后宫工作长达二十四年，然而他对妈祖文化的浓情厚意远过于职业性的工作年限。作为一位多才多艺的艺术家，他曾参与过天后娘娘的塑造，亲笔绘制了大殿的壁画。在近百平米的大型壁画中，他展现了出色的结构宏大场面和不凡的造型能力。他运用明代永乐宫壁画工笔重色的手法，精整富丽地描绘了天后娘娘的本生故事及其浪漫的传说。正是出自这一艺术家特有的审美眼光，他把妈祖文化中民间美术遗产作为自己的研究重点。如对各地妈祖塑像的比较研究，还有对民间雕塑如墨稼轩、娃娃李、泥人张与天后宫的渊源关系、民间绘画与版画如《皇会图》与杨柳青年画中的妈祖仪式与民俗，以及皇会器物中的民间美术如服饰、銮驾、仪仗及各种工艺精湛的道具等的艺术解析，都填补了妈祖文化研究的空白。

蔡长奎先生长期担任天津民俗博物馆馆长，热心大陆和海峡两岸

的妈祖文化的交流，同时把这种交流之所获放在自己的研究中加以深化。比如，本书中分别对台湾白沙屯拱天宫、澎湖天后宫和天津天后宫祭典方式、路线以及信仰心理的研究，都是近年来对妈祖文化研究有见地和不可多得的力作。

时下，妈祖文化的活动方兴未艾，显示着巨大的民间文化活力，在社会和谐的发展中起到良性作用；故而对其文化的深入探讨，将有助于妈祖文化这一重要的民间遗产的精神传承。期望蔡长奎先生坚持在本书中体现出的优势，为妈祖文化的弘扬做出新贡献。

（本文为《妈祖文化艺术研究》而作）

←明代妈祖木雕像，现藏跳龙门乡土艺术博物馆

为了让阳泉更灿烂

打开这部厚厚的图书,一阵从乡土深处芬芳的风扑面而来。深厚的人文传统,独特的风俗,花团锦簇般的生活文化,展示出充满魅力的三晋重镇——阳泉。

然而,这不是一般的地域风情的图集,而是一部厚重的阳泉文化图志。显然它先经过大量的田野调查,再进行细致的案头整理,进而将此地的历史沿革、名胜古迹、历史遗存、风物习俗、乡土艺术分门别类又全面整体地展现出来,才使我们有血有肉和个性鲜明地感受到阳泉特有的风采。应该说,这是一部可视的阳泉的"文化志"。

从中我注意到,这部图文并茂的书中,并非以文为主,书中图片也非仅仅插图而已。在这部书中,图片是主角。数百张精心拍摄的照片,极其生动地展现了阳泉大地人文生活的方方面面。不少照片都是难得的一瞬,被"有心"的作者敏锐地抓拍下来。这些照片成为了这部图集的亮点。

特别是作者自觉地从考古、历史、艺术、文物等多角度选取具有代表性与珍贵性的细节进行拍摄,就使这部图书有了文化存录的价值。这一点尤其重要。

在当代文化遗产的保护中,拍摄与录像具有非同寻常的意义。拍摄多用于物质性遗产,录像多用于非物质文化遗产。文化遗产在时间的进程中是一定要不断地消损与嬗变的，采用拍摄与录像手段进行记录，可以留住它的原始形态——对于明天来说就是历史形态，这实际上也是一种保护和保存。特别是对于广大的急剧变化中的民间文化，图像的存录甚至是首要的，图像的存录是文字存录不能代替的。

这部图集的作者文化视野比较宽泛，既注意到广泛收集历史实证性遗存，也留意于地域生活中种种极具个性的文化表现，广泛收集，悉心整理，刻意甄选，取精摘萃；这样，一部五彩缤纷的阳泉文化图书因之诞生。当然，如果由此作者再进一步挖掘阳泉大地的文化蕴藏，积累资料，加深内涵，可望编写出一部真正的阳泉文化图志，这也是我所期望的。

应该说这部图书，对于历史，是一种美好又必须完成的总结；对于未来，则是一种珍贵又必须传承的财富，都为了让阳泉发出更灿烂的光彩。这恐怕正是这部图书编者用心之所在。是为序言。

（本文为《阳泉古风》而作）

私家藏天下

我国历史绵长，文化博大，遗存丰厚，藏家自来就多。收藏是有朝野之分的，这情况中外殆同。皇家贵族实力雄厚，在收藏上崇尚经典，物华质贵，亦可视作一种变相的珍宝；民间的财力有限，即使被称为"藏家"者，藏品也区区可数；故而在收藏观念上偏重貌美神足，讲求韵味，主要是供自家赏玩。

到了20世纪，一种新的收藏观念与机制出现，就是博物馆。博物馆是公办的，藏品供大众观赏，是一种公益事业。我国自辛亥革命废除皇庭，皇家收藏就转入了公办的博物馆。私人的收藏也发生了变化。由于近百年的社会动荡，民间拮据，大众的收藏几近于无。没有了收藏，便缺少古物的常识，即使家传一只青花小瓶，也不知何时何物何用，摔破了便扔掉，并不足惜。

然而自从20世纪80年代，社会开放给中国的收藏带来翻天覆地的转机。我国毕竟是文化大国，长期被压抑的文化情绪，如烈火干柴，顷刻熊熊燃起。再加上市场化狂风的吹动。各地的古物市场蔚然成风。一方面是大批文物贩子如同游击队，穿街入巷，走家串户，或远涉乡野，搜寻宝物；另一方面市场又诱使百姓将自家的老东西捧出来。八九十年代，中国古玩市场呈现出千载难逢的景象。千千万万古老器物铺天盖地，见所未见闻所未闻者时时闯进眼帘，文化资源之雄厚匪夷所思。在这买卖之间巨大的物流中，一批新一代的藏家被养育出来。他们有的是带着较深厚的学识在市场中徜徉，好似有备而来；有的并没有多少知识，全凭兴趣，只身陷入这博大而无涯的文化迷宫；有的原本爱好收藏，碰到天大的良机；有的只是从事古物买卖，在磕磕碰碰的实践中练就一双鉴别真伪的眼睛。切莫小瞧了这些在古物买卖中历练出来的能人，他们走南闯北，见多识广，吃过亏而记得牢，其中有些人悟性极好，他们甚至比公家博物馆的研究人员高明得多。

从20世纪80年代中期至今已二十年，新一代的藏家渐成气候。中国当代社会经济高度发展，给他们以有力的资金支持，再加对收藏如痴如狂的热爱，一些藏家的成绩极为可观，甚至令人震惊。从小不及寸而无限美妙的擦擦到巨大的民居宅院；从不经意去注目的泥巴捏成的磨喝乐到精美昂贵的古瓷古陶；从刚刚从生活淡出的鞋拔、帽筒、年画、盆架、竖钟、烟袋、砚台、油灯、尺子、梳妆盒、夹缬布到各个民族正在丢弃的令人眼花缭乱的服饰，全都进入收藏。收藏的概念早由古代的"文物收藏"进入现代人的"文化收藏"。

这些年我在各地抢救民间文化，经常会遇到这样的情景：在一些古老的村落、街区或当地百姓的家中，已经看不到任何历史遗存，但是在一些收藏家中却惊奇地看到那些消匿的文化被收容起来，并且浓郁地聚集着。正是由于这些新一代的藏家起步较早，致力保存，才使满山的溪水没有流泻一空，而是亮晃晃注入一个个碧树环抱中宁静的水塘里。

应该说，当代民间的收藏——特别是专项的收藏，特别令人关注。藏家往往十数年如一日，倾尽精力与财力，使其藏品无论从规模与数量，还是品类的齐全上，特别是一些奇品、异品、孤品，都是前所未见。其中历史、文化、研究、审美等方面，价值极高。但由于这都是私家秘藏，人们很难了解他们所达到的境界与高度。

于是，我想到给新一代收藏家编集一套丛书。本丛书为图典式的多人集，每一集都是一家之藏，全面呈现各自关注的一方罕见的文化天地。本书的规范是：每集精选藏品二百种，制成图片，依时代先后为次序；重要的藏品加以短注。为表达各位藏家的收藏价值，特邀请相关专家撰文，论证历史，述其精要，放在图页之前；为使读者了解每一位藏家及其藏品的种种信息，还请藏家自己著文，抒写心得，讲述经历，表达己见，附之书尾。这样便可充分展现新一代藏家二十年中辛苦得来的精华。

　　这是一套新一代藏家之藏品的集成。这套丛书没有集数的限制，这就给我的民间文化的抢救工作附加了一项工作——日后只要发现一位非同寻常的藏家，藏品惊世绝伦，便将其收入丛书之中。我想，当这套丛书形成规模之后，一套收藏史上划时代的图典便出现了。它的意义一定远远超出收藏的本身；它精神文化的价值一定超出藏品的物质价值。

叩问一种灵魂

无数人世世代代生活在城市里,甚至在城市里终其一生,有多少人想到过城市的灵魂?灵魂属于生命。城市也有生命吗?也有出生、经历、心律、命运、个性乃至精神情感吗?那么什么是城市的灵魂?它是与生俱来、自然呈现的,还是不断形成、可以塑造的?在同质化的商品世界的浪潮中,那些固有的个性的城市灵魂遭遇到怎样的挑战?

当泽群沉浸于这些思考,他已经进入城市文化学的研究中了。

然而,严格意义的城市文化学在我国并没形成。社会学界与经济学界的脱节甚至无法匹配,鲜明地表现着当代学术界的落后与无能。我国城市已经翻天覆地二十年,但是与之对应的城市文化学尚在雏形中,这也是当前城市陷入缭乱无序和非理性的演变之根由。

在这样的背景下,泽群提出他要做关于城市文化学的研究,自然使我惊讶。在我决意安身立命于天津大学时,他是进入我院的第一位研究生。我没想到,他竟把自己置身于当前学术界一个最尴尬的地方,但也是当前需求最为急渴的学术课题。

做教师的幸运是能遇到极具悟性的学生。

同时他又勤奋,有清晰的分辨力和逻辑化的能力,思维和视野都不设边栏,文字功力也很好。这些优点都充分表现在本书中了。这样,在本书的"访谈篇"中,他就不是以一位节目主持人或记者的身份,而是学术讨论的一方,来对城市文化深层问题进行追索与探究。

记得第一次与泽群谈话时,我说希望你将来的毕业论文是一本能够摆在书店里的书时,泽群说他力争做到。现在他做到了,他的考官已换成读者了。这也正是我从教的一种愿望。

读这本书时,我一直在想:泽群若是沿这条路走下去,改行于研究,必定会成为一位出色的学者,甚至能在建设城市文化学方面做出贡献呢;但转念又想,我们的电视不正需要这种视野辽阔、有思想、有修养、嘴巴又好的主持人吗?

对此,他一定做出更好的回答,因为我已看到他前程之宽广,我相信他会有一个彩色的未来。

是为序。

(本文为《城市灵魂——电视主持人张泽群谈论城市文化》而作)

一次成果硕大的研究

这是中国首次民间美术分类的研讨会。分类是学科研究的根本,是构筑百尺高楼的基础,但民艺界一直缺乏一种通用的规范的分类法,这一领域的学术著作就难免芜杂与缭乱。应该说,今天这个研讨会有些姗姗来迟了。

同时,它又是及时的。在当前对民间文化大规模的田野调查与案头整理中,急需一种便捷、科学、标准化的分类法,从而使其成果——我们的文化遗产井然有序。

无论在纯学术的建设上,还是工具性的应用上,分类法都是必须研究的,不能回避的。这样,本次研讨会便感到一种压力。

有压力就有学术责任,没压力便会陷入空谈。然而,本次研讨会却意外地、出色地走出了一大步,即在各抒己见的基础上,摸索出一种具有应用性的可行性的分类法,即从张道一先生的"二法"入手,进而多级分类的方法。这一点在书中"发言摘要"的"总结部分"有详细的阐述。

在本次会议之前,学者们在分类上一直是各行其是,在分类理论上长期处于模糊状态,但在本次研讨会中却找到一个共同认可的方法,这是极为难能可贵的。应该说,这表现了与会学者学术功力之高深,还有一种学术上可贵的合作精神。因此说,本次研讨会在学术上获得了重要的突破，它为民艺学的建设和民间文化的田野普查、整理和保护做出了贡献。我们的理论支持了田野，支持了时代。

由于本次研讨会的论文和发言摘要具有重要的学术价值，故编集成书，为砌垒民艺学大厦奉上一块砖石吧。

且为序。

（本文为《鉴别草根——中国民间美术分类研究》而作）

为乡野天才立像

史来第一本以绘像方式为民间艺人树碑立传的画集打样放在我的书案上,画集取名《神工》。单凭这"神工"二字,就洋溢着画家李延声对这些身居山川大地上的乡野天才的由衷赞美,因而也使我深深感动。

画像,最初只有两种:一是描绘人们心中的神灵,另一种是图赞王宫贵胄、英烈先祖,所谓"画像以颂焉"(《后汉书·蔡邕传》)。一般人是享受不到被画像的"待遇"的。后来,画像由神坛和圣殿走向民间,缘于世俗社会的蓬勃与人文精神的崭露。这在西方是文艺复兴时期,在东方则是唐、宋两代。由是而今,千年过去,众生早已成为画像的主角,可是民间艺人却依然鲜见于画上,这是对民间文化及传承人的无知,还是一种残存又顽固的历史的歧视?

民间文化作为一个民族重要组成部分,它最具本源性、地域的多样性和原发的人文精神。这种文化的意义与价值直到人类社会的重大转型期——由农耕文明向工业文明转型时才被认识到。当人们把自己民族特有的民间文化看做珍贵的历史财富时,遗产观便由之诞生。由于民间文化以人为载体,至善至美地表现在人的语言、声音、肢体动作和技能上,故称"非物质文化遗产",而将"非遗"代代相传直到今天依靠的正是传承人。所以说,"非遗"的传承人是活着的遗产、历史与活化石。

《三峡纤夫》（郑云峰摄）

这些活跃在田野山川之间杰出的民间歌手、乐师、画工、舞者、戏人、武师、说书人、雕工塑手，都是智慧超群、才艺在身，黄土地上灿烂的文明集萃般地表现在他们身上。他们为人们喜闻乐见，尊崇热爱，老百姓的生活文化主要由他们来体现与承担。然而他们又像大地上的野花那样不为外人知晓。当国家依靠专家把他们列为杰出的"非遗"传承人后，人们对其仍然知之有限，甚至看做"吃手艺饭"的工匠，那么谁将他们引入高堂？

今年"两会"期间，当我看到延声拿来的一百零八幅国家级"非遗"传承人的画像小样，令我惊讶和惊喜，心头一亮，心想，终于有人——而且是一位当代名家以画笔来为这些一直默默无闻的传承人"树碑立传"了。

延声是我尊重的画家。他从徐悲鸿、蒋兆和、黄胄的绘画世界里做过精深的研习，有老到的传统笔墨的功力，兼具高超而传神的速写与素描的艺术本领，这便使他成就了自成一格的清新爽健、充满生活情感与抒写意味的画风。尤其今天，看了他画了如此众多传承人的画像，更加重我对他的敬意。

他笔下的这些传承人有的我久闻其名，有的已结为朋友，然而他们分居各地，甚至远在僻壤荒村，延声要付出怎样的辛劳才能访到他们，并把他们如此栩栩如生、个性地描绘下来？

在当下这个充满物欲的时代里，有多少艺术家还会心怀如此真诚又执着的艺术精神？

在这一幅幅神采奕奕的画像中，使我们鲜明地感受到画家对中华文化的钟爱，对大地与人民的挚爱；它在给我们美和文化的感染的同时，也给我们思想的启迪。

我还想说，这是有史以来画家笔下第一本文化遗产传承人的相册。所以在本文的题目中，我所用的不是"画像"，而是"立像"。立者，树碑立传也。

谢谢延声先生。

是为序。

（本文为《神工》而作）

图书在版编目（CIP）数据

文化诘问 / 冯骥才著. — 北京：文化艺
术出版社，2013.4
ISBN 978-7-5039-5584-6

Ⅰ.①文… Ⅱ.①冯… Ⅲ.①杂文集-中国-当代
Ⅳ.①I267.1

中国版本图书馆CIP数据核字(2013)第064777号

文化诘问

著　　者	冯骥才
责任编辑	陈文璟
装帧设计	顾　紫　姚雪嫒
出版发行	文化藝術出版社
地　　址	北京市东城区东四八条52号（100700）
网　　址	www.whyscbs.com
电子邮箱	whysbooks@263.net
电　　话	（010）84057666（总编室）　84057667（办公室） 　　　　84057691—84057699（发行部）
传　　真	（010）84057660（总编室）　84057670（办公室） 　　　　84057690（发行部）
经　　销	新华书店
印　　刷	北京圣彩虹制版印刷技术有限公司
版　　次	2013年9月第1版
印　　次	2014年3月第2次印刷
印　　数	5001-10000册
开　　本	710毫米×1000毫米　1/16
印　　张	19.25
字　　数	295千字
书　　号	ISBN 978-7-5039-5584-6
定　　价	56.00元

版权所有，侵权必究。印装错误，随时调换。